普通高等教育"十一五"国家级规划教材《韩国语写作》姊妹篇
大连外国语学院科研基金项目

# 韩国语写作基础与实践

金 龙 林从纲 主编
权赫哲 满秀娥 参编
[韩] 朴世玹 审校

图书在版编目(CIP)数据

韩国语写作基础与实践/金龙,林从纲主编. —北京:北京大学出版社,2011.7
ISBN 978-7-301-18994-8

Ⅰ.①韩… Ⅱ.①金…②林… Ⅲ.①朝鲜语－写作－高等学校－教学参考资料 Ⅳ.①H555

中国版本图书馆 CIP 数据核字(2011)第 111229 号

| | |
|---|---|
| 书　　　名: | 韩国语写作基础与实践 |
| 著作责任者: | 金　龙　林从纲　主编 |
| 责任编辑: | 张　娜 |
| 标准书号: | ISBN 978-7-301-18994-8/H·2856 |
| 出版发行: | 北京大学出版社 |
| 地　　　址: | 北京市海淀区成府路 205 号　100871 |
| 网　　　址: | http://www.pup.cn　电子信箱:zpup@pup.pku.edu.cn |
| 电　　　话: | 邮购部 62752015　发行部 62750672　编辑部 62759634　出版部 62754962 |
| 印　刷　者: | 山东百润本色印刷有限公司 |
| 经　销　者: | 新华书店 |
| | 787 毫米×1092 毫米　16 开本　14.5 印张　280 千字 |
| | 2011 年 7 月第 1 版　2019 年 12 月第 3 次印刷 |
| 定　　　价: | 29.00 元 |

未经许可,不得以任何方式复制或抄袭本书之部分或全部内容。
版权所有,侵权必究
举报电话:(010)62752024　电子信箱:fd@pup.pku.edu.cn

# 前　言

《韩国语写作基础与实践》是普通高等教育"十一五"国家级规划教材《韩国语写作》的姊妹篇。《韩国语写作》从写作基础、写作理论及优秀范文等多个方面，说明了如何才能写好文章。该书一出版受到广大读者的欢迎，三年先后六次印刷。

但是学生在写作实践中往往又容易出现较多内容和形式方面的错误，因此探讨学生在写作中容易出现的错误，分析错误的原因是一个重要的课题。本书就是适应这种需要而编写的。

本书共两部分，第一部分是结合学生写作实践中容易出现的拼写、分合写、助词、连接词尾、词汇使用、句子成分搭配等错误，指出产生错误的原因，并明确了正确的写法。

第二部分首先根据范文详尽地介绍了优秀范文的主要特点和写作要求，并结合学生习作中在各种体裁文章中出现的错误，予以点评。

本书有如下特点：

第一，针对性强。本书列出的错误都是来自于学生，因此有很强的针对性，学生学习时容易理解，便于付诸实践。

第二，可读性强。本书精选大量优秀范文，题材新颖，结构严谨，通俗易懂，且可作为阅读材料。

第三，实用性强。本书在分析了学生容易出现的错误的基础上，不仅提供了优秀范文，而且说明了优秀范文的特点，同时选取了学生习作中出现错误的部分文章，通过点评教给学生如何避免错误，才能写出好的文章，其实用性比较好，可操作性强。

本书可以说是编写写作教材的一个尝试和创新，不仅可成为一本实用性强的写作教材，对韩国语综合能力的提高也是有益的。

本书的编写既然是一个尝试，难免有疏漏之处，恳请专家、学者及有兴趣阅读本书的各位读者批评指正。

编　者

2011 年 4 月

# 目　录

第一章　写作时常见问题类型 ··················································································1
　1.1. 母语思维的干扰 ·····························································································1
　1.2. 表达方式单调枯燥 ·························································································1
　1.3. 写作格式不符合规范 ·····················································································2
　1.4. 混淆口语和书面语 ·························································································2
　1.5. 错误理解汉字词 ·····························································································3
　1.6. 逻辑关系不当 ·································································································3
　练习（一）···········································································································4

第二章　文章写作规范 ······························································································7
　2.1. 拼写法（맞춤법）···························································································7
　2.2. 分写法（띄어쓰기）····················································································13
　2.3. 标点符号（문장부호）················································································17
　练习（二）·········································································································18

第三章　助词、词语的使用 ····················································································21
　3.1. 助词的使用 ···································································································21
　3.2. 口语和书面语的使用 ···················································································24
　3.3. 词义辨析及词语使用 ···················································································26
　练习（三）·········································································································35

第四章　句子使用 ····································································································41
　4.1. 句子成分和基本句型 ···················································································41
　4.2. 单句 ···············································································································42
　4.3. 复句 ···············································································································44
　4.4. 句式的选择 ···································································································50
　练习（四）·········································································································54

第五章　段落组织 ····································································································57
　5.1. 句子的连接 ···································································································57
　5.2. 段落组织方式 ·······························································································59
　练习（五）·········································································································64

## 第六章　日常交际类文章 ························································· 67
　　6.1. 书信（편지） ······················································· 67
　　　　练习（六） ························································ 80
　　6.2. 电子邮件（이메일） ················································· 80
　　　　练习（七） ························································ 90
　　6.3. 手机短信（문자메시지） ············································· 90
　　　　练习（八） ························································ 99

## 第七章　表达情感类文章 ·························································101
　　7.1. 日记（일기문） ·····················································101
　　　　练习（九） ························································107
　　7.2. 感想文（감상문） ···················································108
　　　　练习（十） ························································116
　　7.3. 随笔（수필문） ·····················································116
　　　　练习（十一） ······················································127

## 第八章　传达信息类文章 ·························································129
　　8.1. 说明文（설명문） ···················································129
　　　　练习（十二） ······················································140
　　8.2. 报道（기사문） ·····················································140
　　　　练习（十三） ······················································148
　　8.3. 介绍（소개문） ·····················································149
　　　　练习（十四） ······················································169

## 第九章　表达主张类文章 ·························································171
　　9.1. 议论文（논설문） ···················································171
　　　　练习（十五） ······················································181
　　9.2. 演说词（연설문） ···················································183
　　　　练习（十六） ······················································193
　　9.3. 建议书（건의문） ···················································193
　　　　练习（十七） ······················································202

## 附录 ··············································································203
　　〈附录1〉口语与书面语 ··················································203
　　〈附录2〉接续副词与接续词尾 ············································204
　　〈附录3〉季节与象征 ····················································204
　　〈附录4〉表示思考与情感的词汇 ··········································205
　　〈附录5〉表示性格和态度的词汇 ··········································210
　　〈附录6〉人生名言40句 ·················································215
　　练习题参考答案 ·························································218
　　主要参考文献 ···························································222

# 第一章

## 写作时常见问题类型

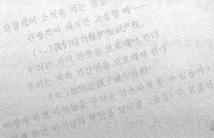

### ▶ 1.1. 母语思维的干扰

学习韩国语写作时,学生经常是对要写的文章先用母语思考写好,然后把母语译成韩国语。因受到汉语的干扰,往往写不出地道的韩国语文章。其实翻译也很困难,很可能译成汉语式的韩国语。如:

(ㄱ) 游客坚持要吃素食时……
　　관광객이 소식을 먹는 것을 견지할 때……(汉语式句子)
　　관광객이 채식만 고집할 때……(正确的句子)
(ㄴ) 我们应当保护知识产权。
　　우리는 지식 산권을 보호해야 한다.(汉语式句子)
　　우리는 지적 재산권을 보호해야 한다.(正确的句子)
(ㄷ) 如何让孩子减少负担?
　　어떻게 하면 아이들을 부담을 감소하게 할 수 있을까?(汉语式句子)
　　어떻게 하면 아이들의 부담을 덜어줄 (줄일) 수 있을까?(正确的句子)

### ▶ 1.2. 表达方式单调枯燥

一般的韩国语学习者,掌握的词汇和表达方法有限,因此写出的文章单调枯燥,有时还会写出错误的句子。譬如,韩国语中表达脸部的词汇有多种多样,其中有"뺨,낯,얼굴,용모,면상"。这些词与不同的词搭配,才能使句子贴切、生动。其搭配方式是:

(ㄱ) 뺨을 치다.(打了一下脸蛋)
(ㄴ) 낯을 모르다.(认生)
(ㄷ) 얼굴에 흠이 있다.(脸上有疤)
(ㄹ) 용모가 단정하다.(容貌端正)
(ㅁ) 면상이 평범하다.(长相一般)

## 1.3. 写作格式不符合规范

韩国语的标点符号、拼写、分合写法比较严格，写作时若对此不了解，很难使文章符合规范。如：

(ㄱ) 우리는 주식、선물、증권 등을 발전시켜야 한다.(×)(标点符号错误)
　　(우리는 주식,선물,증권 등을 발전시켜야 한다.)
(ㄴ) 나 물 좀 줘.(给我点水)
(ㄷ) 나물 좀 줘.(给我点菜)
(ㄹ) 친구에게 뿐만 아니라 후배에게도 인기가 있다.(×)(分写法错误)
　　(친구에게뿐만 아니라 후배에게도 인기가 있다.)
(ㅁ) 수자가 중요한 것이 아니다.(×)(拼写法错误)
　　(숫자가 중요한 것이 아니다.)

以上句子中，(ㄱ)句因为韩国语书写规范没有"、"符号，所以用"、"符号是错误的。(ㄴ)和(ㄷ)句中"나"和"물"分合写不同就造成意思不同，(ㄴ)句为"给我水"，而(ㄷ)句为"给我蔬菜"。韩国语的助词一定要与前面的单词或助词合写，(ㄹ)句"뿐"是助词，所以与前面的助词分开是错误的。(ㅁ)句"수자"应写成"숫자"(数字)，因为韩国语中部分单音节汉字词构成合成词时要插入添加音。

## 1.4. 混淆口语和书面语

口头交际使用的语言称为口语，而进行书面交际使用的语言称为书面语。因此，写作时一定要分清口语和书面语。除了部分口语体文章，一般写文章时要用书面语。

(ㄱ) 우리는 컴퓨터 정말 좋아한다.(口语，助词省略)
(ㄴ) 우리는 컴퓨터를 정말 좋아한다.(书面语，无省略)
(ㄷ) 나는 농구를 좋아하니까 매주마다 농구장에 간다.(口语，使用口语性词尾)
(ㄹ) 한 학기 동안 성적이 우수하였으므로 이 상장을 줌.(一学期成绩优秀,特发此状。书面语，使用书面语词尾)

以上(ㄱ)句在写作中，不能省略助词，省略了助词"를"，就不符合书面语的要求，应改为(ㄴ)。(ㄷ)句用了在口语体中使用的连接词尾"-니까"，所以除了口语体文章之外不宜使用。(ㄹ)句是书面语，所以用了书面语中使用的"-므로"。还有，写作时一般不使用非格式体的"아/어(요)"，而是用格式体的"-ㄴ/는다"。除了以上举的几个例子，口语和书面语在语法、词汇、句式上都有各自的特点,写作时应注意分清其特点。请参考[附录1]。

## 1.5. 错误理解汉字词

要写出地道的韩国语文章,必须正确使用汉字词和固有词。由于中国学生对韩国语汉字词学习较容易,因此喜欢用汉字词。但汉字词和固有词在语义和语用上各有特点,使用时应充分了解它们之间的差异。

(ㄱ)남자는 천(天)이고 여자는 지(地)라는 말이 옳지 않습니다.(用词不当)
　　(남자는 하늘이고 여자는 땅이라는 말이 옳지 않습니다.)

(ㄴ)방학이 되면 나는 어머니를 도와 가게에서 노동(勞動)을 했다.(用词不当)
　　(방학이 되면 나는 어머니를 도와 가게에서 일을 했다.)

(ㄷ)금연이 어렵기는 하지만 굳은 결심만 있으면 성공할 가능이 있다.(用词不当)
　　(금연이 어렵기는 하지만 굳은 결심만 있으면 성공할 가능성이 있다.)

(ㄹ)나는 마음을 진분시키는 이 소식을 듣고 교실 밖으로 뛰어나왔다.(用词错误)
　　(나는 사람들의 마음을 분발시키는 이 소식을 듣고 교실 밖으로 뛰어나왔다.)

(ㄱ)的"천"和"지"改为固有词"하늘"和"땅"为好,(ㄴ)句中的"노동"应改为"일"。而(ㄷ)的汉字词"가능"虽然和汉语的"可能"是同义,但它们的用法是不同的,汉语可以说"有成功的可能",而韩国语不能说"가능이 있다"。而(ㄹ)句的"진분시키다"是汉语"振奋"的直译,韩国语没有这样的词。学习韩国语时,对这种"迁移"(干扰)一定要注意。

## 1.6. 逻辑关系不当

将多个句子组成短文时,因为前后句逻辑关系不对,也可能写成错误或不通顺的文章。

(ㄱ)해남도는 덥습니다. 그래서 비가 많이 와도 홍수가 나지 않습니다.
　　(海南岛热。因此,即使雨多也不发洪水。)

(ㄴ)바닷가에 있는 해남도는 날씨가 더울 뿐만 아니라 비가 많이 와서 나무가 잘 자랍니다. 나무가 많기 때문에 비가 많이 와도 홍수가 나지 않습니다.
　　(位于海边的海南岛不仅热而且雨多,因此树木长得好。因为树木多,即使雨多也不发洪水。)

(ㄷ)저의 언니는 결혼을 해서 북경상업대학교 교수님이 되었습니다.
　　(我的姐姐结婚了,所以当了北京商业大学的教授。)

(ㄹ)저의 언니는 결혼을 했으며, 현재 북경상업대학교 교수입니다.
　　(我的姐姐结婚了,现在是北京商业大学的教授。)

(ㄱ)句中海南岛热不能成为不发洪水的原因,所以是不通顺的短文。(ㄴ)句指出位于海边的海南岛不仅热而且雨水多,这样树木长得好,因为树多才不发洪水。这样符合正常的逻辑,是通顺的一段话。结婚和当大学教师之间没有什么因果关系,而应是并列的句子。所以,(ㄷ)句应改为(ㄹ)句。

当了解了韩国语学习者在写作时容易出现的问题以后,我们要尽量避免这些问题。只要在写文章时坚持用韩国语思维,减少翻译母语的做法,学习时多做积累,较多地掌握词汇与表达方法,正确理解词汇和语法的意义,充分考虑文章的逻辑关系,又按规范写作,并多做练习,这样就会逐步写出好的文章了。

1. 한국어 문장을 쓸 때, 가장 어렵게 느껴지는 것은 무엇입니까? 문장을 잘 쓰기 위해 어떤 점에 주의해야 한다고 생각합니까?

2. 구어와 문어의 특징, 고유어와 한자어의 특징에 대해 말해보시오.

3. 다음 문장의 괄호 안에서 알맞은 단어를 고르시오.

 (1) 소주는 (정원 / 원림)의 도시라 불린다.(园林)
 (2) 우리 대표단은 (통역 / 번역)까지 포함해서 모두 15명이다.(翻译)
 (3) 그녀는 아가씨라고는 하지만 (일반/보통) 남자들처럼 힘이 아주 세다.(一般)
 (4) 그는 (빨간/인기 절정의) 영화 배우라고는 하지만 사실 매우 겸손하다.(红)
 (5) 1년 동안의 유학 생활에서 나는 (시각 / 시야) 을 /를 넓히게 되었다.(眼界)

4. 다음의 문장들의 괄호에 공동으로 들어갈 수 있는 표현을 쓰시오.

 (1) • 노인들은 채소를 (　　)며 활기찬 생활을 하고 있다.
  • 수녀(修女)들이 수녀원을 예쁘게 (　　)었다.
  • 건강한 몸매를 (　　)는 요령을 소개할게요.
  • 인류는 서로의 문화를 발전시키고 독특한 문화를 (　　)어 왔다.
 (2) • 두 사람은 우열(优劣)을 (　　)지 못할 정도로 실력이 비슷했다.
  • 돈을 벌기 위해서라면 수단과 방법을 (　　)지 않는다.
  • 아이는 심하게 낯을 (　　)었다.
  • 평소 아무 음식이나 (　　)지 않고 먹어야 해요.
 (3) • 저는 동생과 같이 컴퓨터 (　　)을 합니다.

• 오늘 월드컵 경기장에서 한국과 미국의 (　　) 이 있어요.
  • 나는 세 (　　) 을 연속으로 이겼다.
  • 인생이 (　　) 이라면 우리는 꼭 (　　) 에서 이겨야 하는 것이 아니다.
 (4) • 그는 시간 (　　) 는 줄 모르고 도서관에서 공부하고 있다.
  • 남에게 피해가 안 (　　) 도록 조심해야 합니다.
  • 누가 그런 파렴치한 일을 했는지 짐작이 (　　) 요.
  • 내년쯤 (　　) 서 경제 상황이 좀 좋아질 것입니다.
 (5) • 찬호의 아버지가 건축 현장에서 (　　) 해서 다리를 다쳤다.
  • 북한산에서 등산객 한 명이 낭떠러지에서 (　　) 하여 사망했다.
  • 민우는 지하철에서 (　　) 하여 선로에 떨어진 아이를 구했다.
  • 한 대학생이 (　　) 해 강에 빠진 아이를 구하다가 목숨을 잃었다.

5. 다음에서 맞춤법이 틀린 것을 바로잡으시오.

 (1) 우리 대학의 금년도 취업율은 매우 저조하다.
 (2) 36쪽 네째 줄의 글자가 너무 큰 것 같습니다.
 (3) 오늘 모임은 매우 중요함으로 가지 않으면 않된다.
 (4) 나는 이런 거칠은 음식을 먹어 본 적이 없었다.
 (5) 그는 인간으로 차마 하지 못할 일을 서슴치 않고 했다.

6. 다음에서 띄어쓰기가 틀린 것을 골라 바르게 고치시오.

 (1) 제가 이것을 먹을 게요.
 (2) 오늘은 휴식일인데도 온종일 쉴새 없이 일을 했다.
 (3) 오른 쪽에 나무가 있다.
 (4) 오늘은 그가 올듯도 합니다.
 (5) 편지가 도착하기까지는 열흘내지 보름이 걸린다.

# 第二章

# 文章写作规范

韩国语语言本身与写作方法是有规则的，只有按照规则写作，才能写出规范的文章。这些规则主要有拼写法（맞춤법）、分写法（띄어쓰기）、标点符号（문장 부호）、纠错符号（문장 고치기 부호）、稿纸形式（원고지 쓰기）等规范。

关于纠错符号、稿纸形式在《韩国语写作》中已有详细说明，这里不再赘述。以下结合实践中易出的错误，重点说明拼写、分合写、标点符号等规范。

## ▶ 2.1. 拼写法（맞춤법）

### 2.1.1. 拼写时容易出现的错误

第一，发音造成的拼写错误

（ㄱ）영희가 왔다구(×)/ 왔다고.（英姬来了。）
（ㄴ）이 핸드푼(×)/ 핸드폰이 고장났다.（这部手机出故障了。）
（ㄷ）이 건물은 우리 학교에요(×)/ 이에요 / 예요.（这个建筑是我们学校。）
（ㄹ）과거에는 이것이 더 좋은 것이였다(×)/ 이었다.（过去这是更好的。）

由于首尔方言将"오"读成"우"，所以造成（ㄱ）句"왔다구"及（ㄴ）句的"핸드푼"的错误。"이다"变成其他形式语尾时，"이"既不能省略又不能添加，（ㄷ）句省略，（ㄹ）句添加均为错句。

第二，错误理解发音规则造成的拼写错误

（ㄱ）막어라(×)/ 막아라 (堵住吧) 먹아라(×)/ 먹어라 (吃吧。)
（ㄴ）거칠은(×)/ 거친 칠판에 글을 쓰고 있다.（正在粗糙的黑板上写字。）
（ㄷ）병이 낫아서(×)/ 나아서 출장을 떠났나.（病好了，就去出差了。）
　　　철수는 옷을 버었다(×)/ 벗었다.（哲洙脱了衣服。）
（ㄹ）그는 선생님에게 묻었다(×)/ 물었다.（他问了老师。）
　　　그는 땅에 물건을 물었다(×)/ 묻었다.（他把东西埋在地里。）
（ㅁ）프라이팬에 생선을 굽었다(×)/ 구웠다.（在煎锅上煎鱼。）

그는 병으로 허리가 구웠다(×)/굽었다.(他病得弯了腰。)

(ㅂ) 한참을 걸어서 집에 이르었다(×)/이르렀다.(走了好大一会儿到家了。)

학생들에게 조심하라고 이르었다(×)/일렀다.(告诉学生要小心。)

(ㅅ) 나뭇잎이 푸르어(×)/푸르러 보이니 이제 봄이 왔다.(树叶发绿了,春天到了。)

서류를 종이로 누르어(×)/눌러 덮었다.(用纸压盖上文件。)

(ㅇ) 부모의 마음은 무심지(×)/무심치 않다.(父母不是无心的。)

이 일은 익숙치(×)/익숙지 않다.(对这件事不熟悉。)

(ㅈ) 이 문제를 잘 연구도록(×)/연구토록 한다.(让好好研究这个问题)

(ㅊ) 행열(×)/행렬(行列), 나렬(×)/나열(罗列), 백분률(×)/백분율(百分比),

(ㅋ) 교통양(×)/교통량(交通量), 구름량(×)/구름양(云量), 파일량(×)/파일양(案卷量), 투고난(×)/투고란(投稿栏), 어린이란(×)/어린이난(儿童栏).

(ㄱ)句中阳性和阴性元音必须调和才成。(ㄴ)句中"ㄹ"遇到元音时脱落。(ㄷ)句收音均是"ㅅ",在动词不规则变化时脱落,规则变化时保留。(ㄹ)句收音均是"ㄷ",动词不规则变化时由"ㄷ"变成"ㄹ",规则变化则不变。(ㅁ)句"굽다"作为动词时发生"ㅂ"变,作为形容词时为规则变化。(ㅅ)句"푸르다"为形容词时变成"푸르러",而"누르다"为动词变成"눌러"。

(ㅇ)(ㅈ)句中当省略"하"时,有的变成送气音,有的则不变。(ㅊ)中"렬,률"在头音以外处一般按原音拼写,如"행렬",只是在元音或"ㄴ"收音之后写成"열,율",如:"나열,백분율"。(ㅋ)是在头音以外处出现的"량,란",如果接在汉字词后仍然为"량,란",如:"교통량,투고란",如果在固有词、外来语后面则为"양,난"。如:"구름양,파일양,어린이난"。

第三,合成词的拼写及易出现的错误

(ㄱ) 고유어 + 고유어 : 시냇가(小溪边)/시내가(×), 나뭇잎(树叶)/나무잎(×)

고유어 + 한자어 : 샛강(新姜)/새강(×), 아랫방(下房)/아래방(×)

한자어 + 고유어 : 기댓값(期待值)/기대값(×), 등굣길(上学路)/등교길(×)

한자어 + 한자어 : 개수(个数)/갯수(×), 대가(代价)/댓가(×)

한자어 + 한자어 : 횟수(回数)/회수(×), 숫자(数字)/수자(×)

(ㄴ) 살코기(瘦肉)/살고기(×), 암탉(母鸡)/암닭(×), 안팎(内外)/안밖(×)

(ㄷ) 좁쌀(小米)/조쌀(×)

(ㄹ) 소나무(松树)/솔나무(×), 오조(早熟的粟)/올조(×), 마소(牛马)/말소(×)

(ㅁ) 섣달(腊月)/설달(×), 숟가락(汤匙)/술가락(×), 이튿날(第二天)/이틀날(×)

(ㅂ) 서울역(首尔站)→서울력, 물약(汤药)→물략

(ㅅ) 어제저녁→엊저녁(昨晚), 엉덩이방아→엉덩방아(坐跌)

(ㄱ)中的"的"合成词当前一词最后音节是元音时,"固有 + 固有词、固有词 + 汉字语、汉字词 + 固有词"均要添加"ㅅ",而当"汉字词 + 汉字词"时大部分不加添加音,个别的也要加添加音,如"횟수,셋방"等。

（ㄴ）中的"的"合成词添加"ㅎ"音，（ㄷ）中的"的"合成词添加"ㅂ"音。（ㄹ）中的"的"合成词减少了"ㄹ"音，（ㅁ）中的合成词"ㄹ"变"ㄷ"音。

（ㅂ）中的"的"合成词形态不变，发音时添加了"ㄹ"音，（ㅅ）中的"的"合成词变成缩略形，并按此发音。

第四，派生词的拼写及易出现的错误

（ㄱ）그는 일찌기（×）/일찍이 왔다.（他早来了。）

（ㄴ）왕화는 갑작이（×）/갑자기 왔다.（王华突然来了。）

（ㄷ）나는 별장을 깨끗이/깨끗히（×）소제했다.（我把别墅打扫得干干净净。）

（ㄹ）그는 문을 가벼이/가벼히（×）두드린다.（他轻轻地敲门。）

（ㅁ）철수는 가만히/가만이（×）걸어왔다.（哲洙悄悄地走过来。）

（ㄱ，ㄴ）句中的派生词"ㄱ"收音有的移到后面，如"갑자기"，有的则不移，如"더욱이"。（ㄷ）句中的形容词词根收音为"ㅅ"时，一般加接尾词"이"。且此类单词只发"이"音。如：빠듯이（紧紧巴巴），산뜻이（轻轻地），의젓이（正经地），느긋이（恶心），반듯이/반듯하게（光滑地），버젓이（堂堂正正），따뜻이（温暖地）。

（ㄹ）句中形容词词干收音为"ㅂ"时，也加"이"。如：가까이（亲近地），고이（精心地，完整无缺地），날카로이（尖锐地），대수로이（了不起），괴로이（不舒服），외로이（孤独），조심스레（스러이，小心），자유로이（自由）。

此外，重叠的名词后也加"이"。如：겹겹이（层层地），일일이（一一地），집집이（家家户户），틈틈이（一有空），낱낱이（一一地），번번이（次次）。

如同（ㅁ）句，"가만히"中加接尾词"히"的词也很多，发音时有时发"히"，有时发"이"。发"히"音：고요히（静静地），도저히（无论如何），조용히（安静地），정확히（正确地），솔직히（坦率地），분명히（明显地），딱히（为难地，清楚地），엄격히（严格地），극히（极其），급히（急急忙忙地），속히（快地），특히（特别地），급급히（急地），능히（能够），당당히（理直气壮）。发"이"音：간편히（简便地），나른히（没劲儿），각별히（特别地），과감히（果断地），쓸쓸히（冷清地），열심히（热心地），무단히（无故地），소홀히（疏忽地），꼼꼼히（仔细地），심히（过度地）。

第五，相似形态出现的拼写错误

（ㄱ）내가 한턱 낼께（×）/낼게.（我请客）

　　너보다 키가 더 클껄（×）/클걸.（好像比你个更大。）

（ㄴ）대장부로써（×）/로서 그깟 일에 겁을 내다니！（大丈夫能叫那点事吓着。）

（ㄷ）칼로서（×）/칼로써 사과를 깎는다.（用小刀削苹果。）

（ㄹ）그 아이는 책만 읽는데（×）/읽는대.（听说那孩子只读书。）

　　나는 제주도의 경치가 정말 좋대（×）/좋데/좋더라.（我真喜欢济州岛的风景。）

（ㅁ）몇 일（×）/며칠（几天），웬지（×）/왠지（不知为何），삼가하다（×）/삼가다（节制）

（ㅂ）동창을 놀리지 말아라（×）/마라.（不要耍同学。）

　　그가 그렇게 하지 말아라고（×）/말라고 했지.（他说不要那样干。）

(ㅅ) 친구의 행방을 쫓다 (×)/좇는다. (跟朋友走了。)
(ㅇ) 경찰이 도둑을 좇다 (×)/쫓는다. (警察追赶小偷。)

以上与(ㄱ)句中类似的终结词尾，除 "ㄹ까, ㄹ쏘냐, ㄹ꼬" 以外，均为轻音。(ㄴ)句表示资格应用 "로서"，而(ㄷ)句表示手段应用 "로써"。(ㄹ)句当为间接引用时用 "읽는대"，而转达自己的感受时用 "좋데/좋더라"。(ㅁ)中合成词 "/" 后的词是正确的。(ㅂ)句在终结词尾中用 "마라"，引用时用 "말라"。(ㅅ)句中 "좇다" 为跟随，而(ㅇ)句中 "쫓다" 为追赶，不能混用。

第六，拼写中需要区别意思的词

韩国语中有的同音异义词或形态类似的词需要区别其意义。

(1) 가늠하다, 가름하다, 갈음하다

 (ㄱ) 가늠을 잡을 수가 없다 (瞄不准)

 (ㄴ) 일과 놀이를 가름하다 (分开工作和娱乐)

 (ㄷ) 부속을 갈음하다 (换零件)

(2) 갑절, 곱절

 (ㄱ) 8은 4의 갑절이다. (8是4的2倍)

 (ㄴ) 소득이 세 곱절로 늘었다. (收入增加到原来的3倍)

(3) 너비, 넓이

 (ㄱ) 너비 6m 도로로 넓히고 있다. (把道扩成6米宽。指幅度)

 (ㄴ) 운동장의 넓이가 15평쯤 된다. (运动场的面积约15坪。指宽的程度)

(4) 느리다, 늘이다, 늘리다

 (ㄱ) 진도가 느리다 (进度慢)

 (ㄴ) 고무줄을 당겨 늘이다 (拉长橡皮筋)

 (ㄷ) 집터를 늘리다 (扩大地基)

(5) 다리다, 달이다

 (ㄱ) 옷을 다리다 (熨衣服)

 (ㄴ) 약을 달이다 (煎药)

(6) 드러나다, 드러내다, 들어내다

 (ㄱ) 범죄 사실이 드러나다 (暴露犯罪事实)

 (ㄴ) 본심을 드러내다 (表露本意)

 (ㄷ) 전축을 마당에 들어내다 (把电唱机搬到院子里)

(7) 바라다, 바래다

 (ㄱ) 나는 학생들이 잘 공부하기를 바란다. (我希望学生们好好学习。)

 (ㄴ) 역까지 바래 드렸다. (送到了火车站。)

 (ㄷ) 빨아도 바래지 않는 옷감이다. (洗也不褪色的衣料。)

(8) 바치다, 받치다

 (ㄱ) 그는 교육에 일생을 바쳤다. (他把一生献给教育事业。)

(ㄴ) 우산을 받치고 간다. (打着雨伞去。)

(ㄷ) 책받침을 받친다. (垫上垫板。)

(ㄹ) 화가 잔뜩 받친다. (火冒三丈。)

(9) 벌이다, 벌리다

(ㄱ) 논쟁을 벌이다 (展开争论)

(ㄴ) 생선 가게를 벌이다 (开鱼店)

(ㄷ) 입을 벌리다 (张嘴)

(ㄹ) 귤 껍질을 까서 벌리다 (剥开桔子皮)

(10) 부수다, 부시다

(ㄱ) 흙덩이를 잘게 부수다 (把土块细细敲碎)

(ㄴ) 햇빛에 눈이 부시다 (阳光耀眼)

(11) 웃, 윗, 위

(ㄱ) 웃어른(长辈), 웃돈(补差的钱) (上下区分无对应词时, 用"웃")

(ㄴ) 윗부분(上部分), 윗니(上牙) (上下有对应词时, 表示上面的词用"윗")

(ㄷ) 위층(上层), 위쪽(上面) (后面词的子音为送气音、紧音时, 用"위")

(12) 있으십니다, 계십니다

(ㄱ) 선생님, 오후에 시간이 있으십니까? (通过尊敬"时间"来尊敬老师)

(ㄴ) 어머님이 집에 계셨어요. (直接表示尊敬母亲)

(13) 저리다, 절이다

(ㄱ) 손발이 저리다 (手脚发麻)

(ㄴ) 김장 배추를 절이다 (腌过冬泡菜)

(14) 조리다, 졸이다

(ㄱ) 생선을 조리다 (炖鱼)

(ㄴ) 마음을 졸이다 (焦急)

(15) 노라고, 느라고

(ㄱ) 그는 자기가 잘못했노라고 진심으로 사과했다.

(他真心道歉, 承认自己不对。) ("하노라 하고"的缩略形, 表示提示)

(ㄴ) 병원에 다녀오느라고 늦었다. (去了一趟医院,所以迟到了。) (原因, 理由)

### 2.1.2. 外来语标记方法

外来语是指除固有词、汉字词以外, 从其他语言中借用过来而以韩国语发音的词。

《标记基本规则》(1986 年 1 月 7 日文教部)

第一项: 外来语以韩国语现用的 24 个字母标记。(외래어는 국어의 현용 24 자모만으로 적는다.) 例: folder[fəuldə(r)] 폴더

第二项: 原则上外来语的一个音用一个符号标记。(외래어의 1 음운은 원칙적으로 1 기호로 적는다.) 例: tree[tri:] 트리

第三项：收音用字母"ㄱ，ㄴ，ㄹ，ㅁ，ㅂ，ㅅ，ㅇ"来标记。(받침에는 'ㄱ，ㄴ，ㄹ，ㅁ，ㅂ，ㅅ，ㅇ' 만을 적는다.) 例：robot[rəubɔt] 로봇

第四项：破裂音标记，原则上不用硬音。(파열음 표기에는 된소리를 쓰지 않는 것을 원칙으로 한다.) 例：Paris[pæris] 파리

第五项：已经结合紧密的外来语，尊重习惯，其范围和用例另定。(이미 굳어진 외래어는 관용을 존중하되, 그 범위와 용례는 따로 정한다.) 例：camera[kæmərə] 카메라

〈标记正误举例〉

| | | |
|---|---|---|
| Paris | 빠리⊗ | / 파리 |
| workshop | 워크샵⊗ | / 워크숍 |
| robot | 로보트⊗ | / 로봇 |
| tape | 테입⊗ | / 테이프 |
| English | 잉글리쉬⊗ | / 잉글리시 |
| frypan | 후라이팬⊗ | / 프라이팬 |
| digital | 디지틀⊗ | / 디지털 |
| color | 칼라⊗ | / 컬러 |
| boat | 보우트⊗ | / 보트 |

外来语标记时，一般第一个字母多用送气音"ㅍ，ㅌ，ㅋ，ㅊ"，不用紧音，所以"paris"标为"파리"。标记"ɔ"时用"오"，因此"워크숍"是对的。单元音后面用"p,t,k"时，则将此作为收音，故"로봇"是对的。"ʃ"在单词的前面及中间时标为"슈"，在词尾标为"시"，因此"잉글리시"是对的。"f"标为"프"，故"프라이팬"是对的。"ə"用"어"标记，"디지털"是对的。"ʌ"用"어"，"ou"用"오"标记，因此"컬러，보트"是对的。

2.1.3. 罗马字标记法

韩国语有时在标注地名和人名时，需要用罗马字标记。下面简单介绍一下有关标记方法。

〈罗马字标记原则〉

韩国语的罗马字原则上根据发音标记，从而使外国人容易按韩国语的实际发音读音。

单元音（단모음）

| ㅏ | ㅓ | ㅗ | ㅜ | ㅡ | ㅣ | ㅐ | ㅔ | ㅚ | ㅟ |
|---|---|---|---|---|---|---|---|---|---|
| a | eo | o | u | eu | i | ae | e | oe | wi |

双元音（이중모음）

| ㅑ | ㅕ | ㅛ | ㅠ | ㅒ | ㅖ | ㅘ | ㅙ | ㅝ | ㅞ | ㅢ |
|---|---|---|---|---|---|---|---|---|---|---|
| ya | yeo | yo | yu | yae | ye | wa | wae | wo | we | ui |

辅音 1（자음 1）

| ㄱ | ㄲ | ㅋ | ㄷ | ㄸ | ㅌ | ㅂ | ㅃ | ㅍ |
|---|---|---|---|---|---|---|---|---|
| g,k(어말) | kk | k | d,t(어말) | tt | t | b,p(어말) | pp | p |

辅音 2（자음 2）

| ㅈ | ㅉ | ㅊ | ㅅ | ㅆ | ㅎ | ㄴ | ㅁ | ㅇ | ㄹ |
|---|---|---|---|---|---|---|---|---|---|
| j | jj | ch | s | ss | h | n | m | ng | r,l |

例：(ㄱ) 구미 [구미] → Gumi, 광주 [광주] → Gwangju

(ㄴ) 신라 [실라] → Silla, 왕십리 [왕심니] → Wangsimni

(ㄷ) 해돋이 [해도지] → haedoji, 같이 [가치] → gachi

韩国语的硬音标记罗马字时不予反映。例：압구정 [압꾸정] → Apgujeong, 팔당 [팔땅] → paldang. 人的名字不是发音而是转达其意思。例：홍석민 [홍성민] → Hong Seokmin

〈罗马字的读法〉

当读韩国语的地名和人名时，了解罗马字的标记而发音是非常重要的。

例：(ㄱ) 남산→ Namsan, 불국사→ Bulguksa

(ㄴ) 서울시 종로 2 가→ Seoul-si Jongno2(i)-ga

〈罗马字标音正误举例〉

국가 [국까]　　　　gukkka ⊗ /gukga

칼의 [카릐]　　　　kalui ⊗ /karui

해돋이 [해도지]　　haedoti ⊗ /haedoji

좋다 [조타]　　　　jotda ⊗ /jota

국민 [궁민]　　　　gukmn ⊗ /gumim

장철수 [장철수]　　JangcheoLsu ⊗ /Jang Cheolsu

韩国语用罗马字标音时，应注意的是一般不用紧音标记，"국가"仍标记为"gukga"，有的按发音标记，如"칼의"发生连音后为"카릐"，标为"karui"。当辅音同化时，按同化后的发音标音，如"국민"标成"gungmin"。同样，当辅音腭化时，按腭化后的音标音，如"해돋이"标成"haedoji"。还有辅音发生送气化时，也按送气化后的音标记，如"좋다"标成"jota"。

## 2.2. 分写法（띄어쓰기）

韩国语是表音文字，但有音节之分，如果分合写不当，可能改变句子的意思。如：

(ㄱ) 아버지가방에들어갑니다.

(ㄴ) 아버지가 방에 들어갑니다. (爸爸进了房间。)

(ㄱ)句因为未分写,可能会被误解为"爸爸进了包(가방)里"或"进了爸爸的包里"。韩国语的分写法有多种规则,现结合实例加以说明。

2.2.1. 单词及助词、词缀、词尾的分合写

句子各个单词一般应分写,但助词、词缀(接头词、接尾词)、词尾与所接成分应合写。

(ㄱ) 나도 한국 사람만큼 한국말을 잘 할 수 있다. (我也能像韩国人一样说好韩国语。)
(ㄴ) 날씨가 추운 만큼 몸 조심해라. (天气冷,要当心身体。)
(ㄷ) 네가 뭔데/뭔 데(×) 그렇게 떠드니? (你干什么那么吵闹?)
(ㄹ) 철수는 춤을 추는데(×)/추는 데 소질이 있다. (哲洙有跳舞的素质。)
(ㅁ) 소, 말, 돼지, 닭 들을 가축이라고 한다. (把牛、马、猪、鸡等叫家畜。)
(ㅂ) 학생들이 공부하고 있다. (学生在学习。)
(ㅅ) 운동장이 큰지 작은지 알 수 없다. (运动场大小不得而知。)
(ㅇ) 집을 떠난 지 두 달 지났다. (离开家两个月了。)
(ㅈ) 너밖에 없다. (只有你。)
(ㅊ) 창 밖에 사람이 있다. (窗外有人。)
(ㅋ) 새 학년이 시작되었다. (新学年开始了。)
(ㅌ) 우리는 새집을 만들었다. (我们建了新家。)
(ㅍ) 오늘 하늘이 새파랗다. (今天天空是蔚蓝色的。)
(ㅎ) 아는 대로 말해라. (知道多少就说出来吧。)
(ㄲ) 법대로 처리해라. (要依法处理。)

以上句子有的成分虽然为同一形态,但根据所表示的意义不同,应合写或分写。(ㄱ)句的"만큼"为补助词,与前面的词应合写;(ㄴ)句"만큼"为依存名词,应分写。(ㄷ)句"데"与"ㄴ"结合是连接词尾应合写,(ㄹ)句"데"为依存名词应分写。(ㅁ)句"들"是依存名词,有"之类(따위)"的意思,应分写。而(ㅂ)句的"들"为表示复数的接尾词,应合写。(ㅅ)句"지"与"ㄴ"结合是表示疑问的连接词尾,应合写。而(ㅇ)句的"지"为依存名词,应分写。(ㅈ)句"밖"是助词,与"없다"结合表示"只有"之意,应合写。(ㅊ)句"밖"是名词应分写。(ㅋ)句的"새"为冠词,一般与后面的名词分写,但是单音节词连续出现时,如(ㅌ)"새집,그때,그밖,새해,그것"可以合写。(ㅍ)句的"새"为接头词,应合写。(ㅎ)句的"대로"是依存名词,应分写,(ㄲ)句"대로"是助词,应合写。

其他助词"너야말로, 너하고, 나말고는, 바보같이, 사람처럼, 학자치고, 밥이든지, 철수는커녕, 이젤랑(ㄹ랑), 좋구먼그려"都应合写。

2.2.2. 修饰成分与被修饰成分的分写

定语、副词有修饰后面成分的作用,应与被修饰的成分分写。

(ㄱ) 그 사람은 좋은말을(×)/좋은 말을 했다. (那个人说了好话。)

(ㄴ) 문제 <u>있을리</u>（×）/ 있을 리 있어？（能有问题吗？）

(ㄷ) 그는 그저 <u>웃을뿐이었다</u>（×）/ 웃을 뿐이었다．（他只是笑。）

(ㄹ) <u>안가도</u>（×）/ 안 가도 괜찮다．（不去也成。）

(ㅁ) 이것밖에 <u>기억안나</u>（×）/ 기억 안 나．（只记得这个。）

以上句子（ㄱ）（ㄴ）（ㄷ）中画线部分均为定语，应分写；（ㄹ）（ㅁ）句中的"안"修饰后面的动词，也应分写。

### 2.2.3. 数词的分合写

(ㄱ) 나무 한 그루（一棵树），집 한 채（一栋房）

(ㄴ) 이학년（二年级），3 시（3点），제일과（第一课），9월 3일（9月3日）

(ㄷ) 12억 3456만 7893/ 십이억 삼천사백오십육만 칠천팔백구십삼

(12亿 3456万 7千 8百 93)

(ㄹ) 세 사람（3人），열다섯 포기（15棵），삼인（3人），3세기（3世纪）

(ㄱ)中数词与表示单位的依存名词一般分写，（ㄴ)中当数字表示顺序或是阿拉伯数字时与后面的名词结合一般合写。（ㄷ）中用韩文或阿拉伯数字记数时以万为单位分写。（ㄹ）中固有数词在名词或依存名词前面时与其分写，汉字数词则与其合写。

### 2.2.4. 接续词的分写

(ㄱ) 국장 겸 과장（局长兼科长），선생 또는 학생（老师或学生）

　　 교사 및 학생（教师及学生），오전 혹은 오후（上午或下午）

(ㄴ) 열 내지 스물（10乃至20），수령 내지 백성（领袖乃至老百姓）

(ㄷ) 70 대 70（70对70），청군 대 백군（蓝军对白军）

(ㄹ) 책상，걸상 등（桌子、椅子等），사과，배，귤 등등（苹果、梨、葡萄等等）

(ㅁ) 설마 달아나기야 하겠나？（难道还会跑了吗？）

(ㅂ) 옷이 좋아요．그러나 값이 좀 비싸요．（衣服好，可是价格贵一些。）

两个或多个词及句子接续或列举时，一般前后都分写。（ㄱ）（ㄴ）（ㄷ）中的"겸，또는，및，혹은，내지，대"表示接续则分写，（ㄹ）中"등，등등"表示列举也分写。而（ㅁ）（ㅂ）句中的"설마，그러나"属句子接续词。因此都分写。

### 2.2.5. 人名和专有名词的分合写

(ㄱ) 김철수（金哲洙），안중근（安重根），주시경（周时经）

(ㄴ) 왕화 씨（小王），김 국장（金局长），최창국 박사（崔昌国博士）

(ㄷ) 서울대학교 / 서울 대학교（首尔大学）

　　 의과대학교부속병원 / 의과 대학교 부속 병원（医大附属医院）

(ㄹ) 만성척추염 / 만성 척추염（慢性脊椎炎）

(ㄱ)中姓和名合写，（ㄴ）中姓名与其后的称呼和职位名分写。（ㄷ）（ㄹ）中的专有名词分合写均可。

### 2.2.6. 本谓词与补助谓词分合写

(ㄱ) 불이 꺼져 간다 / 불이 꺼져간다. (火要灭了。)
(ㄴ) 눈이 올 듯 하다 / 눈이 올 듯하다. (好像要下雪。)
(ㄷ) 책을 읽어도 봤다. (也读读书。)
　　승리하고야 말 것이다. (必定胜利。)
　　그는 늘 가곤 한다. (他经常去。)
　　그렇게 하여서는 안된다. (那样做不成。)
(ㄹ) 돌아가다 (回去), 떨어지다 (掉下), 줄어지다 (在减少), 어두어지다 (黑起来)

以上(ㄱ)(ㄴ)中本谓词与补助谓词分合写均可, (ㄷ)中本谓词与补助谓词中间加了助词 "도, 야, 는" 以后必须分写, (ㄹ)中已经成了合成词时要合写。

### 2.2.7. 合成词、派生词的分合写

(ㄱ) 밤낮 (昼夜), 큰아버지 (大伯), 짝사랑 (单相思), 힘들다 (费力) (合成词)
(ㄴ) 첫사랑 (初恋), 맨몸 (赤身), 헛되다 (白费), 자유롭다 (自由) (派生词)
(ㄷ) 시부모 (公婆), 오리구이 (烤鸭), 틈틈이 (一有空) (合成派生词)
(ㄹ) 왼쪽 (左边), 지난주 (上周), 못잖다 (不至于) (前后联系紧密的词)
(ㅁ) 붉으락푸르락 (红一阵青一阵), 자나깨나 (不分昼夜) (叠词及准叠词)
(ㅂ) 국화꽃 (菊花), 역전앞 (站前), 가마솥 (铁锅) (前后意思相同而合成的词)
(ㅅ) 신 패션 (新时装), 총 수업시수 (总授课时数), 19 세기 말 (19 世纪末)

(ㄱ)为合成词, (ㄴ)为派生词, (ㄷ)为合成和派生词, (ㄹ)为前后联系紧密的词, (ㅁ)为叠语、准叠词及意思相反的单词, (ㅂ)是由前后相同意思的词重复构成的词。这些词均应合写。而若合写理解困难时, 应分写, 如: (ㅅ)。

### 2.2.8. 分合写易出现的错误

(ㄱ) 보다못해 한 마디 해 주었다. (看不下去, 帮着说了一句话。)
　　그는 참다 못 해 나갔다. (他忍着忍着, 忍不下去就走了。)
(ㄴ) 감사 드립니다. (表示感谢。)
　　고통 받다 (遭受痛苦)
(ㄷ) 오랫동안 (好久)
　　오늘날 (今天)
(ㄹ) 네가 잘 해야 나도 잘 한다. (你干得好, 我也好好干。)
　　철수는 술을 잘한다. (哲洙爱喝酒。)
(ㅁ) 아이는 걷지 못한다. (小孩走不好。)
　　그는 운동을 못 한다. (他无法运动。)

(ㅂ) 잘못하면 벌을 받는다. (做错了就受罚。)
　　　왕화는 일을 잘 못한다. (王华干不好事。)
(ㅅ) 그 사람은 말을 하지 아니한다. (하지 않는다) (那人不说话。)
　　　아침에 운동을 아니 한다. (운동을 안 한다) (不做早操。)

以上（ㄱ）（ㄴ）（ㄷ）均是规范的分合写法，而（ㄹ）（ㅁ）（ㅂ）分合写不同，表示的意思则不同。（ㄹ）中"잘 하다"的"잘"是副词，修饰动词"하다"。而"잘하다"是一个动词，表示"善于、容易、喜欢"等意思。（ㅁ）中"지 못하다"是长形否定，而"못 하다"是短形否定。（ㅂ）中"잘못하다"表示失误，而"잘 못하다"表示能力不足。（ㅅ）的"아니하다"是补助词，"아니 하다"的"아니"是副词。

## ▶ 2.3. 标点符号（문장부호）

### 2.3.1. 标点符号种类、名称、形态
文章中词及句子需有间隔，这个间隔用标点符号表示。

| 种类 | 汉语名称 | 韩国语名称 | 形态 |
| --- | --- | --- | --- |
| 终结符号（마침표） | 句号 | 온점 | . |
|  | 问号 | 물음표 | ? |
|  | 感叹号 | 느낌표 | ! |
| 休止符号（쉼표） | 逗号 | 반점 | , |
|  | 中间点 | 가운뎃점 | · |
|  | 冒号 | 쌍점 | : |
| 引号（따옴표） | 双引号 | 큰따옴표 | " " |
|  | 单引号 | 작은따옴표 | ' ' |
| 括号（묶음표） | 小括号 | 소괄호 | ( ) |
|  | 中括号 | 중괄호 | { } |
|  | 大括号 | 대괄호 | [ ] |
| 连接符号（이음표） | 破折号 | 줄표 | —— |
|  | 连接号 | 붙임표 | - |
| 显示符号（드러냄표） | 显示号 | 드러냄표 | . ○ ＿ |
| 非显示符号（안 드러냄표） | 隐藏号 | 숨김표 | ××, ○○ |
|  | 遗漏号 | 빠짐표 | □□□ |
|  | 省略号 | 줄임표 | …… |

### 2.3.2. 汉韩标点符号的不同

《韩国语写作》中已详细介绍了标点符号的用法，这里主要说明汉韩两种语言标点符号的差别。

第一，汉语句号为虚点（。），韩国语句号为实点（．）

例：한글의 본래 이름은 훈정민음이다．

　　韩文本来的名称叫训民正音。

第二，汉语有顿号（、），韩国语横写时无顿号，只有竖写时才有顿号，横写时用逗号（，）代替顿号。

例：근면，검소，협동은 우리 겨레의 미덕이다．

　　勤劳、谦虚、合作是我们民族的美德。

第三，汉语括号分别是小括号（　）、中括号［　］、大括号｛　｝。而韩国语括号分别是小括号（　）、中括号｛　｝、大括号［　］。

第四，汉语的省略号为六个点"……"，韩国语的省略号原则上是六个点，但习惯上有时也可以用三个点。（习惯上"省略符"为三个点，"无言符〈沉默〉"为六个点）。

**练习（二）**

1. 다음 중 맞춤법이 바른 것을 선택하고 괄호 안에 동그라미를 해 주시오．

| 그리고　（　） | 행열　（　） | 백불률　（　） | 교통양　（　） |
| --- | --- | --- | --- |
| 그리구　（　） | 행렬　（　） | 백분율　（　） | 교통량　（　） |
| 파일량　（　） | 일찍이　（　） | 갑자기　（　） | 시냇가　（　） |
| 파일양　（　） | 일찌기　（　） | 갑작이　（　） | 시내가　（　） |
| 투고난　（　） | 기대값　（　） | 개수　（　） | 산뜻이　（　） |
| 투고란　（　） | 기댓값　（　） | 갯수　（　） | 산뜻히　（　） |
| 버젓히　（　） | 낱낱이　（　） | 간편히　（　） | 조용이　（　） |
| 버젓이　（　） | 낱낱히　（　） | 간편이　（　） | 조용히　（　） |
| 미장이　（　） | 월급장이（　） | 멋장이　（　） | 유리장이（　） |
| 미쟁이　（　） | 월급쟁이（　） | 멋쟁이　（　） | 유리쟁이（　） |

2. 다음 중 맞춤법이 바른 것을 선택하고 괄호 안에 동그라미를 해 주시오．

| 밥을 먹어라　（　） | 선을 긋어서　（　） | 허리가 굽었다（　） |
| --- | --- | --- |
| 밥을 먹아라　（　） | 선을 그어서　（　） | 허리가 구웠다（　） |

| 학교에 이르었다 ( ) | 만들는 방법 ( ) | 들은 노래 ( ) |
| 학교에 이르렀다 ( ) | 만드는 방법 ( ) | 들은 노래 ( ) |
| 살는 집 ( ) | 돈을 벌으려면 ( ) | 옷을 마추다 ( ) |
| 사는 집 ( ) | 돈을 벌려면 ( ) | 옷을 맞추다 ( ) |
| 설레이는 가슴 ( ) | 시간이 있다 ( ) | 생각타 못해 ( ) |
| 설레는 가슴 ( ) | 시간이 계시다 ( ) | 생각다 못해 ( ) |

3. 아래 문장에서 밑줄 친 부분을 알맞게 고쳐 보시오.

（1）이 글을 50자 이내로 <u>요약하십시요</u>.
（2）지금쯤이면 그 일을 끝냈을 <u>꺼라고</u> 생각합니다.
（3）이번 경기에는 꼭 일등이 <u>되야</u> 합니다.
（4）그 일에 대해서 저는 <u>아는 개</u> 없습니다.
（5）제때에 그 일을 완수하기를 <u>바램</u>.
（6）저는 여름보다는 <u>봄절</u>을 더 좋아합니다.
（7）저희 대학교의 기숙사 <u>금처에는</u> 가게가 많지 않아요.
（8）유진이는 <u>몇일 전에</u> 미국에 갔어요.
（9）나는 그 노래를 든 <u>전률(戰慄)</u>을 느꼈다.
（10）그 음식점의 <u>깍뚜기</u>가 맛있다.

4. 다음 외래어 중 맞는 것을 찾아 동그라미를 해주시오.

| digital(数字型) | 디지틀 ( ) | blue collar(产业工人) | 블루칼라 ( ) |
| | 디지털 ( ) | | 블루커러 ( ) |
| report(报告) | 리포트 ( ) | net work(网络) | 네터워크 ( ) |
| | 레포트 ( ) | | 네트워크 ( ) |
| robot(机器人) | 로보트 ( ) | terror(恐怖主义) | 테로 ( ) |
| | 로봇 ( ) | | 테러 ( ) |
| massage(按摩) | 맛사지 ( ) | apartment(公寓) | 아파터 ( ) |
| | 마사지 ( ) | | 아파트 ( ) |
| World Cup(世界杯) | 월드컵 ( ) | slippers(拖鞋) | 스리퍼 ( ) |
| | 월드겁 ( ) | | 슬리퍼 ( ) |

5. 다음 외국어를 한국 외래어 규정에 맞게 쓰고 다시 고유어 또는 한자어로 바꿔 보시오.

（1）한국 현대 그룹은 20일에 직원들에게 bonus 을 지급했다.
（2）이 제품은 design 이 실용적이고 독특하다.
（3）한국에는 restaurant 가 많다.
（4）이번 연회에서 lobster 를 먹었다.

（5）그는 manner 가 좋다.

6. 다음 한국어를 로마자 표기법에 따라 로마자로 쓰시오.

（1）장철수　　　　（6）부산
（2）압구정　　　　（7）국가
（3）해돋이　　　　（8）국민
（4）같이　　　　　（9）신라
（5）정운오　　　　（10）좋다

7. 다음에서 띄어쓰기가 바른 것을 고르시오.

（1）김철수 / 김 철수　　　　　　　（2）최국박사 / 최국 박사
（3）만성위염 / 만성 위염　　　　　（4）삼인 / 삼 인
（5）서울대학교부속중학교 / 서울 대학교 부속 중학교
（6）자나깨나 / 자나 깨나　　　　　（7）세사람 / 세 사람
（8）제 3 과 / 제 3 과　　　　　　 （9）12 억 3456 만 4793 / 12 억 3456 만 4 천 973
（10）큰 아버지 / 큰아버지　　　　 （11）첫사랑 / 첫 사랑
（12）오리구이 / 오리 구이

8. 다음 문장에서 띄어 쓰기가 틀린 부분을 알맞게 고치시오.

（1）대학원생 이라서 논문을 많이 써야 합니다.
（2）그럼 저는 형님을 믿을 수 밖에 없지요.
（3）벌써 새학기가 시작되었어요.
（4）그 일은 사장님의 지시 대로 처리하세요.
（5）그 곳은 날씨가 더운만큼 몸 조심하세요.
（6）나도 중국 사람 만큼 중국말을 할 수 있어요.
（7）그는 요리를 하는데 자질이 있더군요.
（8）그는 그저 울뿐이었어요.
（9）그 문제에 대해서는 예전에 들은대로 설명해 보십시오.
（10）유나 씨 지금 가는데가 어디입니까?
（11）철수가 그렇게 했을리가 없어요.
（12）철수는 서류를 쉽게 작성할줄 알아요.
（13）기말 보고서는 대략 오십장으로 쓰면 되겠어요.
（14）운전중 휴대폰을 사용하면 주의력이 떨어 집니다.
（15）결핵에 걸리면 몸이 피로해 진다고 하던데요.
（16）이 번 게임은 3 대 2 입니다.
（17）박광해는 한국어과 교수가아닙니다.
（18）나는 달디단 수박을 샀다.
（19）편지가 도착하기까지는 열흘내지 보름이 걸린다.
（20）그는 국장겸 과장의 일을 하고 있어요.

# 第三章

# 助词、词语的使用

　　韩国语属黏着语，使用表音文字，在音韵、词法（形态）、句法（统辞）、活用方面均有其特点。从语言结构看，由表示实际意义的单词及在词根、词干上附有语法功能的要素（词缀、助词、词尾）结合而成。从音韵方面看，韩国语有元音调和、头音规则等一系列特点。从词汇方面看，韩国语词汇系统里有固有词、汉字词、外来语、混种语，其语义特点和功能是不同的。从句法结构看，韩国语句子作为主宾谓结构，其语序比较自由。而且句子成分特别是主语与谓语需要呼应，敬语发达。下面主要从写作方面说明助词和词汇使用上应注意的问题以及常见错误。

## ▶ 3.1. 助词的使用

　　韩国语的助词有格助词（격조사）、补助词（보조사）、接续助词（접속조사）。格助词是接于体词后表示该体词与句子中其他词语之间关系的助词。格助词分主格（주격）、补格（보격）、宾格（목적격）、属格（관형격）、副词格（부사격）、独立格（독립격）。补助词是句子中把体词及其他单词结合在一起，并添加某种意义或能代替格助词的助词。接续助词是句子中连接两个处于平等地位，属并列关系的体词的助词。写作时不仅应很好地了解格助词、补助词之间的用法区别，还应很好地区别各个格助词、补助词各自的用法。

3.1.1. 格助词"에，에서，를，에게，에게서，한테서，더러，보고"
（ㄱ）여기에 디지털 카메라를 고치는 곳이 있다.（这里有修数码相机的地方。）
（ㄴ）나는 여기에서 블루베리를 샀다.（我在这里买了蓝莓。）
（ㄷ）철수가 집을 떠났다.（哲洙离开了家。）
（ㄹ）자동차는 한강 다리를 지났다.（汽车经过了汉江大桥。）
（ㅁ）한국 음식이 입에 맞아요.（韩国饭菜对胃口。）
（ㅂ）철수는 꽃에 물을 줬다.（哲洙给花浇了水。）
（ㅅ）이것이 자신에게 맞는 일이다.（这是适合自己干的事。）

(ㅇ) 그는 철수에게 비스킷을 줬다.(他给了哲洙饼干。)
(ㅈ) 그는 김 선생님께 요구르트를 갖다 드렸다.(他给老师拿了酸奶。)
(ㅊ) 선생님에게서 배웠다.(从老师那儿学了。)
(ㅋ) 철수한테서 소식이 왔다.(从哲洙那儿得到了消息。)
(ㅌ) 누구더러 하라고 할까?(你说让谁去干呢?)
(ㅍ) 친구보고 말해 보세요.(跟朋友谈谈吧。)

以上例句中(ㄱ)句为存在处所,用"에"。(ㄴ)句为活动的处所,用"에서"。(ㄷ)(ㄹ)为出发和经过的地点用"를"。(ㅁ)(ㅂ)句为非生命体,用"에"。(ㅅ)(ㅇ)(ㅌ)(ㅍ)句为生命体用"에게,더러,보고"。(ㅈ)句是需尊敬的生命体,用"께"。(ㅊ)(ㅋ)句也是生命体,用"에게서,한테서"。

### 3.1.2. 格助词 "로, 로서, 로써"
(ㄱ) 그는 귀로 듣는다.(他侧耳静听。)
(ㄴ) 학자로 존경을 받고 있다.(作为学者受到尊敬。)
(ㄷ) 의사로서 책임감이 있어야 한다.(作为医生,应有责任感。)
(ㄹ) 그는 나무로써 의자를 만들었다.(他用木头做了把椅子。)

(ㄷ)表示资格,用"로서"。(ㄹ)表示手段,用"로써"。"로"既可表示手段,又可表示资格,故(ㄱ)(ㄴ)均用"로"。

### 3.1.3. 补助词 "도, 조차, 마저, 까지"
(ㄱ) 철수가 바닷가재도 먹었다.(哲洙也吃了龙虾。)
(ㄴ) 금메달은커녕 동메달조차 못 땄다.(别说金牌,连铜牌也没得到。)
(ㄷ) 식량마저 떨어졌다.(连粮食也吃没了。)
(ㄹ) 이것까지 다 아냐?(你连这个都知道吗?)
(ㅁ) 너까지 나를 반대하느냐?(连你也反对我吗?)

这几个助词均有包含之意,(ㄱ)句为表示一般性包含,用"도"。(ㄴ)句的包含表示消极不利的情况,用"조차"。(ㄷ)句的包含既强调消极不利情况,还表示最后结果,用"마저"。(ㄹ)(ㅁ)句有终极及意外之意,积极或消极的方面均可用"까지"。

### 3.1.4. 补助词 "(이)나, (이)나마, (이)라도"
(ㄱ) 할 일도 없는데 영화구경이나 가자.(没有事可做,去看电影吧。)
(ㄴ) 선풍기나마 하나 있었으면 좋겠다.(哪怕有一台风扇也好。)
(ㄷ) 싼 것이 없으면 비싼 것이라도 주세요.(如果没有便宜的,给贵的吧。)

(ㄱ)句表示虽然想达到更好的目的,但还是选择了求其次而用了"이나";(ㄴ)句明知不满意,但不得已而让步,遗憾地做出了非最佳选择而用"이나마";(ㄷ)是在达不到理想选择时而让步,并选择了最后手段而用"이라도"。

### 3.1.5. 格助词 "가/이" 与补助词 "는/은"
(ㄱ) ① 한국어가 어렵다.(○)

② 한국어는 어렵다. (○)(韩国语难。)
(ㄴ) ① 인생이 짧고 예술이 길다. (?/○)
② 인생은 짧고 예술은 길다. (○)(人生短暂，艺术久长。)
(ㄷ) ① 오늘이 편지를 부치러 우체국에 갈 것이다. (×)
② 오늘은 편지를 부치러 우체국에 갈 것이다. (○)(今天想去邮局寄信。)
(ㄹ) ① 우리 가족이 식구가 많다. (?/○)
② 우리 가족은 식구가 많다. (○)(我们家人多。)
(ㅁ) ① 철수는 학자가 되었다. (○)
② 철수는 학자는 되었다. (?/○)(哲洙成了学者。)
(ㅂ) ① 한국어로 말하는 것은 쉬운 일이 아니다. (○)
② 한국어로 말하는 것은 쉬운 일은 아니다. (?)(用韩国语说不是容易的事。)
(ㅅ) ① 나는 중국어 글자가 제일 어렵다. (○)
② 나는 중국어 글자는 제일 어렵다. (×)
(在我看来汉字最难。)
(ㅇ) ① 왕화가 한국 문학을 전공하는 것은 대단한 일이다. (○)
② 왕화는 한국 문학을 전공하는 것은 대단한 일이다. (×)
(王华专攻韩国文学是了不起的事。)

例句中，(ㄱ)表示提供新信息，最好用"가/이"，有时也可用"는/은"。(ㄴ)(ㄷ)为对照、强调或谈论一个话题时，用"는(은)"。(ㄹ)为两个主语，小主语一般用"가/이"。(ㅁ)(ㅂ)句中的补语一般用"가/이"。(ㅅ)(ㅇ)句为包孕句，其中的子句用"가/이"。以上例句中加"？"的有时也可使用，但不太通顺。

### 3.1.6. 依存名词与助词的结合

"덕분, 때문, 통, 바람, 탓"
(ㄱ) ① 선생님이 도와 주신 덕분에 잘하게 되었어요. (由于老师的帮助才干好。)
② 장학금을 받은 덕분으로 계속 공부할 수 있었습니다. (由于得到奖学金，才能继续学习。)
(ㄴ) 비가 왔기 때문에 테니스를 못했다. (因下雨没打成网球。)
(ㄷ) 너무 떠드는 통에 잘 들리지 않는다. (由于吵闹，听不清楚。)
(ㄹ) 갑자기 여행을 떠나는 바람에 연락을 못 받았어요. (由于突然出去旅行，所以联系不上。)
(ㅁ) 2년 동안 일은 안 하고 논 탓에 그 동안 모아 놓은 돈을 다 쓰고 말았어요.
(由于两年没工作，那段时间挣的钱都花光了。)

以上依存名词均表示原因，但(ㄱ)①(ㄱ)②表示肯定的结果，(ㄴ)为中性，可用于肯定与否定，而(ㄷ)(ㄹ)(ㅁ)一般则表示否定的结果。

"겸, 김"
(ㄱ) 기분 전환도 할 겸 그림도 그릴 겸 야외에 나왔다. (到郊外散心，顺便画画。)

(ㄴ) 일을 하기로 마음을 먹은 김에 당장 합시다.(下决心干了，马上干吧。)

"겸，김"均有同时之意，但(ㄱ)句"겸"表示目的，而(ㄴ)句则表示理由。

## ▶ 3.2. 口语和书面语的使用

根据韩国有关研究资料的统计，韩国语固有词是词汇的基础，文学作品及对话中用得最多，达70%以上，汉字词用量较大，报纸杂志中超过50%。外来语呈发展趋势，日常生活、有关行业及户外广告用语达30%～50%。混合语也有一定地位，户外广告用语使用率接近40%。

"잔치，연회，파티"分别是固有词、汉字词、外来语，虽然都与筵席有关，但使用的场所却不同。"잔치"如"돌잔치(生日宴)，결혼잔치(结婚酒席)"，表示传统酒席；"연회"如"국경절 연회(国庆节宴会)"，在较为郑重的场合使用。而"생일파티"(生日宴)中的"파티"更为时尚。

一般来说固有词在口语中使用的较多，汉字词在书面语用得较多，外来语在科技方面用得较多。如下表所示，有些词常用于口语中，口语性强，有些词却常用于书面语中。

### 3.2.1. 名词、依存名词

| 口语 | 书面语 |
| --- | --- |
| (1) 요즘 땅값이 많이 올랐어. <br>（最近地价上涨了很多。） | (1) 최근에 토지 가격이 대폭으로 상승하였다. <br>（最近土地价格大幅上升。） |
| (2) 사람과 짐승은 어떻게 달라요? <br>（人和禽兽有什么不同呢？） | (2) 인간과 동물은 어떤 차이가 있는가? <br>（人与动物有什么差别呢？） |
| (3) 그는 아는 것을 말했다. <br>（他说了知道的。） | (3) 그 사항에 관해 아는 바를 설명했다. <br>（对那个事项说明了了解的部分。） |

### 3.2.2. 代词

| 口语 | 书面语 |
| --- | --- |
| (1) 나는 안 갈래.(我不想去。) <br>(2) 저는 모르겠어요.(我不知道。) <br>(3) 우리 집에 있자.(我们在家吧。) <br>(4) 너 어디에 가니?(你上哪儿?) <br>(5) 자네도 해봐.(你也做做吧。) <br>(6) 이/그/저가 누구세요?(那是谁?) <br>(7) 이분/그분/저분이 그랬어요. <br>（这位/那位是那么做的。） | (1) 필자는 전에도 이 문제에 관하여 밝힌 바가 있다.(笔者以前关于此问题做过说明。) <br>(2) 본인이 조사해 본 바에 의하면 그 보고서는 사실에 근거한 것이 아니다. <br>（根据本人的调查，此报告不符合事实。） <br>(3) 제군은 국가를 위하여 책임과 의무를 다해야 한다.(诸君为了国家应尽责任和义务。) <br>(4) 그는 이 문제에 대해 다음과 같이 주장했다. <br>（他对这个问题主张如下。） |

### 3.2.3. 数词

| 口语 | 书面语 |
|---|---|
| (1) 이 상자에는 배 <u>열다섯</u> 개가 있다.<br>（箱子里有15个梨。）<br>(2) 한국에 <u>한</u> 번 가봤어요.（到韩国去了一次。）<br>(3) <u>두번째</u> 정상 회담이 어디에서 열렸어요?<br>（第二次首脑会谈在哪儿开的？） | (1) 금번 회기중 <u>십오</u> 개의 방안이 국회에 상정되었다.（在本次会期中向国会提交了15项议案。）<br>(2) 교육부는 시험 제도를 <u>일차</u> 검토하고 공청회에 보고하기로 했다.（教育部对考试制度进行第一轮研究后决定向听证会报告。）<br>(3) <u>제이차</u> 정상 회담은 평양에서 개최되었다.<br>（第二次首脑会谈在平壤举行了。） |

### 3.2.4. 动词

| 口语 | 书面语 |
|---|---|
| (1) 비행기가 <u>떨어지</u>는 것을 봤다.<br>（看到飞机掉下来的过程。）<br>(2) 집값이 많이 <u>오르고</u> 있어요.<br>（房价正在上涨。） | (1) 비행기가 <u>추락하</u>는 것을 목격하였다.<br>（目击了飞机坠落的过程。）<br>(2) 주택 가격이 대폭으로 <u>상승하고</u> 있다.<br>（住宅价格正在大幅上升。） |

### 3.2.5. 形容词

| 口语 | 书面语 |
|---|---|
| (1) 질 <u>좋고</u> 값이 <u>싼</u> 물건을 만들어야 해요.（应制作质量好、价格便宜的东西。）<br>(2) 중국은 땅덩어리가 <u>넓고</u> 자원이 <u>많아</u>요.（中国地盘大，资源多。） | (1) 품질이 <u>우수하고</u> 가격이 <u>저렴한</u> 제품을 생산해야 한다.（应当生产质优价廉的产品。）<br>(2) 중국은 지역이 <u>광대하고</u> 자원이 <u>풍부하</u>다.（中国地大物博。） |

### 3.2.6. 冠词

| 口语 | 书面语 |
|---|---|
| (1) <u>새</u> 도시를 만든다는 계획이 발표되었어요.（建设新城市的计划发表了。）<br>(2) <u>헌</u> 차 값이 떨어졌다.（旧车价降了。） | (1) <u>신</u> 도시의 건설 계획이 발표되었다.（新城市建设蓝图发表了。）<br>(2) <u>중고차</u>의 시세가 약간 하락하였다.<br>（二手车的行情稍落。） |

### 3.2.7. 副词

| 口语 | 书面语 |
|---|---|
| (1) 나는 그 사진을 <u>직접</u> 봤어요.（我亲眼看到了那张照片。） | (1) 지도자는 <u>친히</u> 참가했다.（领导人亲自参加了。） |
| (2) 늦겠다, <u>빨리</u> 가자.（晚了，快走吧。） | (2) 노사 갈등의 문제는 <u>조속히</u> 해결되지 않으면 안된다.（劳资纠纷必须尽快解决。） |
| (3) 날씨가 <u>아주</u> 좋은데요.（天气很好。） | (3) 북극은 <u>극히</u> 기온이 낮아서 인간의 거주가 불가능하다.（北极气温极低，人类居住几乎不可能。） |
| (4) 순희는 안 간대요, <u>그래서</u> 영희한테 가자고 했다.（顺姬说不去，所以对英姬说一块去吧。） | (4) 문화란 인간의 총체적 생활 방식을 지칭한다. <u>그러므로</u> 문화에는 인간의 학문, 예술, 종교, 관습 등이 모두 포함되었다.（所谓文化是指人的整个生活方式。因此，文化中包括人类的学问、艺术、宗教、习惯等。）|

## ▶ 3.3. 词义辨析及词语使用

因为韩国语中有固有词、汉字词、外来语及混合词，这就必然形成大量的同义词。因此，写作时要很好地对同义词进行辨析。同义词的类型是多种多样的，下面是形成同义的几个类型。

固有词与汉字词：같다/동일하다（同一），손발/수족（手足）

固有词与外来语：열쇠（钥匙）/키(Key)，허리띠/벨트(belt)

汉字词与外来语：시위（示威）/데모(demo)，표（票）/티켓(ticket)

固有词、汉字词与外来语：김/증기（蒸气）/스팀(steam)，꼭대기/정상（顶上）/톱(top)

阶层之间：편지/서신（书信）（普通人与知识阶层）

地区之间：옥수수（玉米）/강냉이（标准语与方言）

性别之间：형（弟称哥）/오빠（妹称哥），누나（弟称姐）/언니（妹称姐）

年龄之间：맘마（幼儿食物）/밥（饭）

非尊语与敬语：밥/진지（饭），죽음/별세（别世），운명（殒命），서거（逝去）

委婉语与禁忌语：뒷간·화장실（化粧室）/변소（便所），돌아가다·숨지다/죽다（死）

书面语与口语：매우（很）/되게，에게/한테，더러，보고

这些同义词语义相同或相似，但其语言色彩和用法却不同。韩国语写作中同义词的辨析是非常重要的，现将部分按词性分类的同义词进行辨析。

### 3.3.1. 名词

（ㄱ）정류장/정거장

"정류장"指汽车站，"정거장"指汽车站和火车站。

서울역에 가려면 버스로 두 정류장 가야 한다.(去首尔站的话,坐汽车坐两站。)
서울역부터 대전역까지 정거장이 두 개 있다.(从首尔站到大田站有两站。)

(ㄷ) 이(치아)/ 이빨

"이(치아)"是指人的牙,"이빨"通常指动物的牙。但指单个的牙齿时人的牙也通常用"이빨"。

이(치아)가 아파서 치과에 간다.(牙痛去牙科看病。)
고양이의 이빨이 떨어졌다.(猫的牙掉了。)

(ㄷ) 아버지 / 아버님

当提及别人的父亲时,为表示尊敬用"아버님";讲自己父亲无需加"님",直接用"아버지"。但写信或儿媳称公公时,要用"아버님"。

아버님 어디 계시지?(令尊在哪儿?)
우리 아버지요? 서울에 계시는데요.(我父亲吗? 在首尔。)

(ㄹ) 껍질 / 껍데기

"껍질"指皮,"껍데기"指壳。

그는 사과 껍질을 벗긴다.(他削苹果皮。)
그는 조개 껍데기를 깼다.(他砸碎了贝壳。)

(ㅁ) 정형 / 성형

"정형(整形)"是指先天或后天造成肌肉、骨骼异常时需修复时的外科手术。"성형"是指美容手术。

그는 며칠 전에 정형 수술을 잘 받았다.(他几天前成功地做了整形手术。)
그는 면접시험에 대비해 성형 수술을 받으려 한다.(他为准备面试想做整容手术。)

(ㅂ) 우애 / 우정 / 우의

"우애"主要用于兄弟之间,朋友之间也可使用,但"우정"和"우의"只能用于朋友之间。

형제들끼리 우애 있게 지내야 한다.(兄弟之间应友爱相处。)
친구들간에 우정을 가져야 한다.(朋友之间要有友情。)
우리는 한국친구와 우의를 유지해 왔다.(我们与韩国朋友一直保持着友谊。)

### 3.3.2. 动词

(ㄱ) 참가하다 / 참석하다 / 참여하다

"참가하다"是指较大的活动,"참석하다"是规模比较小的活动,而"참여하다"是指抽象或更大范围的活动。

북경 올림픽에는 모든 회원국이 참가했다.(北京奥运会所有会员国都参加了。)
그는 회의에 참석하여 주제 발표를 했다.(他参加会议做了主题发言。)
그는 토론에 참여해서 중요한 역할을 담당했다.(他参与讨论起了重要作用。)
그는 법률 개정 작업에 참여한다.(他参与法律修订工作。)

(ㄴ) 권고하다 / 타이르다

"권고하다"不受对象的限制，而"타이르다"一般不能用于对上级或长辈。
나는 동창에게 열심히 공부하도록 권고하였다.（我劝告同学好好学习。）
그는 나에게 즉시 떠날 것을 권고한다.（他劝我立即动身。）
선생님은 그들을 잘 타일러서 집으로 보냈다.（老师劝说了他们一番，让他们回家。）
（ㄷ）끝내다/마치다
"끝내다"有主动、积极的语气，用于人的意志可以介入的对象。"마치다"有被动、消极的语气，用于不以人的意志为转移的对象。
숙제를 대충 끝내고 텔레비전 앞에 마주 앉았다.（大致上做完了作业，就坐在了电视前。）
그는 석사과정을 순조롭게 마쳤다.（他顺利结束了硕士课程。）
（ㄹ）빌다/빌리다
"빌다"表示祝愿，也表示乞求。"빌리다"表示借给和借来，还可以表示借助。
당신의 행복을 빕니다.（祝您幸福。）
용서를 빈다.（乞求宽恕。）
나는 친구에게 돈을 빌려 준다.（我借给朋友钱。）
친구한테서 책을 빌렸다.（从朋友那儿借了书。）
나는 술의 힘을 빌려 사랑을 고백한다.（我借着酒劲表白心迹。）
이 자리를 빌려 감사의 말씀을 전하고 싶습니다.（我想借此机会表示感谢。）

### 3.3.3. 形容词
（ㄱ）기쁘다/즐겁다
"기쁘다"是对外来的刺激所做出的一种被动的情绪反应，随着刺激的消失，这种情绪也会消失，其情绪反应短暂而强烈。"즐겁다"是心中感受而自发地产生的情绪活动，具有主动的心态，其持续时间较长而平和。
나는 너무 기뻐서 눈물이 났다.（我激动得热泪盈眶。）
내 선물을 받고 어머니는 일주일 내내 기뻐하셨다.（接到礼物，母亲一周都很高兴。）
지난주에 즐거운 여행을 보냈다.（上周度过了愉快的旅行。）
학생들은 수영장에서 즐겁게 시간을 보내고 있다.（在游泳池里，愉快地玩着。）
（ㄴ）뚱뚱하다/통통하다
"뚱뚱하다"表示脂肪和肉多而显得身体臃肿，只能用于活动体。"통통하다"表示由于脂肪和肉多显得身体臃肿或者身体一部分鼓起来。活动体、非活动体均可用。
영희는 살이 쪄서 몸이 뚱뚱하다.（英姬发胖了。）
제가 너무 뚱뚱해서 이 옷이 안 맞아요.（我太胖了，穿不了这件衣服。）
이 굴은 검은 빛이 덜하고 좀 더 통통하다.（这牡蛎颜色不那么黑，而且更肥。）
철수는 온몸이 부어서 통통하다.（哲洙全身都发肿了。）
손에 통통한 과일 봉지가 하나 들려 있다.（手里拿着一个鼓鼓囊囊的水果袋子。）
（ㄷ）붉다/빨갛다

"붉다"适合表现事物整体颜色、事物本来的属性及具有比喻和象征意义的对象。"빨갛다"适合表现事物个体颜色及由人为赋予红色的对象。

저녁 바다는 온통 붉은 낙조에 물들어 장관을 이루곤 했다.(傍晚的大海整个被红色的夕阳染红，显得十分壮观。)

영희가 한 말이 빨간 거짓말이라는 것이 드러나고 말았다.(英姬的话暴露出是弥天大谎。)

그는 빨간 구두를 신고 있다.(他正穿着一双红色皮鞋。)

### 3.3.4. 副词

(ㄱ) 꽤/퍽

"꽤"表示的程度超过普通及预料的程度，可以自由地修饰谓词。而"퍽"所表示的程度高于"꽤"，主要用于修饰形容词。

이 학생이 글씨를 꽤나 잘 쓰네요.(这个学生字写得相当不错。)

오늘은 술을 꽤 마신 셈이다.(今天算是喝了不少酒。)

이 시계의 성능이 저 시계보다 퍽 낫다.(这个表的性能比那个表好得多。)

학교는 집으로부터 퍽 먼 곳에 자리잡고 있어요.(学校位于离家很远的地方。)

(ㄴ) 다시/또

"다시"表示有目的行为的重复，而且往往表达对过去行为中存在的错误或不足的改正或完善，有时还用"다시는"。而"또"则表示行为的单纯重复，有时还可表示"另外"、"此外"、"还"之意。

우리는 다시 힘을 합치기로 했다.(我们决定再次齐心协力。)

영희는 그만 두었던 공부를 다시 시작했다.(永姬重新开始了中断的学业。)

그 말을 다시는 입 밖에 내지 마라.(以后再也不要说那话。)

잠을 잔 지 얼마 안 되는데 또 졸고 있다.(睡醒刚一会儿，又打瞌睡。)

잠시 후엔 어떤 일이 또 벌어질까?(过一会儿又会发生什么事情呢？)

(ㄷ) 드디어/마침내/끝내

三个词都有"终于"、"总算"之意，但"드디어"往往表示人们对未来期望着好的事情，而"마침내"和"끝내"则不受限制。即消极与积极的均可。

오랜 시간 동안 진학 시험을 준비했는데 드디어 시험 기일이 왔다.
(为升学考试做了很长时间的准备，考试日期终于到了。)

꿈에 그리던 컴퓨터를 드디어 마련했다.(终于有了梦寐以求的计算机。)

오랜 여행 끝에 마침내 목적지에 도달하였다.(经过长时间旅行,终于到达了目的地。)

정성을 다 해 보았으나 끝내는 죽어 버리고 말았다.(虽然尽力了,但最终还是死了。)

친구의 도움을 받아 끝내 임무를 완수하게 되었다.(由于朋友的帮助,总算完成了任务。)

경찰은 도둑을 끝내 잡지 못했다.(警察始终没能抓住小偷。)

3.3.5. 后缀

(ㄱ) -스럽 /-답 /-롭

后缀"-스럽，-답，-롭"均表示具有某种意义，但"-스럽"表示似乎具有某种意义，主要用在关于"人"或抽象名词后面。"-답"表示具有某种资格或充分地表达了某种意义，主要用在有关"人"、"地方"及抽象名词后面。"-롭"只能用在抽象名词后面，且词根最后一个音节不能有收音。

내 조카는 아직 10 살인데 참 어른스럽다 .（我侄子才 10 岁，却真像个大人。）

나는 자연스럽게 한국말을 하고 싶어요 .（我想自然流利地说韩国语。）

나는 사랑스러운 조국을 밤낮 그립니다 .（我日夜思念可爱的祖国。）

그는 학자답다 .（他有学者风范。）

그곳은 관광지답다 .（那儿不愧是个旅游景点。）

철수는 정다운 말씨로 이야기한다 .（哲洙以满怀深情的口吻讲话。）

우리는 평화로운 생활을 사랑한다 .（我们热爱和平的生活。）

철수는 지혜로운 사람이다 .（哲洙是一个有智慧的人。）

(ㄴ) -이 /-기

내 취미는 등산하기 , 떡볶기 , 음악듣기이다 .（我的兴趣是登山、炒年糕、听音乐。）

음식점에서 떡볶이를 주문하며 가방을 열어보니 휴지 , 화장품 , 손톱깎이가 있었다 .（我在饭馆儿点了炒年糕，这时打开包一看，里面有手纸、化妆品、指甲刀。）

前句中"떡볶기"讲的是炒年糕的动作，而后句中"떡볶이"是指食物"炒年糕"。

(ㄷ) -장이 /-쟁이

미장이（泥瓦匠）, 유리장이（玻璃匠）, 땜장이（锅匠）

멋쟁이（爱打扮的人）, 골목쟁이（孩子王）, 거짓말쟁이（谎话大王）

월급쟁이（靠工资生活的人）, 트집쟁이（爱挑剔的人）, 겁쟁이（胆小鬼）

"장이"是指有技术的人，"쟁이"指有某种性格、习惯。

3.3.6. 汉字词的词义变化

韩国语的汉字词数量较多。汉字词语源不同，长期以来不仅其结构产生了变化，词义也有较大变化。写作时要注意汉字词的这种变化，特别是词义变化。

汉字词从结构上来说，有的与汉语同序，如민족（民族）, 시종（始終）, 상벌（賞罰）。有的与汉语逆序，如소개（紹介）, 경감（輕減）, 지연（遲延）。还有的部分产生了变化，如수영（水泳 - 游泳）, 금성철벽（金城鐵壁 - 铜墙铁壁）, 공명정대（公明正大 - 光明正大）。

因为韩国对汉字词的吸收经过很长的历史过程，从公元前后一直延续到今天。在这两千多年的时间里，汉语词汇经历了上古、中古、近代和现代四个发展阶段，新词不断产生，而旧词不断被淘汰，文言和口语差别越来越大。但历代进入韩国语的汉字词并未经历这样一个新旧更替的过程，这样就造成了词义变化。汉语词汇与韩国的汉字有的是同形同义，有的是同形异义，还有的部分异义或异形同义，贬义变褒义。因此，使用时应引起重视。

下面讲的主要是韩国汉字词与汉语繁体字的词义比较。

（ㄱ）각 민족은 잘 단결(團結)해야 한다 . (同形同义)
（各民族应当精诚团结。）

（ㄴ）그는 과년(過年)한 처녀이다 . (同形异义)
（她是大龄未婚的姑娘。）

（ㄷ）학생은 공부(工夫)를 열심히 한다 . (同形异义)
（学生在努力学习。）

（ㄹ）그 학교는 고등(高等)학교이다 . (同形异义)
（那所学校是高中。）

（ㅁ）우리는 매일 신문(新聞)을 본다 . (部分异义)
（我们每天看报。）

（ㅂ）여러분, 질문(質問)이 있어요? (部分异义)
（各位有问题吗？）

（ㅅ）나는 어제 중고차(中古車)를 샀다 . (异形〈部分相似〉同义)
（我昨天买了辆二手车。）

（ㅇ）나는 어제 공항(空港)에 갔다 왔어요 . (异形〈完全不同〉同义)
（我昨天去了趟机场。）

（ㅈ）선진국을 도모(圖謀)하고 있는 한국은 수년간 커다란 발전을 이룩했다 .
（贬义变褒义）（旨在成为先进国家的韩国数年间取得了巨大发展。）

（ㅊ）관광객이 채식을 고집(固執)할 때 전력을 다하여 해결해야 한다 .
（贬义变褒义）（当游客坚持吃素时，要尽力解决。）

以上例句中,（ㄱ）句的汉字词与汉语(繁体字,以下略)是同形同义。（ㄴ）（ㄷ）（ㄹ）句是同形异义,（ㄴ）句中的韩国语"過"是超过之意,"年"是指年龄,即超过婚龄,而汉语词汇的"過"是度过之意,"年"指节日,因此造成同形异义。同样（ㄷ）句"工夫"是学习之意,而汉语词汇"工夫"原指"本领"、"素养"也指"闲暇",但现在还表示时间,也造成同形异义。（ㄹ）句的高等学校韩国指高中,中国指大学。（ㅁ）句的"新闻"韩国语中是指报纸,中韩文还共有"消息"之意。（ㅂ）句的"質問"韩国语表示"提问"之意,中韩文还共有"質問"之意,这样（ㅁ）（ㅂ）句就造成部分异义。（ㅅ）句"中古车"与汉语二手车有相似之处,但形态不完全相同却有相同意义,而（ㅇ）句的"空港"与"機場"形态完全不同,但具有同一意义,这样（ㅅ）（ㅇ）句就造成异形同义。（ㅈ）（ㅊ）句中的·"圖謀"、"固執"本来汉语中是贬义,而韩国语中却可用于褒义。

3.3.7. 惯用语的理解与应用

在韩国语中,几个词根据一定的语法结构组合起来,除了有字面上的意义外,还有抽象意义,这种具有抽象意义的词语称为惯用语。惯用语主要包括熟语(숙어)、谚语(속담)、成语(성구)。在写作中,使用惯用语可使文章生动、深刻,因此应该恰当使用惯用语。而

惯用语与本来的词义不一致，所以难以理解。为了搞好写作，我们应当熟知并正确理解、使用惯用语。

&lt;熟语&gt;

韩国语的熟语有多种多样，其中与身体部位构成的熟语较多。如："발이 길다"从字面意义解释是"脚长"，但其抽象意义是"口福不浅"。下面结合身体各部位对此说明。

(1) 머리

　　(ㄱ) 머리가 돌아가다 (思维敏捷)

　　(ㄴ) 머리가 아프다 (心烦意乱)

　　(ㄷ) 머리를 짜다 (冥思苦想)

(2) 눈

　　(ㄱ) 눈에 들다 (情投意合)

　　(ㄴ) 눈에 차다 (称心如意)

　　(ㄷ) 눈을 감다 (视而不见)

　　(ㄹ) 눈이 빠지도록 기다리다 (望眼欲穿)

　　(ㅁ) 눈물을 삼키다 (忍气吞声)

　　(ㅂ) 눈알이 나오다 (目瞪口呆)

　　(ㅅ) 눈치(를) 살피다 (察言观色)

(3) 얼굴

　　(ㄱ) 얼굴 가죽이 두껍다 (厚颜无耻)

　　(ㄴ) 얼굴보다 코가 더 크다 (本末倒置)

　　(ㄷ) 얼굴을 못 들다 (无地自容)

(4) 귀

　　(ㄱ) 귀가 무르다 (耳软心活)

　　(ㄴ) 귀가 밝다 (耳聪目明)

　　(ㄷ) 귀에 거칠다 (不堪入耳)

(5) 입

　　(ㄱ) 입이 싸다 (贫嘴薄舌)

　　(ㄴ) 입을 모으다 (异口同声)

　　(ㄷ) 입에 쓴 약이 병에는 좋다 (良药苦口利于病)

(6) 코

　　(ㄱ) 코가 높다 (自命不凡)

　　(ㄴ) 코를 박듯 (叩头下拜)

　　(ㄷ) 콧대를 세우다 (耀武扬威)

(7) 가슴

　　(ㄱ) 가슴(이) 뿌듯하다 (称心如意)

　　(ㄴ) 가슴을 헤쳐 놓다 (推心置腹)

(ㄷ) 가슴에 손을 얹다 (扪心自问)

(8) 마음

    (ㄱ) 마음이 돌아서다 (回心转意)

    (ㄴ) 마음에 걸리다 (牵肠挂肚)

    (ㄷ) 마음을 사다 (套近乎)

(9) 손

    (ㄱ) 손잡다 (通力合作)

    (ㄴ) 손에 붙다 (得心应手)

    (ㄷ) 손을 넘기다 (坐失良机)

(10) 발

    (ㄱ) 발이 내키지 않다 (犹豫不决)

    (ㄴ) 발(을) 보이다 (崭露头脚)

    (ㄷ) 발 없는 말이 천리 간다 (不胫而走)

以上各个熟语字面意义与抽象意义有较大的差异，其抽象意义就是译文中表达的意义。譬如："머리가 아프다"本为头痛的意思，抽象意义却变成"心烦意乱"，"손잡다"本来意义为握手，抽象意义却变成"通力合作"。对此，不一一赘述。

<谚语>

谚语是人们将长期在生活体验中获得的经验、教训及思想倾向，以含蓄简洁而生动的形象表达的一种方式。因此，在写作中被广泛应用，了解谚语是非常必要的。

(1)(ㄱ) 오르지 못할 나무는 쳐다 보지도 마라. (不要好高骛远。)

    (ㄴ) 공자 앞에서 문자 쓴다. (在孔子面前舞文弄墨，不知天高地厚。)

以上告诫人们做事要有分寸，不要好高骛远，不要不知天高地厚。

(2)(ㄱ) 가난 구제는 나라도 못 한다. (救急难救贫。)

    (ㄴ) 가난한 집 제사 돌아오듯. (越穷越见鬼，越冷越刮风。屋漏偏逢连夜雨。)

以上是讲有关困难的处境，(ㄱ)句讲救济贫穷，国家也无奈。(ㄴ)讲生活中雪上加霜，越怕什么越来什么。

(3)(ㄱ) 밑 빠진 독에 물 붓기 (往没底的缸里倒水——无用；挑雪填井)

    (ㄴ) 중의 빗 (和尚置梳篦——无用)

    (ㄷ) 그림의 떡 (画中之饼)

    (ㄹ) 소귀에 경 읽기 (对牛弹琴)

以上告诫人们不要白费力气。

(4)(ㄱ) 집 태우고 못 줍기 (大处不算小处打钻)

    (ㄴ) 기둥보다 서까래가 더 굵다 (本末倒置)

    (ㄷ) 배보다 배꼽이 더 크다 (本末倒置)

以上告诫人们不要本末倒置。

(5)(ㄱ) 계란에 뼈가 있다 (鸡蛋有骨)

(ㄴ) 마른 하늘에 날 벼락 ( 晴天霹雳 )

以上讲"运气不佳"。

(6) (ㄱ) 공든 탑이 무너지랴. ( 苍天不负有心人。)

(ㄴ) 구르는 돌에 이끼가 안 낀다. ( 流水不腐，户枢不蠹。)

以上讲"功夫不负有心人"。

(7) (ㄱ) 배 먹고 이 닦기 ( 一举两得 )

(ㄴ) 임도 보고 뽕도 딴다. ( 又见情郎又采桑叶——一举两得。)

以上讲"做事一举两得"。

(8) (ㄱ) 세월이 약. ( 岁月便是药。)

(ㄴ) 십년이면 강산도 변한다. ( 十年江山变。)

(ㄷ) 쥐구멍에도 볕들 날 있다. ( 总有一天会好起来。)

以上讲"随着时间推移，一切都在改变"。

(9) (ㄱ) 식은 죽 먹기 ( 易如反掌 )

(ㄴ) 누워서 떡 먹기 ( 轻而易举 )

以上讲"容易"。

(10) (ㄱ) 벼는 익을수록 고개를 숙인다. ( 越有知识越谦虚。)

(ㄴ) 선무당이 사람 잡는다. ( 半瓶子醋会坏事儿。)

(ㄷ) 천리 길도 한 걸음부터. ( 千里之行始于足下。)

(ㄹ) 서당 개 삼년이면 풍월을 읊는다. ( 书堂三年的狗也会吟诗。)

以上讲"学习"。

(11) (ㄱ) 짚신도 짝이 있다. ( 什么都有另一半。)

(ㄴ) 먼 친척보다 가까운 이웃이 더 낫다. ( 远亲不如近邻。)

以上讲"人际关系"。

(12) (ㄱ) 보기 좋은 떡이 먹기에도 좋다. ( 看起来有食欲的吃起来也香。)

(ㄴ) 빛 좋은 개살구. ( 华而不实。)

(ㄷ) 똥 묻은 개가 겨 묻은 개 나무란다. ( 自丑不觉得。)

(ㄹ) 자라 보고 놀란 가슴 솥뚜껑 보고 놀란다. ( 一朝被蛇咬，十年怕井绳。)

以上讲"现象和感觉"。

＜成语＞

韩国语中主要源自汉语典故，用来表达特别意义的词语称为故事成语，也叫成语。韩国语的成语多为四字成语。这些成语有的与汉语相同，如관포지교（管鲍之交）；有的部分字发生了变化，如막역지우（莫逆之友——原为莫逆之交）；还有的是韩国固有的成语或自造成语，如초록동색（草绿同色——表示物以类聚）。当然也有非四字成语，比如，기소불욕 물시어인（己所不欲，勿施于人），소잃고 외양간 고친다（亡羊补牢）。成语表示多种意义。如：

（1）学习
　　수불석권（手不释卷）
　　심사숙고（深思熟考 —— 深思熟虑）
（2）努力
　　와신상담（卧薪尝胆）
　　주경야독（昼耕夜读）
　　고진감래（苦尽甘来）
（3）友谊
　　죽마고우（竹马故友 —— 青梅竹马）
　　금란지교（金兰之交）
　　이심전심（以心传心 —— 心有灵犀一点通）
（4）危险
　　사면초가（四面楚歌）
　　진퇴유곡（进退维谷）
（5）傲慢
　　유아독존（唯我独尊）
　　안하무인（眼下无人 —— 目中无人）
（6）美貌
　　절세가인（绝世佳人 —— 绝代佳人）
　　미인박명（美人薄命 —— 红颜薄命）
（7）形势
　　천하태평（天下太平）
　　태평성대（太平盛代 —— 太平盛世）
　　무사안일（无事安逸 —— 安然无恙）
（8）突出
　　군계일학（群鸡一鹤 —— 鹤立鸡群）
　　일당백（一当百 —— 以一当百）

1. 다음 구어를 문어로 바꾸시오.

　　(1) 책방에는 책이 많아야 한다.
　　(2) 말은 생각에서 나오는 겁니다.
　　(3) 승무원하고 승객이 모두 죽었대요.

(4) 이 시인의 시는 이해하기가 <u>무척</u> <u>어렵</u>지요.
(5) <u>모든</u> 학생은 교칙을 <u>지켜야</u> 해요.

2. 다음 ( ) 안에 알맞은 조사를 넣으시오.

(1) 여기( ) 시계를 고치는 곳이 있다.
(2) 지금 비행기가 활주로( ) 착륙하고 있다.
(3) 그 넥타이가 양복( ) 잘 어울릴 것 같아요.
(4) 국어사전을 편찬하는 데( ) 컴퓨터를 이용했다.
(5) 나는 여기( ) 시계를 고쳤다.
(6) 서울역( ) 내리실 분들은 빨리 준비해 주십시오.
(7) 철수가 오전에 집( ) 떠났다.
(8) 자동차는 학교 앞( ) 지나고 있다.
(9) 이 색깔이 영희 씨( ) 참 잘 어울리네요.
(10) 노인은 사람들( ) 행복의 비밀을 가르쳐 주겠다고 약속했다.
(11) 아버지께서 할아버지( ) 진지를 갖다 드리라고 하셨어요.
(12) 그 학생은 자기가 잘못했다고 선생님( ) 사과했다.
(13) 사장님( ) 배웠다.
(14) 영희( ) 소식이 왔다.
(15) 학생들( ) 모두 그 곳에 가라고 했습니다.
(16) 누구( ) 하라고 할까?
(17) 컴퓨터( ) 이메일을 보냅니다.
(18) 교원( ) 20년을 이 학교에서 지냈어요.
(19) 학생( ) 해야 할 일은 공부를 열심히 하는 것이다.
(20) 좋은 성적을 받음( ) 부모님께 보답합니다.
(21) 장학금을 받은 덕분( ) 계속 공부할 수 있다.
(22) 하도 떠드는 통( ) 한잠도 못 잤다.
(23) 다리를 다쳐 등산은커녕 걸을 수( ) 없어요.
(24) 남편을 잃은 지 얼마 안되어 아들( ) 잃었어요.
(25) 너( ) 나를 반대하느냐?
(26) 저( ) 그 일을 잘 모릅니다.
(27) 그 문제는 아직( ) 풀리지 않은 문제이다.
(28) 적은 돈( ) 이재민에게 도움이 되면 좋겠어요.
(29) 네가 오지 못하면 동생( ) 보내라.
(30) 할 일도 없는데 산책( ) 가자.

3. 다음 문장에서 틀린 부분을 골라서 고쳐보시오.

(1) 어느 것은 왕단 씨의 책이에요?

(2) 오늘이 짐을 부치러 기차역에 갈 것이다.
(3) 우리 가족은 식구는 많다.
(4) 이 일을 오늘내로 다 하는 것은 쉬운 일은 아니다.
(5) 나는 한국 글자는 제일 어렵다.
(6) 어제 나는 먹은 음식은 참 맛있어요.
(7) 저분이 우리는 제일 좋아하는 선생님입니다.
(8) 내 친구는 나를 도와 주지 않았다면 나는 지금 가난하게 살고 있을지 모른다.
(9) 동생은 집에서 있다.
(10) 꽃가게에 장미꽃을 보았다.
(11) 그는 한국 회사에서 다니고 있다.
(12) 신은 내 발이 맞습니다.
(13) 교실에서 아무도 없다.
(14) 10분만 시간이 없으니 서두르십시오.
(15) 나는 친구에 부탁을 했다.
(16) 이것이 할아버지한테 드리는 것이다.
(17) 그는 가수로써 인기가 대단해요.
(18) 어려운 사람을 도움으로서 자기도 기쁨을 느낄 수 있어요.
(19) 밥이 없으면 술조차 주시오.
(20) 헌 우산마저 하나 있었으면 다행이다.
(21) 어려운 문제나 꼼꼼히 풀어 봐요.
(22) 제일 친한 친구조차 내 곁을 떠났어요.
(23) 복습은커녕 숙제마저 안 하려고 한다.
(24) 선생님조차 모르는 게 있는 법이다.
(25) 이것조차 다 아냐?

4. 다음 문장의 빈칸에 알맞은 단어를 넣으시오.

(1) 정류장 / 정거장
  (ㄱ) 그와 나는 택시(    )에서 만나기로 했다.
  (ㄴ) 우리 동네 버스(    )에서 흔히 벌어지는 풍경이다.
  (ㄷ) 서울역에서 부산까지 다섯(    )이 있다.
(2) 이름 / 성함
  (ㄱ) (    )과 주소, 전화번호를 좀 말씀해 주십시오.
  (ㄴ) (    )이 어떻게 되십니까?
  (ㄷ) 빈칸에 성과(    )을 적으십시오.
  (ㄹ) 화장실도 좁고 더러워 관광 명소라는 (    )이 무색하다.
  (ㅁ) 그는 후세에 (    )을 남길 만한 일을 했다.

(3) 참가하다 / 참석하다 / 참여하다
　　(ㄱ) 어제 저녁 대통령이 유엔 총회에 (　　) 하기 위해서 출국했다.
　　(ㄴ) 많은 유권자들이 지난번 선거에 (　　) 했다.
　　(ㄷ) 회사에 처음 들어가서는 술자리에 꼬박꼬박 (　　) 했다.
　　(ㄹ) 왕화는 세미나에 (　　) 하기 위해 한국에 왔다.
　　(ㅁ) 그는 상법 개정 작업에 (　　) 했다.

(4) 참다 / 견디다
　　(ㄱ) 그 영화를 보면서 나는 울음을 (　　).
　　(ㄴ) 나는 다이어트를 위해 식욕을 (　　).
　　(ㄷ) 배고픔은 정말 (　　)기 힘들었다.
　　(ㄹ) 기초가 튼튼하면 오래 (　　).
　　(ㅁ) 양반은 배가 고파도 (　　)고 추위에도 (　　)며 가난함을 입 밖에 내지 말아야 한다.

(5) 아프다 / 편찮다
　　(ㄱ) 어제 귀가 (　　).
　　(ㄴ) 그는 입원 중이어서 유족들을 더욱 (　　)게 했다.
　　(ㄷ) 우리는 이런 친구들로 아주 골치가 (　　).
　　(ㄹ) 선생님, 어디 (　　)?
　　(ㅁ) 몸이 (　　).

(6) 또 / 다시
　　(ㄱ) 이번에도 똑 같은 사고가 (　　) 났다.
　　(ㄴ) 그런 멋진 남자가 (　　) 있겠니?
　　(ㄷ) 너라면 (　　) 모르겠지만 난 절대로 안돼.
　　(ㄹ) (　　) 한 번 천천히 좀 말씀해 주세요.
　　(ㅁ) 글자 하나가 틀리는 바람에 서류를 (　　) 작성해야 했다.
　　(ㅂ) 내일 (　　) 이야기 하도록 하자.
　　(ㅅ) 언니는 (　　) 방으로 들어가 버렸다.

5. 다음 한자를 한글로 쓰고 중국말로 번역하시오.

| 晝夜 (　)(　) | 接收 (　)(　) | 天地 (　)(　) | 荒蕪地 (　)(　) |
| --- | --- | --- | --- |
| 君臣 (　)(　) | 河川 (　)(　) | 船積 (　)(　) | 大統領 (　)(　) |
| 素朴 (　)(　) | 老衰 (　)(　) | 慰安 (　)(　) | 不戰勝 (　)(　) |
| 査頓 (　)(　) | 看板 (　)(　) | 無料 (　)(　) | 名俳優 (　)(　) |
| 田畓 (　)(　) | 福祉 (　)(　) | 食欲 (　)(　) | 媤父母 (　)(　) |
| 見本 (　)(　) | 會社 (　)(　) | 引上 (　)(　) | 巨視的 (　)(　) |
| 本格 (　)(　) | 約束 (　)(　) | 足球 (　)(　) | 氣管支炎 (　)(　) |
| 書類 (　)(　) | 組立 (　)(　) | 身熱 (　)(　) | 家家戶戶 (　)(　) |
| 賞罰 (　)(　) | 小賣 (　)(　) | 便紙 (　)(　) | 戰戰兢兢 (　)(　) |

6. 다음 문장에서 변화된 한자어의 의미를 설명해 보시오.

　　(1) 친구와 약속(約束)이 있어서 시내에 나가는 중이에요.
　　(2) 그는 병고(病故)로 결석했다.
　　(3) 필기 도구(道具)가 잘 쓰인다.
　　(4) 환절기 때는 감기를 조심(操心)해야 한다.
　　(5) 한국의 기차(汽車)에는 비둘기호, 통일호, 무궁화호 등이 있다.
　　(6) 나는 회의를 위하여 관련 서류(書類)를 꼼꼼히 작성했다.
　　(7) 학교 다닐 때 친했던 학교 선배(先輩)를 찾아가 조언을 구했다.
　　(8) 한국 대통령 내외(內外)분, 안녕하십니까?
　　(9) 지갑(紙匣)을 여니 돈이 꽤 많이 들어 있었다.
　　(10) 그는 목석(木石) 같은 사나이다.

7. 다음의 숙어를 중국말로 번역하시오.

　　(1) 손잡다.　　　　(　　　　)
　　(2) 낯을 못들다.　　(　　　　)
　　(3) 발이 넓다.　　　(　　　　)
　　(4) 기가 꺾이다.　　(　　　　)
　　(5) 귀가 밝다.　　　(　　　　)
　　(6) 입이 굳어지다.　(　　　　)
　　(7) 배를 내밀다.　　(　　　　)
　　(8) 등에 업다.　　　(　　　　)
　　(9) 어깨가 무겁다.　(　　　　)
　　(10) 간이 콩알만 하다.(　　　　)

8. 다음 속담을 중국어로 번역하시오.

　　(1) 가뭄에 콩 나듯이.　　　　　(　　　　)
　　(2) 꿀 먹은 벙어리.　　　　　　(　　　　)
　　(3) 말 한 마디로 천 냥 빚 갚는다.(　　　　)
　　(4) 믿는 도끼에 발등 찍힌다.　　(　　　　)
　　(5) 독안에 든 쥐.　　　　　　　(　　　　)
　　(6) 개밥에 도토리.　　　　　　(　　　　)
　　(7) 하나만 알고 둘은 모른다.　　(　　　　)
　　(8) 미역국을 먹다.　　　　　　(　　　　)
　　(9) 물불을 가리지 않다.　　　　(　　　　)
　　(10) 날개 돋친 듯이.　　　　　 (　　　　)

9. 다음의 성구를 중국어로 번역하시오.

(1) 천양지차 (　　　)　　(6) 감언이설 (　　　)
(2) 청산유수 (　　　)　　(7) 위기일발 (　　　)
(3) 조강지처 (　　　)　　(8) 칠전팔기 (　　　)
(4) 적반하장 (　　　)　　(9) 패가망신 (　　　)
(5) 초지일관 (　　　)　　(10) 일취월장 (　　　)

# 第四章

# 句子使用

## ▶ 4.1. 句子成分和基本句型

词构成句子，句子构成段落，段落又构成文章。其中句子是按照一定的语法规则组合起来，表示一个相对完整意义的最小语言单位。因此，句子成为写好韩国语文章的基础，为了把韩国语文章写好，首先要写好句子。句子包括基本句型、单句、复句。此外，根据句子的功能不同，可归纳为几种句型，即否定句、比较句、被动句、使动句等。

### 4.1.1. 句子成分（문장 성분）

句子成分包括主要成分和附属成分，主要成分有主语（주어）、谓语（서술어）、宾语（목적어）、补语（보어）。附属成分有定语（관형어）及状语（부사어），此外还有独立成分（독립어）。由主要成分构成的句型称为基本句型（기본문형）。写韩国语文章时必须注意句子成分的呼应。

### 4.1.2. 基本句型（기본 문형）

韩国语基本句型包括主谓结构句、主谓宾结构句、主谓补结构句。

(1) 主谓结构句（주어 - 서술어）

　　나는 학생이다.（我是学生。）（谓语由名词谓词化后充当）
　　꽃이 아름답다.（花是美丽的。）（谓语是形容词）
　　자동차가 달린다.（汽车在奔跑。）（谓语是自动词）

(2) 主谓宾结构句（주어 - 목적어 - 서술어）

　　나는 바다를 좋아한다.（我喜欢大海。）（谓语必须是他动词）
　　나는 밥을 먹는다.（我吃饭。）

(3) 主谓补结构句（주어 - 보어 - 서술어）

　　물이 얼음이 된다.（水结成冰。）（谓语由"되다"构成）
　　나는 학생이 아니다.（我不是学生。）（谓语由"아니다"构成）
　　이것은 그것과 다르다.（这个与那个不一样。）（谓语由"다르다，같다"等构成）

### 4.1.3. 句型的扩展（문형의 확장）

在基本句型的基础上，添加附属成分或独立成分，可以表达更复杂、细腻的意义。

늙은 말은 들에서 푸른 풀을 맛나게 먹고 있다.（老马在田野上高兴地吃着青草。）
（定）（主）（状）　（定）（宾）（状）（谓）

조국이여, 영원히 번창하라.（祖国啊，愿您永远繁荣昌盛。）
（独立成分）（状语）（谓语）

需要指出的是状语虽然是附属成分，但有的句子必须有此类状语才能使句子成立，此类状语叫"必需状语（필수 부사어）"。

철수가 할아버지께 진지를 드렸다.（哲洙给爷爷饭。）
（主语）（必需状语）（宾语）（谓语／他动词）

철수는 영희와 싸웠다.（哲洙和英姬打架了。）
（主语）（必需状语）（谓语／自动词）

## ▶ 4.2. 单句

单句是由一个主谓结构构成的句子，在写单句时要特别注意各种成分的呼应。其中呼应包括主谓呼应、时制呼应及敬语的呼应等。

4.2.1. 句子成分的呼应（문장 성분의 호응）

（ㄱ）내 이상은 의사가 되고 싶다×／되는 것이다.（我的理想是成为医生。）
（ㄴ）나는 꽃이 좋다／꽃을 좋아한다.（我喜欢花。）
（ㄷ）부모님은 저와 같이 살고 싶어요×／싶어해요.（父母想和我一起生活。）
（ㄹ）선생님은 기쁘다×／기뻤다／기쁘다고 말하셨다.（老师说高兴。）
（ㅁ）선생님, 기쁘십니까？（老师, 您高兴吗？）
（ㅂ）그는 사과를 먹을 뿐만 아니라 귤을×／귤도 먹었다.
　　　（他不但吃了苹果，还吃了桔子。）
（ㅅ）그 사람의 성격은 썩 나쁘다×／좋지 않다.（那个人性格不是很好。）
（ㅇ）왜냐하면 한국어 발음이 어렵습니다×／어렵기 때문이다.
　　　（那是因为韩国语发音难。）
（ㅈ）그는 학자스러운×／학자로운×／학자다운 사람이다.（他很有学者样。）

（ㄱ）句中，"이상"必须与依存名词搭配。（ㄴ）句作为第一人称，谓语用形容词与动词均可，只是语感有差异。（ㄷ）句作为第三人称，谓语只有用"싶어해요"才能表示知道父母想与自己一起生活。（ㄹ）句因为是陈述句，"선생님"是第三人称，不能用"기쁘다"，而加了过去时制或引用时则可用"기쁘다"。（ㅁ）句作为疑问句，第二人称的谓语用"기쁘다"可成立。（ㅂ）句因为用了表示递进的"뿐만 아니라"，必须加表示包含的"도"。（ㅅ）句"썩"一般与否定词搭配使用。（ㅇ）句"왜냐하면"与"기 때문이다"必须搭配使用。（ㅈ）

句表示资格，必须用"학자답다"。

### 4.2.2. 各种句子成分与敬语呼应（문장 성분과 경어의 호응）

（ㄱ）동생이 수박을 잡수신다×/먹는다.（弟弟吃西瓜。）
（ㄴ）할아버지께서는 밥을 먹는다×/진지를 잡수신다.（爷爷正用餐。）
（ㄷ）나는 아이께×/에게 과자를 드렸다×/주었다.（我给了孩子点心。）
（ㄹ）나는 할아버지께 과자를 주었다×/드렸다.（我给了爷爷点心。）
（ㅁ）세종대왕은 한글을 창제하셨다×/창제했다.（世宗大王创制了韩文。）
（ㅂ）나×/저는 이렇게 생각합니다.（我是这样想的。）
（ㅅ）과장님, 넥타이가 예쁘십니다.（科长，您的领带很好看。）
（ㅇ）시청자 여러분, 지금 여섯시 뉴스를 알려 드리겠다×/알려 드리겠습니다.
　　（各位听众, 现在播报6点新闻。）
（ㅈ）형, 아버지가 돌아왔다×/돌아오셨다.（哥，爸爸回来了。）
（ㅊ）할아버지, 아버지가 돌아오셨어요×/돌아왔어요.（爷爷, 爸爸回来了。）

以上例句中（ㄱ）对弟弟无需尊敬，（ㄴ）为对爷爷尊敬，用了表示尊敬的助词"께서"、名词"진지"、动词"잡수다"及先语末词尾"시"。（ㄷ）对孩子无需尊敬。（ㄹ）为表示对客体"할아버지"尊敬，用了表尊敬的助词"께"及动词"드리다"。（ㅁ）因为是书面语，无需对世宗大王尊敬。（ㅂ）主语用了自谦语"저"，为对听者表示尊敬用了表示尊敬的终结词尾"-ㅂ니다"。（ㅅ）通过尊敬科长的领带（넥타이）表示对科长的尊敬，用了先语尾词尾"시"。（ㅇ）是对广大听众播放应用敬语。（ㅈ）因为"아버지"的辈分高于"형"，对爸爸应用敬语"시"，而（ㅊ）"할아버지"的辈分高于"아버지"，对爸爸一般不用敬语，现在这些方面不太严格，有时也可用敬语。

### 4.2.3. 时制的呼应（시제의 호응）

（ㄱ）그는 지금 학교에 간다.（他现在去学校。）
（ㄴ）지구가 태양을 돈다.（地球绕着太阳转。）
（ㄷ）어제 그는 학교에 갔다.（昨天他去了学校。）
（ㄹ）그것은 과거에는 좋은 것이었다.（那个过去是好的。）
（ㅁ）내일 그는 학교에 가겠다.（明天他去学校。）
（ㅂ）김 선생님께서는 지금 댁에 계시겠어요.（金老师现在可能在家。）
（ㅅ）아마 할머니께서는 지금쯤 집에 계실 거예요.（奶奶现在可能在家。）
（ㅇ）작년에 여기에는 온통 국화가 피었었다.（去年这儿开满了菊花。）
（ㅈ）어제 철수가 영희와 함께 영화관에 들어가더라.（昨天哲洙和英姬进影院了。）
（ㅊ）나는 춥더라.（那时我很冷。）
（ㅋ）（꿈에서）나는 부자가 되었더라.（〈梦中〉我变成富人了。）

（ㄱ）表示动作正在进行着，与"지금"搭配。（ㄴ）表示超越具体时间而反映自然规

43

律,也可用现在时制表示。(ㄷ)为说话之前已进行的动作,故"았"与"어제"搭配。(ㄹ)因为讲的是过去的事情要加过去时制,(ㅁ)讲的将要进行的动作,"겠"与"내일"搭配。(ㅂ)句表示推测动作现在存在着,与"지금"也可以搭配。(ㅅ)也是推测,加了"-ㄹ 것이다"。(ㅇ)讲的是去年花开过了,用过去完了时制"았었",并含蓄地表示"今年开的是别的花,菊花尚未开放"。(ㅈ)为过去回想时制,一般应在第三人称时使用,但讲自己的感受或梦中的情况时,如(ㅊ)、(ㅋ)中也可使用。

## 4.3. 复句

韩国语中由两个或两个以上意义密切联系的单句组成的长句叫复句(겹문장),复句包括内包句(내포문)和接续句(접속문)。

4.3.1. 内包句(내포문)

内包句汉语中称为包孕句,内包句是指在一个长句子中,另外有一个有主语、谓语及宾语等必要的句子成分,但在句子中只起一个成分的作用的句子。内包句可分为名词形内包句(명사형 내포문/명사절)、定语形内包句(관형형 내포문/관형절)、状语形内包句(부사형 내포문/부사절)、谓语形内包句(서술형 내포문/부사절)、引用形内包句(인용형 내포문/인용절)。

1) 名词形内包句

(ㄱ) 이 글에서는 <u>이론과 실천의 관계를</u> 연구한다.

(这篇文章研究理论与实践的关系。)

(ㄴ) 이 글에서는 <u>이론이 실천에 영향을 미친다는 것을</u> 연구한다.

(这篇文章研究理论对实践产生的影响。)

(ㄷ) 나는 <u>그가 매우 아름다운 여자임을</u> 이제서야 알았다.

(我现在才知道她是很漂亮的女孩。)

(ㄹ) <u>내가 지금 회사를 떠나기는</u> 쉽지 않다.

(我现在离开公司是不容易的。)

以上(ㄱ)句用词组作宾语,而(ㄴ)、(ㄷ)、(ㄹ)分别用"것,ㅁ/음,기"与前面的内包句结合后表示宾语或主语。

2) 定语形内包句

(ㄱ) 이러한 결과는 <u>경제 개방의</u> 원동력이 되었다.

(这个结果成了经济开放的动力。)

(ㄴ) 이러한 결과는 <u>경제 개방의 추진을 가능하게 하는</u> 원동력이 되었다.

(这个结果成了促进经济开放的动力。)

(ㄷ) 나는 <u>마음씨가 착한</u> 사람을 좋아한다.

（我喜欢心眼好的人。）

（ㄹ）그는 내일 살 물건의 목록을 작성하였다.

（他列好了明天要买的东西清单。）

上述（ㄱ）句中词组成为定语，而（ㄴ）、（ㄷ）、（ㄹ）用定语词尾"는, ㄴ(은), ㄹ(을)"与前面的内包句结合后表示定语。

3) 状语形内包句

（ㄱ）나는 그 일을 빨리 할 수 없어요. （我不能很快地做那件事。）

（ㄴ）나는 부모님의 도움이 없이 그 일을 할 수 없어요.

（我没有父母的帮助不能做那件事。）

（ㄷ）그 사람은 다른 사람과는 달리 공부를 잘한다. （那个人与众不同，学习很好。）

（ㄹ）저 아이가 재주가 있게 생겼구나. （那孩子长得有才气。）

上述（ㄱ）句由副词作状语，而（ㄴ）、（ㄷ）、（ㄹ）由内包句加副词转换词尾"이, 게"作状语。

4) 谓语形内包句

（ㄱ）그 책은 내용이 좋다. （那本书内容好。）

（ㄴ）북경은 인구가 많다. （北京人口多。）

（ㄷ）철수는 머리가 똑똑하다. （哲洙头脑聪明。）

上述（ㄱ）、（ㄴ）、（ㄷ）句用内包句作谓语。

5) 引用形内包句

（ㄱ）정부의 한 관계자는 "재정 안정을 위해 새로운 제도를 추진하고 있습니다" 하고/라고 전했다.

（政府有关人士表明："为了财政安全，正在促进实行新的制度。"）

（ㄴ）정부의 한 관계자는 재정 안정을 위해 새로운 제도를 추진하고 있다고 전했다.

（政府有关人士表明，为了财政安全，正在促进实行新的制度。）

以上（ㄱ）句为直接引用，而（ㄴ）为间接引用。直接引用需要加引号，被引用句中引用原话，各种终结词尾均可使用，后面再加"하고/라고"，但加"하고"时，后面的谓语不能接"하다"。加"라고"时，前面不能只是单词。如"고양이가'야옹'라고（×）/하고 울었다."

间接引用是由说话者对引用的句子进行一定的变动，被引用句的终结词尾要用基本阶（해라체）。被引用句后面接"고"之后再接谓语。但由直接引用变为间接引用时，有时要引起人称、时间、场所、敬语的变化。

〈人称变化〉

（ㄱ）철수는 나에게 "이것은 나에게 줄 책이니?" 하고 물었어요.

（哲洙问我："这是要给我的书吗？"）

（ㄴ）철수는 나에게 그것은 자기에게 줄 책이냐고 물었어요.

（哲洙问我那是不是要给他自己的书。）

<时间变化>

（ㄱ）철수는 어제 "<u>내일</u> 한국에 간다"라고 했어요.
　　　（哲洙昨天说："明天去韩国。"）

（ㄴ）철수는 어제 <u>오늘</u> 한국에 간다고 했어요.
　　　（哲洙昨天说他今天去韩国。）

<处所变化>

（ㄱ）그분은 손님에게 "<u>여기</u>에서 기다리십시오"라고 했습니다.
　　　（他对客人说："请在这儿等一下吧。"）

（ㄴ）그분은 손님에게 <u>거기</u>에서 기다리라고 했습니다.
　　　（他说让客人在那儿等一下。）

<敬语变化>

（ㄱ）선생님은 "글씨가 잘 안 <u>보인다</u>."하고 말씀하셨다.
　　　（老师说："字看不清楚。"）

（ㄴ）선생님은 글씨가 잘 안 <u>보이신</u>다고 말씀하셨다.
　　　（老师说字看不清楚。）

### 4.3.2. 接续句（접속문）

接续句包括对等接续句（대등 접속문）和主从接续句（종속 접속문）。对等接续句相当于汉语中的并列复句，是表示并列、转折、选择关系的复句。主从接续句相当于汉语的主从复句，主从复句的从句一般是为说明或补充主句的条件、原因、目的、时间、假定、让步等等而使用的。接续句中大量使用连接词尾（연결어미）。下面说明在使用连接词尾时应注意的几个问题。

1) 了解连接词尾的主要意义与附加意义

（ㄱ）산천은 의구하되 인걸은 간 데 없네.（山川依旧，人却无踪。）

（ㄴ）가진 것은 없으되 마음은 한가롭다.（虽然没有什么，心态却平和。）

（ㄷ）늘 자손에게 이르시되 근검절약하라 하셨다.（经常教育子孙要勤俭节约。）

（ㄹ）가기는 가되 오늘내로 꼭 돌아와야 한다.（去可以去，但今天一定要回来。）

连接词尾 "-되" 的主要意义是转折，附加意义有话语的出处及附加条件。（ㄱ）、（ㄴ）句表示主要意义 "转折"，（ㄷ）句为话语的出处，（ㄹ）句为附加条件。

2) 连接词尾与前面谓语的连接方式

（ㄱ）비가 오는데 어딜 가셨나?（外面下着雨，〈他〉到哪去了呢？）

（ㄴ）날씨가 추운데 두꺼운 옷을 입고 가세요.（天气冷，穿厚实的衣服去吧。）

（ㄷ）저 학생이 바로 철수인데 노래를 잘 부른다.（那个学生正是哲洙，歌唱得好。）

（ㄹ）손님을 기다리느라고 밖에 나가지 못했어요.（因为等客人，所以没能出去。）

（ㅁ）그는 달디 단 꿈을 꿨다.（他做了甜蜜的梦。）

（ㅂ）그는 크나 큰 성과를 거두었다.（他取得了很大的成果。）

(ㅅ) 때가 봄이라 벌써 나무잎이 푸르러졌다. (春天到了，树叶发绿了。)

连接词尾有的可接于动词、形容词及体词谓词形以后，如（ㄱ）、（ㄴ）、（ㄷ）句中的"-ㄴ데/-는데"。有的前面只能接动词，如（ㄹ）句中的"느라고"。有的前面只能接形容词，如（ㅁ）、（ㅂ）句中的"-디,-나"。还有的只能在体词谓词形之后，如（ㅅ）句中的"라"。

3) 连接词尾前面的先语末词尾时制的用法

（ㄱ）슈퍼마켓에 가기는 갔는데 사고 싶은 옷을 사지 못했다.

（去是去了超市，但没能买到想买的衣服。）

（ㄴ）날이 개겠는데 우리 계획대로 떠나자. (天要晴了，我们按计划离开吧。)

（ㄷ）나는 공부를 하러 외국에 나갔다. (我为了学习去了外国。)

（ㄹ）멀리서 오시느라고 수고가 많으셨겠어요. (远道而来，想必辛苦了。)

（ㅁ）내가 보건대 그 일은 틀린 것 같다. (在我看来，那件事好像是错了。)

（ㅂ）내일이면 보련만 왜 이다지도 기다려질까?

（明天就要见面了，为何如此焦急地等待呢？）

连接词尾"-는데"既可接在过去时制，又可接在未来时制之后，如（ㄱ）和（ㄴ）句。而（ㄷ）句的"-러"，（ㄹ）句的"-느라고"，（ㅁ）句的"-건대"只能接在动词之后，并且不能接任何时制。"-련만"有"-겠건만"之意，故（ㅂ）句的"-련만"前面不能接未来时制"-겠"。

4) 连接词尾前后句是同一主语或不同主语

（ㄱ）우리는 노래를 부르면서 춤을 춘다. (我们一边唱歌，一边跳舞。)

（ㄴ）날씨가 좋으면 나는 가겠다. (如果天气好我就去。)

（ㄷ）(물품) 값이 싸고 질이 좋다. (物美价廉。)

连接词尾前后句有的是同一主语，如（ㄱ）句。有的需用不同的主语，如（ㄴ）句。（ㄷ）句虽为不同主语，却隐藏了一个主语"물품"。

5) 连接词尾与后半句的终结词尾的搭配

（ㄱ）나는 죽더라도 굴복하지 않겠다. (我宁死不屈。)

（ㄴ）내가 간들 너를 잊겠느냐? (我去了能忘记你吗？)

（ㄷ）나는 시험준비를 하느라고 이렇게 바쁘게 지내고 있다.

（我为准备考试过得这样忙碌。）

（ㄹ）날이 밝자 길을 떠났다. (天一亮就出发了。)

（ㅁ）너는 아버지께서 돌아오시자마자 용돈을 달라고 졸라라.

（爸爸回来你就缠着爸爸要零花钱吧。）

（ㅂ）날씨가 추워서 코트를 입었다. (因为冷，所以穿了外套。)

（ㅅ）날씨가 추우니까 옷을 많이 입으세요. (天冷，多穿点衣服。)

连接词尾与终结词尾需要搭配，通常表示让步的连接词尾、终结词尾多与否定搭配。比如（ㄱ）句、（ㄴ）句也是通过反问表示否定的。（ㄷ）句因为"-느라고"的动作已经在进行，故后面不能用表示推测的终结词尾，如보낼 것이다, 보내겠다。（ㄹ）句"-자"与

命令句不能搭配，而（ㅁ）句"-자마자"则可与命令句搭配。（ㅂ）句的"-어서"系强调客观原因，后面不能接命令与请诱句，而（ㅅ）句则强调主观判断或想法，可以接命令与请诱句。

6) 连接词尾与补助词的连用

（ㄱ）그는 알면서도 모르는 체 한다．（他知道却装着不知道。）

（ㄴ）그렇게 놀기만 하다가는 낙제하기 꼭 알맞겠다．（光玩的话，就会不及格。）

（ㄷ）너 도착하면은 꼭 전해라．（你到了就来个信儿吧。）

（ㄹ）그렇게 하는 것이 좋지만도 그렇게 안 해요．（那么做好，但不那么做。）

连接词尾与补助词连用时，有的意义产生了变化。如（ㄱ）句有转折之意，（ㄴ）句有假定之意，有的起到加强语气的作用，如（ㄷ）和（ㄹ）句中的면은，지만도。

7) 连接词尾使用受到限制时造成错句的情况分析

① "-느라고"

（ㄱ）네가 백화점에 가느라고 과자를 좀 사와라．（×）

（ㄴ）눈이 오느라고 못 나갔다．（×）

（ㄷ）왕화는 늦잠을 잤느라고 학교에 지각했다．（×）

（ㄹ）철수가 성격이 나쁘느라고 인기가 없어요．（×）

（ㅁ）철수가 빨리 뛰느라고 금메달을 땄어요．（×）

"-느라고"虽然是表示原因的连接词尾，但是只表示动作现在进行的原因，因此以上句子均是错句。因"-느라고"后面不能用命令或请诱句，故（ㄱ）句错了。前后句一般为同一主语,（ㄴ）句用了不同主语，故也错了。"-느라고"只能用在动词词干后面，（ㄷ）句用了过去时，（ㄹ）句用在形容词后面，也错了。"-느라고"后面的句子往往表示否定的事物，故（ㅁ）句也是错句。如果（ㅁ）句改成"철수가 빨리 뛰느라고 부상했어요"就是正确的句子。

② "-(으)러"

（ㄱ）철수는 돈을 찾았으러 은행에 갔다．（×）

（ㄴ）영희가 기쁘러 학교에 갔어요．（×）

（ㄷ）아버지는 돈을 찾으러 어머니는 은행에 갔다．（×）

（ㄹ）나는 외국에 가러 여권을 만들었다．（×）

（ㅁ）그는 영어를 공부하러 영문책을 샀다．（×）

"-(으)러"是表示目的的连接词尾，需接在动词后面，且前面不能接过去时制，还要为同一主语。因（ㄱ）句用了过去时制"-았"，（ㄴ）句用在形容词后面,（ㄷ）句是不同主语，因此都是错句。"-(으)러"的前句不能接"가다，오다，알다"，但后句的谓语只能与"가다，오다，다니다"等动词结合，因（ㄹ）的前句用了"가다"，后句用了"사다"，故也是错误的。如果将（ㄹ）、（ㅁ）句中的"-러"改成"-려"，就是通顺的句子。

③ "-아(어，여)서"

"-아(어，여)서"可以表示原因、手段、时间。以下对此分别说明。

(ㄱ) 저 사람이 믿을 만해서 그에게 부탁해라/부탁하자. (×)

(ㄴ) 배가 고팠어서 죽을 먹었어요. (×)

当"-아(어,여)서"表示因果时，前面只能接动词，且不能接过去时制，后面的终结词尾不能用命令与请诱，故(ㄱ)、(ㄴ)句是错误的。

(ㄷ) 선생은 걸어서 학생은 학교에 갔다. (×)

(ㄹ) 그는 걸었어서 학교에 갔다. (×)

"-아(어,여)서"表示手段时，必须是同一主语，前面不能接过去时制。因(ㄷ)句为不同主语，(ㄹ)句用了过去时制，故两句都是错句。

(ㅁ) 두 시가 다 되었어서 도착했다. (×)

(ㅂ) 그는 젊은이이어서 외국에 살았다. (×)

当"-아(어,여)서"表示时间时，其前面不能接过去时制，只能与形容词或"되다"结合。因(ㅁ)句用了过去时制，(ㅂ)句用了名词，故都是错句。

4.3.3. 句子成分的省略与替代(성분생략과 교체)

在写文章时，为了使句子简洁并避免重复，有时需要将某些句子成分省略或用其他的词来替代。下面看一下几个典型例子。

1) 主语

철수는 영희를 만났다. 그리고 그는(철수는) 얼른 말을 꺼냈다. (替代)

(哲洙遇到了英姬。紧接着搭讪起来。)

(너는) 어디로 가니？(省略)（你去哪儿?）

2) 谓语

철수는 서울(에 살았다) 영희는 부산에 살았다. (省略)

(哲洙在首尔，英姬在釜山生活。)

영희는 눈이 예쁘다. 순희도 그러하다(예쁘다). (替代)

(英姬眼睛好看，顺姬也如此。)

3) 宾语

이 책을 어제 샀는데 단숨에(이 책을) 읽어 버렸다. (省略)

(昨天买了书，一口气读完了。)

4) 状语

철수가 학교로 갔는데 나도 그리로(학교로) 갈 것이다. (替代)

(哲洙去了学校，我也将去那儿。)

5) 定语

맑은 물과(맑은) 공기는 쾌적한 환경의 필수적인 조건이다. (省略)

(清净的水和空气是舒适环境的必需条件。)

철수는 자기의/그의(철수의) 모자를 썼다. (替代)

(哲洙戴着自己/他的帽子。)

## 4.4. 句式的选择

句子是进行语言交流的基本单位。句子的形式虽然没有词语那么多，却也不少，为把作品写好，更充分地表达思想感情，也要像选词一样，为所要表达的内容寻找最恰当的句子形式，使内容和形式达到完美的和谐统一。因此，句式的选择是写作中一个很重要的问题。下面简略介绍韩国语写作中几个常用句式的使用。

4.4.1. 长句和短句

句子有短有长，短句是指词语少、结构简单的句子，长句是指词语多、结构复杂的句子。短句比较容易组织，长句写起来有一定难度，但写作时，短句和长句都不可缺少。

1）长句和短句的特点

句子短小，结构简单，这就决定了短句是一种快节奏的表达，言简意赅，富于变化。一句一件事、一个行动、一个场景、一种变化，一般不会写得啰啰嗦嗦、臃肿拖沓。口语中经常用短句。

一般来说，要准确严密地表达，常常需要修饰成分对表达的事物、概念加以限制，免得太简单引起混乱或者误解。长句表达得准确严密，有较强的逻辑力量，而且能够把情感写得细腻、复杂、委婉、丰富。书面语常用长句。

2）长句和短句并用

长句和短句各有不同的特点，所以各有适用的范围。但是，他们的适用范围也不是绝对的，并不是说长句适用的范围，短句就不能写进去，短句适用的范围，长句一句也不能用。在一般情况下，写文章都用长句或者都用短句的情况非常少见，往往是长短并用。

3）外语写作多使用短句

虽然长短句应该并用，但是对于韩国语写作学习者来说，还应该注意多使用短句。韩国语写作学习者处于韩国语的学习阶段，学生运用韩国语的水平还不太高，如果把句子写长，用上很多词语，词语和顺序的关系过于复杂，一不注意就会出现病句。

4）长句和短句使用举例

（ㄱ）교내 식당에서 판매되는 음식의 질이 떨어진다는 문제를 제기했음에도 개선되지 않고 있는 데 대한 항의 표시로 내주부터 교내 식당에 대한 불매 운동을 벌일 계획이다. (为对我们多次提出学校食堂伙食质量下降，而食堂伙食却一直没有得到改善的问题表示抗议，从下周起准备开展对校内食堂的拒买运动。)

（ㄴ）우리들은 내주부터 교내 식당에 대해 불매 운동을 벌일 예정이다. 그 동안 교내 식당에서 판매되는 음식의 질이 떨어진다는 문제를 제기해 왔음에도 개선되지 않고 있기 때문이다. (从下周起我们准备开展拒买学生食堂饭菜运动。因为，我们曾几度向学校食堂方面提出了食堂饭菜质量下降的问题，而食堂伙食问题却一直没有得到改善。)

（ㄷ）교내 식당에서 판매되는 음식의 질이 떨어진다는 문제를 제기했음에도 개선되

지 않고 있다. 따라서 우리들은 이에 대한 항의 표시로 내주부터 식당에 대해 불매 운동을 벌이려고 한다. (我们曾多次向食堂提出了学校食堂饭菜质量下降的问题, 但是食堂伙食一直没有得到改善。为此, 我们准备从下周起开展拒买学生食堂饭菜的运动以表抗议。)

(ㄱ) 句中有 "판매되는"、"떨어진다는"、"않는"、"대한"、"벌일" 等六个定语形修饰语, 结构复杂, 内容很难把握。所以把 (ㄱ) 分成两个句子, 改为 (ㄴ) 或 (ㄷ) 更为简洁明了。

(ㄹ) 많이 사귄다고 무조건 좋은 친구가 아니라, 한둘이라도 좋으니 자기의 생각을 털어놓을 수 있는 진정한 친구가 진짜 친구지, 양적으로 많아도 자기의 생각을 털어놓고 얘기할 수 없는 사람은 정말 외롭고 불쌍한 소외감을 느끼는 사람이라는 것이다.

(ㅁ) 친구를 많이 사귄다고 무조건 좋은 것이 아니다. 한둘이라도 좋으니 자기의 생각을 아무런 부담 없이 털어 놓을 수 있는 진정한 친구가 있어야 한다. 양적으로 아무리 많아도 자기의 생각을 털어 놓고 얘기할 수 있는 친구가 없는 사람은 정말 외롭고 불쌍한 사람이다.

以上 (ㄹ) 句由于过长, 结构繁杂, 内容不明确, 读起来让人觉得很累。应把 (ㄹ) 句改为 (ㅁ)。

(ㅂ) 성숙한 사회라는 말을 자주 한다. 그러나 성숙이란 말의 뜻은 모호하다. 더 많은 설명이 필요하다. 더 많은 이해가 필요하다. 사람의 성숙은 나이를 먹는 것이다. 정신적인 성숙이 나이에 비례하는 것은 아니다. 성숙된 사회를 문명 이기의 사용과 경제적 물량으로 측정해서는 안 된다. 심리적, 정신적 견해에서 이런 기준들은 성숙의 환경이다. 성숙의 본질은 아닌 것이다.

(ㅅ) 우리는 성숙한 사회라는 말을 많이 한다. 그러나 성숙이란 말의 뜻은 아주 모호하다. 더 많은 설명이 필요할 뿐만 아니라 더 많은 이해가 필요하다. 사람의 성숙은 나이를 먹는 것이지만 정신적 성숙은 나이에 비례하는 것이 아니다. 성숙된 사회를 문명 이기의 사용과 경제적 물량으로 측정해서는 안된다. 심리적, 정신적 견해에서 이런 기준들은 성숙의 환경일 뿐 성숙의 본질은 아닌 것이다.

以上 (ㅂ) 是一个段落。与前面的 (ㄱ) 和 (ㄹ) 相反, 因短句太多, 给人以文章枯燥乏味、不通顺的感觉。用一些接续手段把几个句子连接成一起而改为 (ㅅ), 这样才能准确有效地表达内容, 给人以舒缓的感觉。

### 4.4.2. 被动句和使动句

被动句和使动句是韩国语的重要句式。被动句是和能动句相对应的句式, 而使动句是和主动句相对应的句式。很多情况下, 韩国语的能动句和被动句, 主动句和使动句是可以互相转换的, 此时一般它们之间的语义关系基本相同, 但是在语义色彩方面有不小的差异, 到底采用哪种句式表达, 并不是任意的, 因此写文章时需要注意。

1) 能动句和被动句突出的重点有所不同。一般来说, 说话人如果要突出能动者, 可以用能动句式；如果要突出被动者，则用被动句式。

(ㄱ) 경찰관이 도둑놈을 잡았다. (警察抓捕了小偷。)

(ㄴ) 도둑놈이 경찰관에게 잡혔다. (小偷被警察抓捕了。)

(ㄷ) 엄마가 아기를 안았다. (妈妈怀里抱着孩子。)

(ㄹ) 아기가 엄마에게 안겼다. (孩子被抱在妈妈的怀里。)

(ㄱ) 句强调的是"警察"，而 (ㄴ) 句着眼于"小偷"，句子的基本意义相同，但是说话者所关心的对象却不同。(ㄷ) 和 (ㄹ) 句也是一样的。

2) 淡化动作行为者（施事者），突出被动的对象（受事者）是被动句的一大特点。韩国语句子的主语通常是能动的"人"。当主语不是"人"，而是"事物"时，选用被动句更为自然。

(ㄱ) 작은 차이가 승패를 결정한다. (?) (微小的差异决定胜负。)

(ㄴ) 승패는 작은 차이로 결정된다. (胜负取决于微小的差异。)

(ㄷ) 바람이 나뭇가지를 흔들었다. (?) (风吹动了树枝。)

(ㄹ) 나뭇가지가 바람에 흔들렸다. (树枝被风吹动了。)

在韩国语中，句子的主语为非"能动"的"事"或"物"时，选用被动句式更为自然。(ㄱ) 和 (ㄷ) 句是外语式的表达，韩国语中不常用，因此应改为 (ㄴ) 和 (ㄹ) 句。

3) 使用被动句式时要注意被动谓语和施事主语的呼应。使用被动句，句子自然变长，句子成分关系也变得复杂，容易产生混乱，因此特别需要注意。

(ㄱ) 이 사건의 용의자들은 이미 체포되고 그들이 소지한 물건들도 모두 압수했다.
(此案的犯罪嫌疑人已被逮捕，而且扣押了他们携带的所有物品。)

(ㄴ) 이 사건의 용의자들은 이미 체포되고 그들이 소지한 물건들도 모두 압수됐다.
(此案犯罪嫌疑人已被逮捕，而且他们携带的所有物品也被扣留。)

(ㄱ) 句是由两个对等子句连接而构成的并列复句，从句法关系看，前后两个子句的结构性质不同。前一个子句使用被动句式，主语和谓语相呼应，但是后一个子句省略了主语，只出现能动词的谓词"압수하다"。因此，前后子句的并列关系不自然，而且能动谓词和被动谓词混在一起，影响了句子逻辑关系。(ㄱ) 句的第二个子句也应改为被动句式，如同 (ㄴ) 句。

(ㄷ) 나는 이 드라마를 보면 볼수록 쓸쓸하고 슬프고 안타까운 기분을 주는 것이다.
(我看这部连续剧，越看越给凄凉、悲伤、惋惜的感觉。)

(ㄹ) 나는 이 드라마를 보면 볼수록 쓸쓸하고 슬프고 안타까운 기분을 느끼게 된다.
(我看这部连续剧，越看越感到凄凉、悲伤和惋惜。)

(ㅁ) 이 드라마는 보면 볼수록 쓸쓸하고 슬프고 안타까운 기분을 느끼게 한다.
(这部连续剧，越看越使我〈人〉感到凄凉、悲伤和惋惜。)

(ㄷ) 句的主语与谓语不能呼应。因为句子较长，在能动句式、主动句式与被动句式、使动句式的选择上产生了混乱。(ㄷ) 句的主语是"나는"，从上下文看，和主语相呼应的谓语应该是被动句式的"느끼게 된다"，所以应把 (ㄷ) 句改为 (ㄹ) 句。如果要以"드라마"为主语，那么把 (ㄷ) 句改为 (ㅁ) 句，也就是说选用使动句式。

4）韩国语的被动句和使动句有多种构成方式，不同类型的被动句或使动句表达的内容和用法不尽相同，使用时需要注意。

（ㄱ）어머니가 아기에게 밥을 먹인다．（妈妈给孩子喂饭。）

（ㄴ）어머니가 아기에게 밥을 먹게 한다．（妈妈叫孩子吃饭。）

（ㄱ）句是使用使动后缀"-이"构成的短型使动句，（ㄴ）句是使用"-게 하다"构成的长型使动句，同样是使动句，但两个使动句的语义并不完全一样。（ㄱ）句除了有主语直接使孩子吃饭的意思外，还有间接地使孩子喝牛奶等意思。而（ㄴ）句只有主语间接地使孩子吃饭的意思。

（ㄱ）김소월의 시는 많은 사람들에게 읽어진다．（→읽힌다）

（ㄴ）이 연필은 글씨가 잘 쓰이지 않는다．（→써지지 않는다）

（ㄱ）句是长型被动句，（ㄴ）句是短型被动句，两个句子都不是很自然。（ㄱ）句的"읽어진다"改为短型被动句"읽힌다"，（ㄴ）句的"쓰이지"改为长型被动句"써지지"，这样两个句子就变得很自然。

韩国语被动句式的使用，一般和作者的主观意图有着密切的关系，比如：不想提起能动主语或主语不明确时，想突出被动主语时，在某一事件上回避责任时，委婉地传达某种负面信息时，这几种情况一般需要用被动句。被动句和使动句是非常重要的句式，但是如果使用能动句或主动句足以表达句子的内容时，最好避开被动句和使动句为好。

### 4.4.3. 肯动句和否定句

肯定句是对事物做出肯定判断的句子，也就是肯定事物具有某种性质的句子。否定句是对事物做出否定判断的句子，也就是否定事物具有某种性质的句子，常由否定词"않다"、"못하다"、"말다"或否定副词"안"、"못"构成。

1）同一个意思有时既可以用肯定句表达，又可以用否定句表达，这样会产生不同的效果。肯定句肯定事物具有什么性质或是什么情况，表达得清楚明确，语气较强。否定句否定事物的性质、情况，语气一般较弱，显得舒缓、委婉。

（ㄱ）나는 그 사람을 좋아한다．（我喜欢那个人。）

（ㄴ）나는 그 사람을 싫어하지 않는다．（我并不讨厌他。）

（ㄱ）句是肯定句，说得很明确，（ㄴ）句是否定句，语气弱些、委婉些，甚至弄不清真正意思。两种句式虽然都表示肯定，但是有着不同的表达效果。

2）否定句中有一种特殊形式的否定句，即双重否定句。双重否定是对否定的否定，表示肯定。但是双重否定句式和一般否定句式的表达效果是不一样的。

（ㄱ）그 학생이 안 오지는 않아요．（那个学生不是不来。）

（ㄴ）나도 술을 못 마시지는 않아요．（我不是不能喝酒。）

（ㄷ）그 숙제는 하지 않으면 안 된다．（那个作业不能不写。）

（ㄹ）그곳에 가보지 않은 사람이 없다．（那个地方没有人没去过。）

以上（ㄱ）和（ㄴ）是双重否定句，但和一般肯定句不同，有虽然是肯定但附加一定条件之意。比如(ㄱ)句有"那个学生来是来,但不一定何时来"等意思。(ㄴ)句有"喝是喝,但喝不多或今天不能喝"等意思。这种类型的双重否定句,表示肯定,但可以说是消极的肯定。(ㄷ)和(ㄹ)句也是双重否定句,但比肯定句表达语气要强。

1. 다음 문장 성분의 호응을 알맞게 고치시오.

   (1) 내 꿈은 과학자가 되고 싶다.
   (2) 부모님은 손자가 좋다.
   (3) 그는 공부를 잘 할 뿐만 아니라 운동을 잘 한다.
   (4) 우산을 가져 가세요, 비가 오니요.
   (5) 나는 할아버지에게 진지를 드렸어요.
   (6) 세종대왕은 500년 전에 한글을 창제하셨다.
   (7) 형, 아버지 돌아왔습니까?
   (8) 그는 지금 앉고 있다.
   (9) 아마 선생님은 지금 강의하세요.
   (10) 우리가 패배한 까닭은 상대를 너무 업신여겼다.

2. 다음 문장들의 내포문의 유형을 설명하시오.

   (1) 이 글에서는 정치가 경제에 영향을 미친다는 것을 연구한다.
   (2) 나는 그가 이름난 과학자임을 이제서야 알았다.
   (3) 이 광고 사업으로 성공하기를 빕니다.
   (4) 철수는 소리없이 왔다.
   (5) 그 학생은 다른 학생과 달리 공부를 잘 한다.
   (6) 영희가 쓴 글이 발표되었다.
   (7) 철수는 마음씨가 착한 학생이다.
   (8) 이러한 대책은 경제 개방의 추진을 가능하게 하는 원동력이 되었다.
   (9) 백화점은 옷값이 비싸다.
   (10) 그는 철수가 서울에 갔다고 했다.

3. 아래의 단어를 가지고 괄호안의 요구대로 문장을 만드시오.

   (1) 지나다  달  시작하다  모르다  공사  완성되다  그 (명사절 있는 문장)

(2) 나 알다 뛰어나다 과학자 그 이제서야 ( 명사절 있는 문장 )
(3) 나 늘 어렵다 오다 ( 명사절 있는 문장 )
(4) 왕화 머리 학생 똑똑하다 ( 관형절 있는 문장 )
(5) 나 어제 밤 깊다 공부하다 ( 부사절 있는 문장 )
(6) 학생 없다 소리 들어오다 교실 ( 부사절 있는 문장 )
(7) 형 누나 다르다 공부하다 잘 ( 부사절 있는 문장 )
(8) 중국 다르다 나라 인구 많다 ( 서술절 있는 문장 )
(9) 철수 영희 북경 가다 어제 말하다 ( 인용절 있는 문장 )
(10) 그녀 허리가 끊어지다 웃다 ( 부사절 있는 문장 )

4. 다음에서 맞는 것을 선택하여 괄호 안에 써넣으시오.

(1) 나는 음악을 (　　) 고향 생각이 납니다.
　　A. 들으니　B. 듣다가　C. 들어서　D. 들으므로
(2) 성공 (　　) 평소에 꾸준히 노력해야 한다.
　　A. 하려고　B. 하려면　C. 하려니　D. 하려
(3) 수미는 이전에는 날씬 (　　) 지금은 살이 많이 쪘어요.
　　A. 했더니　B. 하더니　C. 해더니　D. 하였더니
(4) 서로 좋아 (　　) 결혼을 안 합니다.
　　A. 하며　B. 하니까　C. 하면서도　D. 하자
(5) 시민들의 협력이 (　　) 쓰레기 문제는 해결이 안 될 거예요.
　　A. 없었기에　B. 없지만　C. 없었다면　D. 없으면
(6) 경주에 가 보 (　　) 구경할 곳이 생각보다 많았어요.
　　A. 아서　B. 니까　C. 려면　D. 기 때문에
(7) 다른 사람들이 찬성 (　　) 저는 찬성할 수 없어요.
　　A. 할지라도　B. 했으면　C. 할래야　D. 하면
(8) 식당에 가기는 (　　) 먹고 싶은 음식을 먹지 못했다.
　　A. 가겠는데　B. 간데　C. 가니까　D. 갔는데

5. 다음 문장에서 틀린 부분을 찾아 고치시오.

(1) 한국에는 겨울에 눈이 많이 오는다는데 정말이에요?
(2) 도서관에 사람이 많이 있느라고 기숙사에 돌아왔어요.
(3) 항상 공부를 하지 않다가 시험에 낙제할 거예요.
(4) 집 생각이 났어서 편지를 썼어요.
(5) 봄이 오거든 꽃이 핍니다.
(6) 어두운 곳에서 책을 오래 보더니 눈이 아파요.

(7) 물건을 사다가 돈을 다 썼어요.
(8) 식사해서 가세요.
(9) 일찍 일어나고 세수했어요.
(10) 도서관에 가고 공부했어요.
(11) 그는 달고 단 참외를 먹었다.
(12) 어머니는 노래를 부르면서 아버지는 춤을 춘다.

6. 다음을 의미가 분명히 전달될 수 있도록 몇 개의 문장으로 나누고, 명료한 문장으로 바꾸어 써 보시오.

(1) 그녀는 나이도 나보다 네 살이 손위이고 직업도 흔히들 세상 사람들이 말하는 좋은 직업이 못되어서 후에 이를 알아버린 식구와 친구들의 원성도 들었지만 나는 진정 그녀를 좋아했다.

(2) 그의 아버지는 사람을 즐겨 대하며 어려서 공부를 열심히 한 덕으로 남부럽지 않은 직위에 올랐으며 경제적으로도 매우 풍족하다고는 할 수 없으나 쪼들리지 않는 생활을 하는 사람이었고 직장생활에도 충실하며 쉬는 날에는 시간을 충분히 활용하여 여행, 낚시, 골프 등의 여가를 즐기며 또한 식도락가이기도 하다.

# 第五章

# 段落组织

　　如前所述，句子组成段落，段落构成文章。可以说段落是从句子到文章的中间环节，它是文章中相对独立的部分，也是文章的基本单位。因此，写好段落至关重要，而分好段落又可以使文章结构严密，条理清楚，便于理解。要写好段落就要做好句子的连接，搞好内容的展开。

## ▶ 5.1. 句子的连接

　　句子的连接主要用接续语，如果接续语使用错误，读者就无法理解段落的内容。连接句子时主要使用接续副词。

5.1.1. 顺接（순접）
段落中前后衔接的内容为顺接关系，可以用表示并列、罗列的"그리고"，表示因果的"그래서，그러니까，그러므로，그러기에，그러니"，以及表示进一步说明的"즉"等。
　　（ㄱ）오늘은 쉬는 날입니다. 백화점에서 옷을 샀습니다. 그리고 영화를 봤습니다.
　　　　　（今天休息，在商场买了衣服，还看了电影。）
　　（ㄴ）모르는 단어가 많습니다. 그래서 이 글이 무슨 뜻인지 모르겠습니다.
　　　　　（不知道的单词很多，因此这篇文章的意思弄不明白。）
　　（ㄷ）지금 몹시 바빠요. 그러니까 이 서류를 타이핑해 주세요.
　　　　　（现在很忙，因此请打一下这个文件。）
　　（ㄹ）장미와 국화는 다릅니다. 즉 하나는 봄에 피고 하나는 가을에 핍니다.
　　　　　（玫瑰和菊花不同，一个是春天开花，一个是秋天开花。）

5.1.2. 逆接（역접）
前后句衔接的内容具有相反或相对的关系，可用表示转折的"그러나，그렇지만"及表示让步的"그래도，그렇더라도"。

(ㄱ) 역사는 부단히 변한다. 그러나 역사가 가르쳐 주는 교훈은 변하지 않는다.
　　　(历史在不断变化，但历史赋与人们的教训绝不会改变。)
(ㄴ) 돈은 중요해요. 그렇지만 마음이 더 중요하지 않겠어요?
　　　(钱固然重要，但心情不是更重要吗？)
(ㄷ) 오늘은 피곤해서 죽을 지경이에요. 그래도 일은 끝내겠어요.
　　　(今天累得要死，即使那样也要把事情干完。)
(ㄹ) 돈이 많지 않습니다. 그렇더라도 돕고 싶습니다.
　　　(钱不是很多，可是还想帮助别人。)

5.1.3. 反复与对应（반복과 대응）
前后句衔接的内容有反复及对应关系。可用"혹은, 또는, 또한"表示。
(ㄱ) 금융위기는 사회에 어떤 영향을 미치는가? 혹은 사회 구성원에게는 어떤 영향을 주는가? (金融危机对社会有什么影响呢？或是对社会成员有什么影响呢？)
(ㄴ) 돈도 있습니다. 또한 권세도 있습니다. (他有钱又有权。)

5.1.4. 补充与添加（보충과 첨가）
前后句衔接的内容有强调、补充、添加关系。可用"단, 더욱, 게다가"表示。
(ㄱ) 가도 좋다. 단 일찍 돌아와야 한다. (去也行，但是要早点回来。)
(ㄴ) 왕화는 산을 사랑한다. 그러나 물을 더욱 사랑한다. (王华爱山，更爱水。)
(ㄷ) 날씨가 춥다. 게다가 바람까지 일어 작업하기 어렵다. (天很冷，加上又起了风，作业很困难。)

5.1.5. 转换（전환）
后面衔接的内容与前面内容的事实或想法不同，可用"그런데, 그러면, 한편"表示。
(ㄱ) 한국에 간 적이 있어요, 그런데 제주도에는 가지 못했어요.
　　　(我去过韩国，但没去过济州岛。)
(ㄴ) 소금을 좀 넣으세요. 그러면 맛있게 됩니다.
　　　(稍微放点盐，那样味道就更好了。)

5.1.6. 例示（예시）
后面衔接的内容解释前面的内容，可用"예컨대, 이를테면"表示。
(ㄱ) 우리는 문학작품을 읽을 때 그 작품에 대해 여러 가지 느낌을 가지게 된다. 예컨대 등장인물에게 좋은 일이 생기면 우리의 기분도 좋고 나쁜 일이 생기면 우리의 기분도 좋지 않다. (阅读文学作品时，对作品会产生各种感想。例如登场人物如有好事，我们心情也好；如有坏事，我们心情也不好。)

(ㄴ) 한글이 처음 만들어졌을 때 초성, 중성, 종성이 사용되었다. 이를테면 봄, 산이란 낱말에서 ㅂ, ㅅ 따위는 초성, ㅗ, ㅏ 따위는 중성, ㅁ, ㄴ 따위는 종성이 된다. (开始创制韩文时,使用初声、中声、终声。举例来说,春〈봄〉、山〈산〉两个单词,"ㅂ,ㅅ"为初声,"ㅗ,ㅏ"为中声,"ㅁ,ㄴ"为终声。)

## 5.2. 段落组织方式

### 5.2.1. 按时间顺序展开 (시간적 순서)

段落内容展开方式主要是按时间顺序、空间顺序、逻辑顺序展开的。下面是按时间顺序展开的段落,这种方式在有关日常生活的文章中常见。

나는 6시 30분에 일어나서 7시에 아침을 먹습니다. 수업이 8시 30분에 시작하기 때문에 8시에 집을 떠납니다. 오전 수업은 11시 30분까지 합니다. 점심 때 잠깐 쉰 다음 오후 4시 30분까지 수업을 하고 집에 돌아옵니다. 저녁을 먹고 나서 텔레비전을 보거나 숙제를 합니다. 보통 10시에 잠을 잡니다. (我6点起床,7点吃饭。因8点半开始上课,所以8点从家里出来,上午上课到11点半。中午稍微休息,下午上课到4点半,然后回家。吃完晚饭看电视或做作业,一般10点就寝。)

### 5.2.2. 按空间顺序展开 (공간적 순서)

写作时按场所变化的顺序或视线的移动进行叙述,即按空间展开。一般对建筑或人物描写时用得较多。

① 건물

아늑한 분위기의 찻집은 정면은 통유리로, 옆면은 통나무로 되어 있다. 뒷면은 합판으로 되어 있다. 뒷마당으로 통하는 문이 있는데 뒷마당에는 대나무가 있어서 찻집의 아담함을 더하고 있다. (幽静的茶馆,正面墙是整块玻璃,侧面墙是用原木制作,后面墙是胶合板。通往后院有门,后院里有竹子,这使茶馆更加雅致。)

② 사람

우리 친구 왕강은 곱슬머리이다. 눈에 쌍거풀이 있으며 코는 오똑하다. 입은 작고 턱에 점이 있다. 하얀 T셔츠와 짧은 바지를 입었다. 그리고 등산화를 신었다. (我的朋友王刚头发是卷发,双眼皮,鼻梁高高的,小嘴,下巴有痣。上身是白色T恤,下身是短裤,脚上穿着登山鞋。)

### 5.2.3. 按逻辑顺序展开 (논리적 순서)

写作时也可按论述的顺序即逻辑顺序展开,其中有包括式、列举式及阶段式展开方法。

1) 包括式展开方式 (포괄식 전개)

当韩国语的段落由多个句子组成时,在多个句子中往往有一个中心句 (소주제문),这

个中心句可放在段落的前面、中间、后面及头尾两面，分别称为头括式、中括式、尾括式、两括式。

① 头括式（두괄식）

将中心句放在段落的前面称为头括式，即将结论放在前面，通过演绎的方法，对中心句加以说明。

학습의 목적은 시험을 보기 위한 것이 아니라 직장에 취직하기 위한 것이다. 학교에서 학생의 학습 효과를 테스트하기 위해 필요한 시험을 보는 것도 좋지만 많이 볼 필요는 없다. 배운 것을 잘 이해하고 실생활에서 이용하는 것이 중요하다.（学习的目的不是为了考试，而是为了就业。学校为检查学生的学习效果，可以进行必要的考试，但不能过多。很好地理解所学内容，并在实际生活中加以运用更为重要。）

② 中括式（중괄식）

中括式是将中心句放在段落中间的方法。即通过前面句子导入之后。开始提出中心句，然后进一步说明。这是头括式和尾括式的折中方法。

학교에서 학생의 학습 효과를 테스트하기 위해 필요한 시험을 보는 것은 좋지만 많이 볼 필요는 없다. 학습의 목적은 시험을 보기 위한 것이 아니라 직장에 취직하기 위한 것이다. 학생은 배우는 것을 잘 이해하고 실생활에서 이용하는 것이 더 중요하다.（学校为了检查学生的学习效果进行必要的考试是需要的，但是不能考得过多。因为学习的目的不是为了考试，而是为了就业。学生将学的东西很好理解并在实际生活中加以运用更为重要。）

③ 尾括式（미괄식）

将中心句放在段落后面称为尾括式，即在论述之后通过归纳的方法得出结论。

문법은 수사와 자주 비교된다. 문법은 언어 구조의 규칙을 연구하는 학문 분야이며 수사는 언어 표현 효과의 규칙을 연구하는 학문 분야이다. 이처럼 문법과 수사는 서로 다른 성격을 가진 분야이다.（人们经常比较语法与修辞，语法是研究语言结构方面的学科，修辞是研究语言表达效果方面的学科。这样，语法和修辞就是具有不同性质的学科。）

④ 两括式（쌍괄식）

将中心句放在段落的头尾，称为两括式，即将结论放在前后两处，以求呼应。

인간의 정신과 육체는 분리되어 있다. 육체는 어느 정도 발전하지만 뛰어 넘지 못하는 한계가 있다. 그러나 정신은 육체보다 더 높이 혹은 더 멀리 성장하고 발달할 수 있다. 따라서 성장의 한계라는 면에서 인간의 정신과 육체는 분리되어 있다고 할 수 있다.（人的精神和肉体可以分离，肉体某种程度也在变化，但是不能超越一定的限度。但是精神比肉体可能向更高或者更远的方面发展变化。从变化的界限来说，人的精神和肉体是可以分离的。）

정치와 경제는 분리될 수 없다. 정치는 상부구조 범주에 속하며 경제는 하부구조 범주에 속한다. 그러나 정치와 경제는 상부상조의 것이다. 그리하여 정치와 경제는 분리될 수 없다.（政治和经济是不能分离的，政治属于上层建筑范畴，经济属于经济基础范畴。但是政治和经济是相辅相成的，因此政治和经济是不能分离的。）

2) 列举式展开方式（열거식 전개）

将段落中的多个句子，通过连接词以列举的方式组合起来为列举式展开方式。

한국과 일본은 지리적으로 어디에 위치해 있는지, 또 양국 경제 발전 수준이 어떻게 다른지, 그리고 마지막으로 어떤 민족 갈등이 있는지에 대해 알아볼 것이다. (韩国和日本地理位置在哪儿，两国经济发展水平有何不同，还有两个民族有何分歧，对此，将予了解。)

3) 阶段展开方式（단계식 전개）

这种方式是将段落的内容按论述的先后顺序排列，即首先提出问题，然后进行论述，最后得出结论。这主要是文章的写法，有的段落也可以采取这种方式。以下段落（ㄱ）提出问题，（ㄴ）为论述，（ㄷ）为结论。

（ㄱ）약속 장소로 공원이 인기가 좋습니다. （ㄴ）공원은 공기가 맑고 조용합니다. 공원에서 친구를 기다리면서 맑은 공기를 마시며 운동도 할 수 있습니다. 또 사람들이 왔다 갔다 하기 때문에 심심하지 않습니다. （ㄷ）그래서 공원을 약속 장소로 정하는 사람들이 늘고 있습니다. (一般人喜好在公园约会。公园里空气清新而安静，在公园等朋友的话，可以呼吸新鲜空气并锻炼身体，又因人们来来往往而不会感到寂寞。因此，将公园定为约会场所的人们正日趋增加。)

5.2.4. 句子的推敲与修改

文章写作过程中或写完之后，除要重视全篇文章的结构外，还要反复推敲修改句子，修改句子可以从以下几个方面着手。

1) 用词不当的修改

（ㄱ）이것은 국가 소유 <u>내지</u> 운영의 운동장이다.

　　　이것은 국가가 소유하거나 운영하는 운동장이다.

　　　(这是国家所有或经营的运动场。)

（ㄴ）자기의 <u>성격을 불만하는</u> 사람은 성격을 바꿔야 한다.

　　　자기의 성격에 불만이 있는 사람은 성격을 바꿔야 한다.

　　　(对自己性格不满意的人应改变性格。)

（ㄷ）백인과 동양인은 피부색이 <u>틀리다</u>.

　　　백인과 동양인은 피부색이 다르다.

　　　(白人和东方人肤色不同。)

（ㄹ）공부를 하다가 <u>한참</u> 쉬었다.

　　　공부를 하다가 한참 쉬었다.

　　　(学习一会儿，又休息一会儿。)

以上有下划线的词或词组均属于使用不当的。（ㄱ）句中用动词定语为好。（ㄴ）句将"불만"作为动词使用不妥。（ㄷ）句中用"다르다"讲的是"不同"，而用"틀리다"讲的是"对错"。（ㄹ）是"休息一会儿"，显然应用"한참"。

2) 词义重叠的修改

(ㄱ) 시험 결과 발표를 언제 발표합니까?

시험 결과를 언제 발표합니까?

(什么时候发表考试结果呢?)

(ㄴ) 영수증 교부는 구매자에게만 교부합니다.

영수증은 구매자에게만 교부합니다.

(收据只交给买方。)

(ㄷ) 수입해서 들여오는 물건이라고 무조건 좋다고는 할 수 없다.

수입한 물건이라고 무조건 좋다고는 할 수 없다.

(不能无条件地说进口商品就好。)

以上(ㄱ)句的 "발표", (ㄴ)句的 "교부" 显然是不必要的重叠。而(ㄷ)句中的 "수입하다" 与 "들여오다" 意义相同，也是不必要的重复。

3) 画蛇添足的删除和必要的变动或增补。

(ㄱ) 나무위에 매미가 붙어 있다.

나무에 매미가 붙어 있다. (蝉贴在树上。)

(ㄴ) 이익은 자기가 이를 얻는다.

이익은 자기가 얻는다. (自己获得利益。)

(ㄷ) 대학에 입학하면서 일본어학과에 들어갔는데 한국어에 대한 애정이 생기기 시작해서 한국어를 선택했고 그것에 대해 아무 후회도 없고 너무너무 한국어를 사랑한다.

대학에 입학하면서 일본어학과에 들어갔는데 한국어에 대한 애정이 생기기 시작했다. 그래서 제2외국어로 한국어를 선택했고 지금은 그것에 대해 아무 후회도 없고 한국어를 정말 사랑한다.

(我一入大学就进到日语系，开始喜欢起韩国语。因此，二外选择了韩国语，现在对此毫不后悔，我真是喜欢韩国语。)

以上(ㄱ)句 "위"、(ㄴ)句 "이를" 及(ㄷ)句中的不必要部分需要删除，而为使句子通顺，(ㄷ)句不仅需删除，还需做变动或增补。

4) 各种成分呼应搭配不当的修改

(ㄱ) 죄송합니다. 차가 막혀서 늦었어요.

죄송합니다. 길이 막혀서 늦었어요.

(对不起，路上堵，来晚了。)

(ㄴ) 선생님, 지금 시간이 계십니까?

선생님, 지금 시간이 있으십니까?

(老师，您现在有时间吗?)

(ㄷ) 손톱을 자르고 나니 깨끗해 보인다.

손톱을 깎고 나니 깨끗해 보인다.
(剪完指甲，看起来干净。)

(ㄹ) 세무소에 세금을 <u>수납하세요</u>.
세무소에 세금을 납부하세요.
(税款上交税务所吧。)

(ㅁ) 집은 나에게 <u>영원히</u> 안식처이다.
집은 나에게 영원한 안식처이다.
(家永远是我的安身处。)

(ㅂ) 시간은 <u>규정에 불구하고</u> 어겨지는 일이 많다.
시간은 규정에도 불구히고 어겨지는 일이 많다.
(违反时间规定的事情很多。)

(ㅅ) 철수야, 빨리 <u>가세요</u>.
철수야, 빨리 가거라.
(哲洙快去吧。)

以上句子有下划线的词或词组中（ㄱ）、（ㄴ）句主谓搭配不当，（ㄷ）、（ㄹ）句宾谓搭配不当，（ㅁ）句应用定语却用了状语，（ㅂ）句状语使用不当，（ㅅ）句独立成分与谓语搭配不当。

5) 句子结构的修改

(ㄱ) 많은 나라들이 조선<u>과의</u> 수교할 의향을 가지고 있다.
많은 나라들이 조선과 수교할 의향을 가지고 있다.
(很多国家有与朝鲜建交的意向。)

(ㄴ) 선생<u>이</u> 나를 잘 가르쳐 주신다.
선생님께서 나를 잘 가르쳐 주신다.
(老师很好地教导我们。)

(ㄷ) 과수원<u>에</u> 과일이 내 눈을 즐겁게 했다.
과수원의 과일이 내 눈을 즐겁게 했다.
(果园的水果使我们很兴奋。)

(ㄹ) 항상 <u>배려해 주는</u> 선생님께 감사의 말씀을 드렸다.
항상 배려해 주시는 선생님께 감사의 말씀을 드렸다.
(对老师经常给予的关怀表示感激。)

(ㅁ) 밥이 아직도 많이 있<u>는데</u> 많이 드세요.
밥이 아직도 많이 있으니 많이 드세요.
(饭还很多，请多吃点吧。)

(ㅂ) 철수는 <u>읽는다</u>.
철수는 잡지를 읽는다.
(哲洙读杂志。)

(ㅅ) 여기서 우리는 <u>초법적 어떤</u> 행위도 할 수 없다.

여기서 우리는 어떤 초법적 행위도 할 수 없다.

(这里不能允许有任何超越法律的行为。)

以上(ㄱ)(ㄴ)(ㄷ)句助词误用,(ㄹ)句对老师应用敬语,(ㅁ)句连接词尾应改为表示原因的,(ㅂ)句缺宾语,(ㅅ)句定语中的冠词排列顺序不对,均应修改。

## 练习(五)

1. 다음에서 알맞은 말을 찾아 (   ) 안에 넣으시오.

   1) 맥주를 사오세요. (   ) 우유도 사오세요.
      A. 그러나　　　　B. 그리고　　　　C. 그래서　　　　D. 아니면

   2) 요즘은 방학이에요. (   ) 학교에 사람이 별로 없어요.
      A. 그래서　　　　B. 그러면　　　　C. 그러니까　　　D. 그래도

   3) 밖에 비가 온대요. (   ) 우산을 가져 가세요.
      A. 그래서　　　　B. 그러면　　　　C. 그러니까　　　D. 그리고

   4) 그 여자는 얼굴이 밉습니다. (   ) 마음이 곱습니다.
      A. 그렇지만　　　B. 그래도　　　　C. 그리고　　　　D. 그래서

   5) 이 사전은 설명이 자세하게 되어 있어요. (   ) 글씨가 너무 작아요.
      A. 그런데　　　　B. 그러니까　　　C. 그리고　　　　D. 그래도

   6) 어제 3시간밖에 자지 못했어요. (   ) 열까지 있어서 학교에 갈 수 없어요.
      A. 그런데다가　　B. 그래도　　　　C. 그러면서　　　D. 그리고

   7) 북경과 상해는 중요한 도시이다. (   ) 하나는 정치 중심지이고 하나는 경제 중심지이다.
      A. 즉　　　　　　B. 또　　　　　　C. 또는　　　　　D. 즉시

   8) 이번엔 꼭 성공할거야. (   ) 실패하더라도 낙심하지 마라
      A. 혹시　　　　　B. 그러니까　　　C. 그리고　　　　D. 그러면서

2. 다음에서 알맞은 말을 찾아 (   ) 안에 넣으시오.

   | 그리고, 그래서, 그래도, 그러나, 그런데, 그러니까, 그렇지만, 그럼 |
   |---|

   1) 영화가 재미 없었어요. (   ) 끝까지 보았어요.
   2) 모르는 단어가 많습니다. (   ) 이 글이 무슨 뜻인지 모르겠습니다.

3) 비행기표가 비싸요. (　) 기차로 갑시다.
4) 그 영화는 재미 없어요. (　) 배우들이 예뻐요.
5) 6시에 학교 정문으로 나와요. (　) 그 때 만납시다.
6) 그분을 만난 적이 있어요. (　) 이름을 잊어버렸어요.
7) 방학 동안 어머니를 도와 집안일을 할 거예요. (　) 책도 많이 읽을 거예요.
8) 장미는 아름답다. (　) 가시가 많다.

3. 다음 글의 단락 전개 원리를 설명하시오.

  1) 중국 역사의 시작 ( 中国历史的发端 )
  　　중국인의 선조들은 약 170만 년 이전에 운남 ( 云南 ) 성 원모 ( 元谋 ) 현 지역에서 생활하고 있었다. 중국에서는 이 시기를 중국 원시 사회의 시작이라고 간주한다. 기원 전 2070년쯤에는 중국의 첫왕조인 하 ( 夏 ) 왕조가 건립되었다. 하왕조의 통치 기간은 400년이 넘게 지속되었다.
  　　두번째 왕조인 상 ( 商 ) 왕조는 은 ( 殷 ) 왕조라고도 불린다. 그것은 상왕조 초기에 여러번 도읍을 옮겨 다니다가 마지막으로 오늘날의 하남성 안양에 위치한 은이라는 도시로 옮기고 나서 그곳에서만 300년 이상 통치했기 때문이다. 세 번째 왕조는 서주 ( 西周 ) 왕조로 그 도읍은 오늘날의 서안 ( 西安 ) 에 있었다. 그뒤에 서주의 도읍이 소수민족들에게 점령당해 그 무렵 왕은 오늘날의 낙양으로 천도하지 않을 수 없게 되었다. 이를 역사상에서 동주 ( 东周 ) 라고 부른다 서주와 동주의 통치 기간은 800년쯤 된다.

  2) 단정학 ( 丹顶鹤 )
  　　부리와 목, 다리가 길어 행동거지가 우아한 단정학은 선학이라고도 부른다. 단정학이 제대로 서 있을 때 키를 재 보면 1미터까지 이른다. 관상조로서 온 몸이 흰 털로 덮여 있는 데다 정수리 부분에 붉은 깃털이 있어 마치 작고 빨간 모자를 쓰고 있는 듯이 보인다. 단정학의 이름은 이 정수리의 붉은 털에서 온 것이다.

  3) 이화원 ( 颐和园 )
  　　중국의 현존하는 황실 정원에서 가장 잘 보존된 이화원은 만수산 ( 万寿山 ) 과 곤명호 ( 昆明湖 ) 부분으로 나누어 볼 수 있다.
  　　이화원은 정원으로서 전체 구조가 정밀하게 짜여 있을 뿐만 아니라 산도 있고 물도 있어 세계적으로 보기 드문 걸작이다. 그중 불향각 ( 佛香阁 ) 은 이화원의 상징으로 중국 고대 건축의 정수를 보여 주고 있다. 장랑 ( 长廊 ) 의 대들보에 그려진 8천 여 폭의 변화무쌍한 산수, 인물, 화초, 새 그림도 유명하다. 덕화원 ( 德和园 ), 대희루 ( 大戏楼 ) 는 청나라 3대 연극 무대 중의 하나이며 강남지방의 정원을 본뜬 해취원 ( 谐趣园 ) 은 정원 중의 정원으로 일컬어지고 있다.

4. 다음 단락을 미괄식, 중괄식 쌍괄식으로 고치시오.

  　　한국인의 대부분은 여가를 선용하지 못하고 있는 듯하다. 물론 휴일에 푸른 들판에서 골프를 즐기는 사람도 있고 땀 흘리며 테니스를 치는 이들도 없지 않다. 특히 주부들은 각종 사회 교육 기관이나 평생 교육 기관에 나가 취미 생활을 익히고 새로운 지식과 기술을 배우기도 한다. 그러나 어떤 사람들은 시간만 있으면 고스톱(紙牌)을 친다. 일요일에는 아무것도 하지 않고 온종일 텔레비전만 본다. "텔레비전에 중독되어 있다"는 것이 여가 문화의 실상이다.

"이제는 돈을 좀 덜 받아도 여가를 즐기고 싶다"던 사람들이 막상 여가 시간에는 텔레비전만 보고 있는 것이다. 그러다 기회가 생기기라도 하면 간다는 곳이 술집 아니면 노래방이다.

5. 다음 단락의 전개 방식을 설명하시오.

　　이 글에서는 지진이 생겼을 때 정부는 어떤 대처 방안을 선택하는 것이 좋은지, 또 구체적인 대처방안에 따른 세부적인 고려 사항은 없는지, 마지막으로 그러한 경우에 어떤 절차를 하는지에 대해 설명해 볼 것이다.

6. 다음 글의 단계식 전개 방식을 설명하시오.

　　자유와 평등은 자유 민주주의의 기본적인 가치이자 원리이다. 자유는 본질적으로 개인이 사회 및 타인의 정치적 경제적 간섭으로부터 독립적으로 존재하면서 자신의 의지에 따라 선택할 수 있는 가능성을 의미하며 평등은 삶의 기회가 출신 배경에 의해서가 아니라 개인의 능력에 의해서 분배되는 상황을 의미한다. 그러나 많은 경우 이 두 가지는 서로 충돌하거나 대립하기도 한다.

　　따라서 자유와 평등을 서로 조화시키고 함께 신장시키는 것은 현대 민주주의의 가장 중요한 과제라고 할 수 있다.

# 第六章

## 日常交际类文章

▶ 6.1. 书信（편지）

### 6.1.1. 书信的特点

书信是向特定对象传递信息、交流思想感情的应用文书工具，是一种无论相隔多远，无论何时，只要自己喜欢都可交流的十分方便的沟通手段。面对面时难于叙述，口头表达容易造成误解的事，如采用书信方式，就能梳理自己的想法，很好地写出并向对方传达自己想说的事。亲笔给亲戚朋友写信，不仅可以传达自己的思想感情，而且能给收信人以"见字如面"的亲切感。书信是与人们的日常工作和生活密不可分又十分重要的一个组成部分。

书信是一种个性化很强，写法也比较灵活的文章。但书信还是应该遵循一定的要求：首先，书信必须合乎规范。书信写作规范突出地表现为两个方面。一是书写格式的规范，二是书信语言的礼仪规范，这两种规范都必须严格遵守。其次，书信应言之有物，通情达理。所述之事都要实在，所诉之情都要率真，所讲之理都要通达。

广义的书信，从传递方式大致可以分为一般邮寄信件、便条、E-mail、手机短信，以及 DM 等。这些广义的书信，虽然使用目的不同，使用范围不同，传达方式不同，但都具备"信"的几个基本要素，即：信息、语言文字、发出者、接受者、时间等。

书信按照目的和用途还可以分为私函和公函两大类。凡是以个人为中心，就个人日常生活里所发生的事情，与身边有关系的人相互往来所使用的信，属于私函。个人与企事业单位或政府机构之间，为解决行政公务上的种种问题而使用的往来信件，则属于公函。

公函中以商贸和经济活动为目的而使用的信件，一般称之为商务书函。它是企业间商务活动中最常用的一种公函，用以开展业务、洽谈生意、磋商问题、交流信息的主要手段。在现代市场经济社会，商业活动和经济活动成为人们生活的一个重要组成部分，商务信函的使用量也逐渐增多。

### 6.1.2. 书信的基本结构

书信有一种固定的结构和书写格式。当然，在礼仪简化的现代生活中，轻松地给朋友或亲人的书信也可以不拘泥于形式，而采取灵活的，有个性的写法。但是，在庄重的场合或给上司、前辈、长辈写邀请、通知、委托等情况下应该采用固定格式。尤其是不善于写韩国语书信的学生，若采用这种固定的格式书写，将会是很轻松的。韩国语书信在内容表达上，与中文没有什么区别。但是在结构形式上还有一些不同之处。总体来讲，韩国语书信的结构，可以细分为以下几个方面。

（1）称谓（호칭）

称谓是寄信人对收信人的称呼，它表示双方的关系。韩国语称谓写法与中文有以下一些不同。第一，中文书信称谓要顶格写在信笺的第一行起首位置。而韩国语的书信，称谓在第一行空一格开始，与下文取齐。第二，中文的称谓后用冒号，统领下文。而韩国语书信称谓后一般用逗号或不用任何标点，有时也用感叹号。

韩国文化素来重视人伦、名分。所以，在交际活动中应该特别重视称谓，写信时尤其如此。书信中的称谓一般包括人名，亲属关系名称，职位名称，敬称（尊敬词）等。上述四者，有时可单独使用，有时则两项或三项组合使用。在实际使用中，四者如何结合，应加以注意。单独或组合使用时，根据双方的关系，其后使用一些习惯用语。

**收信人称谓上使用的习惯语句**

| | |
|---|---|
| 각하 [阁下] | 用于特定高级官位的敬称，原则上限用于国家元首。例如：대통령 각하，의장 [議長] 각하…… |
| 좌하 [座下] | 最高敬称，用于祖父母、父母、恩师及特别需要尊敬的人，高于"贵下"。例如：홍길동 좌하，배달영 사장 좌전……"座前"同"座下"。 |
| 귀하 [贵下] | 机关团体公文上最为常用的敬称。多用于使用"座下"不太妥当，但需尊敬，以礼相待的人。私人之间一般不使用。例如：장영 귀하…… |
| 귀중 [贵中] | 用于机关团体名称后。如果收信人是个人，则用"귀하 [贵下]"。例如：국제한국어교육학회 귀중，대외경제무역국 귀중…… |
| 선생 [先生] | 用于一般需要尊敬的对象。也用于恩师、社会知名人士或某一领域的专家，但此时一般其后加敬语"님"。例如：방명호 선생님…… |
| 여사 [女史] | 用于社会知名妇女或已婚女性的敬称。不能用于未婚女性。例如：장미희 여사，정설희 여사…… |
| 님（께，에게） | 接在人名或职位称谓后边，不论男女或地位高低，用得极为普遍的敬称。例如：정준호 실장님에게，김영수 박사님…… 商务活动中给不特定多数人邮寄信件时也常使用。例如：최민호님…… |
| 께，에게 | "께"一般用于前辈或上级，"에게"一般用于平辈、晚辈或部下。例如：강 부장님께，어머님께，김새울에게，이하늘에게…… |
| 씨 [氏] | 用于给亲友或很随和的晚辈写信时。与自己年龄相仿，地位和身份相等的人写信时，"씨"后一般可加"께，에게"。恋人之间也可以用。 |
| 양 [孃] | 一般用于平辈或晚辈年轻女子。"여사"只用于已婚女性，而"양"只用于未婚女性。例如：김태희 양，강미선 양…… |
| 군 [君] | 多用于给晚辈或亲友的书信中，尤其是老师称呼自己的学生时多用。例如：김창열 군，강문재 군…… |

| | |
|---|---|
| 형 [ 兄 ] | 用于平辈或亲友。也可用作"대형[大兄]、인형[仁兄]、존형[尊兄]、학형[学兄]"等,表示交情深厚。文友之间也可用"아형[雅兄]"或"사형[詞兄]"。例如:안석봉 仁兄,배봉석 學兄… |
| 전 [ 展 ] | 多用于晚辈,也写为"즉전[卽展]"或"즉견[卽見]"。例如:홍길동 卽展,김달수 卽見…… |
| 앞 [ 前 ] | 一般多用于给子女的书信中。给子女的信,称谓不写姓,名字后直接加"앞",语义同"에게"。例如:덕봉 앞,달수 앞…… |

　　给家人、同姓同本(即姓同、贯乡同的亲戚)、同本人特别亲近的人写信时,不写姓只写名或亲属关系名称,其他关系一般用全名。如"딸 영애에게"、"친구 영표에게"、"제자 이하늘"、"강철우 씨"等。

　　(2)季节问候语(시후)

　　季节问候语,韩国语称"시후"。季节问候语是韩国语书信的一个特点。韩国人认为天气的变化,对人们健康有着很大影响。因此,写问候语之前常常先谈论天气。在日语的书信中,季节问候语也是必须的,而中文一般没有这一部分。季节象征参看[附录3]。

- 희망의 물결이 밀물처럼 가슴 가득 밀려오는 싱그러운 계절 봄입니다.
- 너무도 싱그럽고 아름다운 봄입니다.
- 새싹이 파릇하게 움트는 따스한 봄입니다.
- 녹음방초의 계절, 서늘한 나무 그늘이 그리워지는 무더운 여름입니다.
- 매미 울음소리가 더위를 재촉하고 있습니다.
- 어젯밤에는 소나기가 쏟아지더니 오늘 아침은 상쾌한 날씨입니다.
- 신선한 바람이 가슴을 스치는 가을입니다.
- 울긋불긋한 단풍과 황금빛 들판이 눈부신 가을입니다.
- 천고마비의 계절, 정말 푸른 하늘이 손에 잡힐 듯 맑습니다.
- 흰눈이 펑펑 내립니다. 온 세상이 하얗게 물들었네요. 새해얀 꽃가루가 날아오니 마음도 덩달아 순백의 동심에 젖어듭니다.
- 흰눈이 기다려지는 한겨울입니다. 따뜻한 커피 한 잔과 따사로운 정이 그리워지는 계절이기도 합니다.
- 풍성한 가을의 정취를 만끽하기도 전에 어느덧 추운 계절이 다가 왔네요.

　　(3)问候语(문안)

　　问候语,即开头寒暄语,韩国语称"問安"。问候语是在述说正事之前写几句问候,以导引正事。开头寒暄语属客套话,现多用"안녕하세요"(您好)等问候语,然后连接下文。韩国语书信中,问候不仅对收信人,还可以对与其有关的人、事或物表示关心。譬如:收信人的家属或亲友,收信人的工作或爱好等。常用的寒暄语如下:

- 영이야, 그동안 잘 지냈니?(近来可好?)
- 오랫동안 만나지 못하여 무척 궁금하단다.(许久不见,很是挂念。)
- 그 사이 별일 없으셨어요?(近来好吗?)

- 선생님, 그동안 별고 없으신지요? (您近来好吗?)
- 요즈음 환절기인데 건강하신지요? (时值季节之交, 您身体好吗?)
- 준호 씨, 오랫동안 격조하였습니다. (好久没有通信了。)
- 오랫동안 소식 전하지 못했습니다. (好久没去信了, 请原谅。)
- 건강히 잘 지내시리라 믿습니다. (想必您一定很好。)
- 처음으로 편지 드립니다. (第一次给您写信。)

（4）近况 ( 근황 )

"近况" 部分, 简单告知写信人的情况。书信实际上是一种书面谈话, 既然是谈话, 就要先向谈话对象打招呼。打招呼要讲礼貌, 适当地介绍自己的情况。介绍自己, 要根据写信人和收信人的关系有所不同。如果是陌生人或业务上的信件, 则简单介绍所属或工作情况等。如果是亲朋故友, 也可以告知一些自己的爱好、家庭情况、工作和健康情况等, 这样会使收信人感到自然、亲切。几句应酬语, 自然地引出谈话的正题。

- 저는 어머니 염려 덕분으로 탈 없이 잘 지냅니다.
  (托妈妈保佑, 我别来无恙。)
- 저는 덕분에 건강히 잘 지내고 있습니다.
  (托您的福, 我很健康。)
- 바쁜 일상에 젖어 생활하다 보니 하루가 어떻게 가는지 모르게 지냅니다.
  (忙于琐事, 晕头转向。)
- 항상 보살펴 주시고 염려해 주시는 덕분에 열심히 하고 있습니다.
  (承蒙错爱, 我过得很好。)
- 저는 항상 도와 주시는 덕분에 잘 지내고 있습니다.
  (承蒙您的关照, 我过得很好。)

（5）正文 ( 사연 )

正文韩国语也叫"事缘"。正文是书信内容的主体, 即书信所要说的事, 所要论的理, 所要叙的情。正文的写作, 除要求语言通顺、条理清晰之外, 还须注意措辞得体。书信叙事论理与一般文章不一样, 只要事真理顺即可, 须根据收信人的特点及发信人与收信人的特殊关系来进行措辞, 这方面的要求无定格定式, 都凭作者根据自己的理解、体会等全部交际经验去处理。但韩国语书信的正文写作, 需要注意以下两点。首先, 韩国语书信进入正文时, 常常先写一句客套话, 也就是起始语, 以便引出下文。

- 드리는 말씀은 다름 아니라…… (我要说的是……)
- 오늘 하고자 하는 말은 다름이 아닌…… (今天我要说的就是……)
- 말씀 드리고자 하는 바는…… (我要说的是……)
- 다름이 아니오라…… (我要说的是……)
- 이렇게 펜을 잡은 까닭은…… (今天写信是……)
- 편지를 띄워 보내는 까닭은…… (今天去信是……)
- …해서 글을 올리게 되었습니다. (为了……给您去信)
- …해서 편지를 씁니다. (为……写信)

• 갑자기 연락 드리는 실례를 용서해 주십시오. (冒昧地给您写这封信，请原谅。)

其次，正文结束时，还常常附加一些感谢、抱歉等的话语。写信对人叙事论理，说完正事就结束，收得太急，显得不太礼貌。因此，要说上一两句客气话。就像平常到朋友家聊天，临告辞之前需要说几句过渡的话，之后再告辞。

• 답장 너무 늦어져서 정말 죄송합니다. (迟复为谦。)
• 자세한 내용은 후일 뵙고 이야기하겠습니다. (一切待面叙。)
• 우선 여기까지 쓰겠습니다. (今天就此搁笔。)
• 일단 오늘은 이만 줄이겠습니다. (今天就写到此。)
• 총총 이만…… (匆匆搁笔。)
• 난필 용서 바랍니다. (字迹潦草，请多原谅。)
• 회답주시길 바라며 이만…… (盼即赐复。)
• 오늘은 이것으로 그치겠습니다. (今天就写到这里。)

（6）结束语（끝인사）

"結束語"，即结尾问候语。书信中说完正事之后，向对方表示问候与祝颂，皆属礼貌之举。结尾问候语要根据与对方的关系以及身份、职业、近况、节假日等情况来写。如同中文的"向您全家问好"、"祝身体健康"、"祝你成功"、"祝节日快乐"等等。

• 안녕히 계십시오. (再见！)
• 항상 행복하게 지내세요. (祝您幸福。)
• 다시 찾아뵐 때까지 안녕히 계십시오. (再见。)
• 아무쪼록 건강하시길 바랍니다. (祝您健康。)
• 앞날에 행운이 깃들기를 축원합니다. (祝您幸运。)
• 오늘 하루도 행복하세요. (日安。)
• 추위에 몸조심하고 열공해라. (天冷注意身体，好好学习！)

（7）日期（날짜）

韩国语书信与中文不同，日期写在署名的前面。日期可以写西历，也可以写干支，还可以在日期后附上季节、自然环境或写信地点。

• 2008년 12월 13일 (2008年12月13日)
• 11월 26일 밤 11시 기숙사에서 (11月26日夜于学生宿舍)
• 11월 26일 첫눈 내리는 밤에 (11月26日初雪之夜)
• 2008년 10월 10일 대련외대에서 (10月10日于大外)
• 2008년 6월 29일 모교를 떠나며 (6月29日离开母校之际)
• 시월 십육일 밤 열두 시 (10月16日午夜)
• 2008년 가을 달밝은 밤 서울에서 (2008年月圆之夜于首尔)

（8）署名（서명）

署名，就是落款。可以直接写自己的名字，但一般是在很好的朋友之间使用。原则上应在名字之前加上相应的自称，以表示自己与收信人的关系。而且要在名字之后还选用适当的礼告敬辞。韩国语书信自称的一般运用规律如下。

首先，直系尊亲给子女写信时不署名，只写"할아버지""아빠"等家族关系称谓或后加助词"가 / 이"即可。其次，给家族、同姓同本人（即姓同、贯乡同的亲戚）或其他关系中特别亲近的人写信时，署名但不写姓只写名，其余关系一般用全姓名。如"딸 영애가""친구 영표가""제자 이하늘"等。落款特别值得注意的是，自称职衔不能写在自己姓名之后。如："대성주식회사 사장 김대식 올림"。落款还应根据写信人与收信人之间的关系，选用适当的习惯语句，就是礼告敬辞：如果收信人是长辈或需尊敬的对象，名字下面一般写"올림"（敬上）、"드림"（上）等；如果收信人是平辈或同事以下的人，就写"적음"（记）、"씀"（写）、"글"（书）、보냄（发出）等。此外，有时还用"배 [ 拜 ]""재배 [ 再拜 ]""상 [ 上 ]""서 [ 書 ]""상서 [ 上書 ]""돈 [ 頓 ]""돈수 [ 頓首 ]""합장 [ 合掌 ]"等汉字词。

韩国语书信中，自称和署名有时单独使用，有时自称、署名和礼告敬辞三者配合使用，使用时要特别注意三者的组合方式。例如：

- 收信人为父母时：아들 영찬 上書（儿永灿谨禀）、딸 예진 드림（女儿艺真敬上）
- 收信人为长辈时：侍生 최진섭 올림（晚辈崔镇燮敬上）（或"後生"等）
- 收信人为兄长时：舍弟 명준 올림（弟明俊敬上）（或"동생、아우"等）
- 收信人为子女时：아비가（父字）、父書（父示）、엄마가（妈妈）
- 收信人为老师时：제자 [ 弟子 ] 박세훈 드림（学生朴世勋敬上）（或"門生"等）
- 收信人为朋友时：친구 영미로부터（友英美亲笔）、준수로부터（俊洙亲笔）
- 收信人为恋人时：당신의 영원한 미희（永远属于你的美姬）、그대의 그림자 영애（像影子一样伴随你的英爱）
- 收信人为同学时：김하나 씀（金夏娜）、철우가（同学哲宇）
- 收信人为弟、妹时：오빠가（哥写），형 씀（哥写）、누나가（姐写）

（9）附言（추신）

附言，韩国语叫"追申"，是补述语。写完之后又有要补充说明的话语。当写完信之后，发现还有需要补充的内容时，落款后另起一行先写"추기 [ 追記 ]、추신 [ 追伸 ]、PS 或 P.S.(postscript)"等词语加以提示，然后书写补充的内容。补述语写在书信的最尾部，比较显眼，容易给人以深刻的印象。所以有时也作为强调某些重要内容的手段来使用。补述语力求简练，不宜过长。

- 追申：검토 후 추진 일정 등 연락 주시기 바랍니다.
  （又启，盼商讨后，告知推进日程等。）
- 追記：그때 찍은 사진을 동봉하오니 모쪼록 받아 주십시오.
  （又及，随信奉上当时拍摄的照片，请收下。）
- 追書：또 하나, 이형에게도 문안을 전해 주게.
  （又，李兄处，祈代致候。）
- P.S.: 참, 깜박했네요. 큰언니에게도 연락주시기 바랍니다.
  （还有，差点忘了，大姐那儿也务必通知。）
- P.S.: 아, 잠깐, 저번에 빌렸던 책을 다음주에 꼭 보내주마.
  （还有，上次从你那儿借的那本书，下周一定还给你。）

以上是韩国语书信的基本结构和书写格式及书信写作中应遵守格式规范和礼仪规范。但是写信也是写文章，有些形式虽可采用，却不必过于拘泥。过分拘泥于形式，反而觉得固陋、呆板、单调、不自然。实际书信写作中，根据书信目的以及写信人和收信人的关系，也可以采取灵活的，有个性的写法。在礼仪简化的现代生活中，有些习惯套语也可以省略。

### 6.1.3. 书信范文

范文：日常书信（1） 家书

　어머니께

　　그간도 별고 없으십니까?

　　어머니 곁을 떠난 지 한 달이 지났지만 항상 마음은 어머니의 건강에 가 있습니다. 저는 어머니의 염려 덕분으로 아무 탈 없이 잘 지내고 있습니다.

　　요즘 드시는 것은 잘 드시는지요? 식사 때마다 동생을 챙기시느라고 잘 드시지도 못하는 어머니 모습이 눈에 선합니다. 맛있는 음식을 동생들만 생각하지 마시고 어머니도 잘 챙겨 드세요. 그리고 힘든 일은 애들에게 맡기시고 무리하지 마시구요.

　　이제는 저도 외지 생활에 제법 익숙해지는 것 같습니다. 처음에는 모든 것이 낯설고 서먹서먹하기만 했는데 시간이 지나면서 저 같은 촌놈도 도시 사람 못지않다는 생각이 들곤 합니다.

　　어머니, 제 염려는 하지 마시고 조금 한가해지면 대련에 한번 다녀가세요. 바다 구경도 하시고 아들이 어떻게 공부하는지도 보시면 걱정하시던 마음도 조금 놓일 겁니다. 저도 국경절 연휴 때 집에 한번 다녀오겠습니다.

　　소식 또 전하겠습니다. 부디 건강하세요.

2010 년 8 월 26 일<br>아들 지군 올림

范文：日常书信（2） 致亲友信

　주강에게,

　　그동안 잘 있었니? 졸업하고 헤어진 후로 벌써 1년이 지났구나. 소식 늦게 띄워 미안하다.

　　나는 회사를 그만두었다. 급료도 괜찮고 출국 기회도 많아 모두들 부러워했는데…… 아마도 그 직업이 내 적성에 잘 맞지 않는가 보다. 한동안 기분을 정리하고 다시 취직 활동을 벌일 생각이다.

　　그런데 너는 잘 적응하고 있니? 물론 너야 원체 약삭빠르니까 잘 해나가고 있겠지. 어려울 때도 있겠지만 웬만하면 참고 견디어 내야 할 것 같다. 요즘은 정말 취직하기 힘들다니까……

　　눈코 뜰 사이없이 바쁘다가 갑자기 놀고 있으니까 허전하면서도 예전에 너랑 매일 교정을 거닐고, 교실에 앉아 토론하고 하던 일이 마치 어제와 같이 느껴진다. 지금 생각하면 그때 학창시절이 너무나 행복했어. 정말 그립구, 또 친구들이 보고 싶어져……

지강이가 교육장학금 수혜자로 서울대학에 유학 갔다는데 너 알고 있니? 그 놈 참 운수 좋아. 아차, 그리구 너 지금도 평평이랑 잘 사귀고 있겠지? 결혼까지 생각하고 있는 거겠지? 결혼할 때엔 꼭 알려야 해, 그렇지 않으면 정말 혼날 줄 알아, ㅎㅎ······
　　모든 일이 잘되길 바라면서, 오늘은 이만 줄이겠다. 자주 연락 주길 바란다.

2009 년 3 월 16 일<br>해산으로부터

范文：日常书信（3） 情书
　　령령에게,
　　시간의 흐름은 여지없이 나를 한 해의 마지막 문턱에 서게 하고 지난날을 돌아보게 한다.
　　우리 같이 고등학교를 졸업하고 이 대학교에 온 지도 벌써 일 년이 넘었구나. 그동안 나는 자나깨나 너 생각뿐이었다. '그동안'이라 적었지만 이건 거짓말이야, 이미 고등학교 2학년 때부터 그랬었다. 졸업을 앞두고 너한테 고백하려 하다가 같은 대학으로 오게 되어서 미루게 된 거야.
　　그렇지만 드디어 결심하게 되었어. 이미 알고 있을지 모르지만, 나는 너를 좋아한다. 그 무엇과도 바꿀 수 없다고 생각하고 있어. 너를 향한 정열을 마음속에 묻어둘 수 없어, 오랫동안 마음속에 간직했던 너를 향한 생각을 여기에 고백한다. 과연 너는 어떻게 생각하고 있는지, 전혀 모르겠다. 그렇게도 나는 멍청인 것 같다. 너와 내가 같은 심정이라면 좋으련만······
　　좋은 답장 기대하고 있다.

2010 년 12 월 12 일<br>동건이가

范文：日常书信（4） 祝贺信
　　가영아,
　　대학원 입학 축하한다!
　　좋은 성적으로 입학했으리라 믿는다. 너 이제는 다리 쭉 뻗고 잘 수 있겠구나.
　　장래에 꼭 대학교 교수님이 될 거라고 입에 달고 다니더니, 너 인제 교수님 꿈의 첫 걸음을 내디딘 거지? 앞으로 걸어야 할 길이 아직도 멀겠지만 천성이 총명하고 활달하며 배우기를 좋아하는 너로서는 꼭 해낼 거라 믿는다.
　　입학 선물로 네가 갖고 싶어 하던 중한사전을 사 보낸다. 머리도 식힐 겸 졸업논문이 끝나면 한번 놀러 오너라.

2009 년 3 월 10 일<br>효란 씀

范文：日常书信（5） 安慰信

　왕정 씨에게
　　무어라 위로의 말씀을 드려야 할지 모르겠어요. 왕정 씨의 아픔에 함께하지 못하고 편지로 위로의 말씀을 드리게 되어 매우 송구스럽게 생각해요.
　　기쁨은 두 배로 나누어 갖고 슬픔은 반으로 나누는 것이라고 하죠. 왕정 씨의 슬픔을 제가 나누고픈 마음 간절해요.
　　오늘이 힘들어도 참아낼 수 있는 것은 희망과 꿈으로 오는 내일이 있기 때문이죠, 내일이 없으면 오늘의 고통을 견디지 못하고 어제의 슬픔을 잊을 수 없어요. 우리에게는 내일이 있어요.
　　왕정 씨, 부디 용기 잃지 마시고 힘내시길 바래요. 건강하세요!

2009년 8월 2일<br>친구 장단 씀

范文：礼仪书信（1） 感谢信

　○○시 무역센터 개발부
　장진군 주임 귀하

　　귀하의 건강과 평안을 기원합니다.
　　이번 귀사로의 출장에서 바쁘신 와중에 저희를 위하여 여러모로 애써 주신 점 진심으로 고맙게 생각합니다. 덕분에 소기의 목적을 달성하고 어제 무사히 귀국하였습니다. 장주임을 비롯한 개발부의 여러분들께 깊이 감사드립니다.
　　앞으로도 귀사의 발전을 기원함과 동시에 당사에 대한 변함없는 성원을 부탁드립니다.
　　우선 서면으로 감사의 말씀 올립니다.
　　감사합니다.

2009년 10월 16일<br>○○주식회사 영업부<br>김성진 배상

范文：礼仪书信（2） 问候信

인 사 장

　　만물이 소생하는 활기찬 새 봄과 더불어 여러분의 하시는 일들이 더욱더 번창하시기를 기원합니다.
　　평소에 베풀어주신 각별한 관심과 배려에 진심으로 감사를 드리며 아래와 같이 종로에 기획설계사무소를 설립하여 오는 4월 6일부터 업무를 개시하기에 알려드리고자 합

니다.
　여러모로 부족한 점이 많지만 저희 사원 일동이 전력을 기울여 여러분의 기대에 보답하고자 하오니 앞으로 아무쪼록 잘 이끌어 주시길 부탁드립니다. 근처를 지나실 기회가 있으시면 꼭 한 번 들러주시면 감사하겠습니다.
　우선 간략하나마 편지로 인사드립니다.

- 아래 -

주식회사 상운기획설계사무소
서울시 종로구 종로 2 가 ○○빌딩 3 층
전화 : (02) ○○○ -4321( 대표 )

2009 년 3 월 26 일
상운기획설계사무소
대표　노진화 배상

范文 : 礼仪书信（3） 贺信

동북아건축공정회사 ( 주 )
왕건일 대표이사 귀하

　이번에 새 회사를 창립하신 데에 진심으로 축하드립니다. 아울러 기념 축하회에 정중한 초대를 해 주신 것을 깊이 감사 말씀 드리는 바입니다.
　이미 공히 정평이 나 있는 귀사의 독자적인 영업 전략으로 크게 활약 번영하심을 진심으로 기원하고 있습니다. 또한 축하회 당일은 말석에 참석하여 친히 축사를 드리고자 합니다.
　우선은 약식이지만 서면으로 초대해 주신 데에 대한 감사를 겸해 축하 말씀 드립니다.

2009 년 3 월 1 일
대동건설 ( 주 )
상무이사 강정식 올림

范文 : 礼仪书信（4） 邀请信

대련시 정부 관공서
양지원 귀하

　결실의 계절을 맞아 귀하의 건강과 평안을 기원합니다.
　당사의 대련 지점 개업에 즈음하여 , 귀하께서 베풀어주신 각별한 관심과 배려에 진심으로 감사드립니다.

당사는 관계사와 협력업체의 여러분들이 보내주신 후의와 배려로 이번에 5층 건물 점포를 곧 정식 개점하게 되었습니다. 오는 12월 10일 정오부터 당상점 5층 전시 판매장에서 준공식 및 개점 파티를 가지려고 합니다. 바쁘신 중에 만사를 제쳐놓고 참석하시어 자리를 빛내어 주시길 바랍니다.

좌석 확정을 위해 참석 여부를 동봉한 엽서로 11월 20일 까지 보내주시면 감사하겠습니다.

2009년 10월 10일<br>
주식회사 ○○○○○<br>
대표이사 박정배

---

范文 : 礼仪书信（5） 慰问信

오늘 TV 뉴스에서 귀사 공장이 화재를 당했음을 알게 되었습니다. 부상당한 분들도 있다니 참으로 안타까운 마음 금할 수 없습니다.

먼저 위로의 말씀을 드리며 아무쪼록 하루라도 빨리 복구되기를 진심으로 기원합니다. 미력하지만 저희가 도움이 될 일이 있으시면 언제라도 말씀해 주십시오.

우선 서면으로 간략하나마 문안드립니다.

2009년 2월 12일<br>
○○○○ 주식회사<br>
대표이사 ○○○ 드림

---

范文 : 商务书信（1） 请托信

문서번호 : 제101호　　　　　　　　　　　　　　　　　　　　2009년 3월 3일
수 신 : 중국 청도시 OO 수출입회사
　　　　영업부장 왕건우 귀하
발 신 : 한국 OO 무역 주식회사 영업부 부장 이재석
내 용 : 무역 관계 설정 의뢰의 건

귀사의 행운과 발전을 기원합니다.

당사는 한국에서 의료 관련 기기 수출을 전문적으로 경영하고 있는 무역회사입니다. 최근 증권 거래소 상장 기업으로 되었습니다.

당사의 시장 조사에 의하면 귀국의 의료 관련 기기에 대한 수요가 상당히 전망이 밝은 것으로 드러났습니다. 따라서 당사 취급 제품 카탈로그와 당사 거래 규정서를 동봉하오니 귀사의 수입 계획 품목 중 하나로 고려해 주시길 바랍니다.

우선은 신규 거래 의뢰 부탁드립니다.

감사합니다.

以 上

범문 : 商务书信（2） 通知函

문서번호 : 제 168 호　　　　　　　　2009 년 3 월 10 일
서울 서초구 방배동 OO 번
신한 의류주식회사 영업부
영업부장 강성주 귀하

　　　　　　　　　　　　　　　　　대련시 중산구 항만광장 98 번
　　　　　　　　　　　　　　　　　신주수출입회사 영업부
　　　　　　　　　　　　　　　　　부장 장지광　（인）

　　　　　　　　　　출하 통지서

　삼가 아룁니다.
　귀사에서 3 월 1 일자 제 23 호로 주문하신 물품을 오늘 별지 송장과 함께 선편으로 발송했습니다. 4 월말에는 귀사에 도착할 수 있으리 생각합니다. 잘 검수하시기 바랍니다. 만약 배달이 늦어지는 경우에 귀지역의 항만 사무국에 문의하시기 바랍니다.
　그리고 수고스럽지만 동봉 수령서에 날인하셔서 반송해 주시기를 부탁드립니다.
　우선 급한 대로 알려드립니다.

　동봉서류 : 납품명세표, 수령서 각 1 부
　　　　　　　　　　　　　　　　　　　　　　　　　　　이 상

---

범문 : 商务书信（3） 查询信

구 매 : 제 OO 호　　　　　　　　2008 년 12 월 16 일
태평양백화점 영업부 귀중

　　　　　　　　　　　　　　　　　대성스포츠용품주식회사
　　　　　　　　　　　　　　　　　계획부장 장인호　（인）

　　　　　　　　　재고 수량 조회의 건

　귀백화점의 무궁한 발전을 기원합니다.
　다름이 아니오라 당사 창립 20 주년을 기념하여 발매한 스포츠 슈즈 '소나'는 덕택으로 순조롭게 매상이 늘고 있습니다. 귀점에서는 어떠한지요?
　당사에서는 앞으로의 생산 계획에 참고하고자 당사 제품 판매점의 재고 상황을 조사하고 있습니다. 다망하신 중에 죄송합니다만 별지 '재고 조사표'에 기입하신 후 반송해 주시기를 부탁드립니다.
　협조해 주시면 감사하겠습니다.

　동봉서류 : '재고조사표' 1 부
　　　　　　　　　　　　　　　　　　　　　　　　　　　이 상

范文 : 商务书信 ( 4 ) 订货信

문서번호 : 제 1254 호　　　　　　　　　　　　　2009 년 2 월 19 일

수 신 : 동아제조주식회사
　　　　영업부 귀중

　　　　　　　　　　　　　　　　　　　삼진유통 주식회사 구매부
　　　　　　　　　　　　　　　　　　　　　　　김주철 ( 인 )

　　　　　　　　　　　제취제 주문의 건

　귀사의 무궁한 발전을 기원합니다.

　다름이 아니오라 귀사 신제품 '자동차 강력 제취제' 샘플을 송부해 주서서 고마웠습니다. 시용해 본 결과, 종래의 상품에 비하여 효과적이고 디자인도 좋아 상당한 수요가 예상됩니다. 레드, 화이트 각각 100개를 보내주시기 바랍니다.

　우선 급히 주문합니다.

　　　　　　　　　　　　　　　　　　　　　　　　　　　　　　　이상


范文 : 商务书信 ( 5 ) 催款信

문서번호 : 제 96 호

수 신 : 아태주식회사 대표이사

참 조 : 총무관리부장

내 용 : 상품 대금 청구

　귀사의 번영을 경하드리며 변함없는 지원에 깊이 감사드립니다.

　다름이 아니라 지난달 납품한 당사 OOO 제품의 대금 청구서를 보내드리오니 확인하시고 아래 계좌로 입금해 주시길 부탁드립니다.

　귀사의 더욱 큰 발전을 기원합니다.

　　　　　　　　　　　　- 아래 -

은 행 명 : OO 은행

계좌번호 : 270909-09-789000

　　　　　　　　　　　　　　　　　　　　　　　　　　　　　　　이상
　　　　　　　　　　　　　　　　　　　　　　　　　　2010 년 7 월 28 일
　　　　　　　　　　　　　　　　　　　　　　서울 서초구 반포동 OO - OO
　　　　　　　　　　　　　　　　　　　　　　OOOO 주식회사 대표이사
　　　　　　　　　　　　　　　　　　　　　　　　　　박청수 배상

## 练习（六）

1. 한국어와 중국어 편지 격식의 다른점에 대해 설명해 보시오.

2. 한국어 편지의 기본 구성에 대해 설명해 보시오.

3. 고등학교 동창생에게 보내는 편지를 써 보시오. (500자 내외)

4. 아버지 또는 어머니에게 보내는 편지를 써 보시오. (500자 내외)

5. 시험에 낙방한 친구를 위로하는 편지를 써 보시오. (500자 내외)

6. 다음의 편지글에서 적당하지 못한 곳을 골라 바로잡으시오. (격식)

> [보기] 친구에게 보내는 편지
> 주강에게:
>   가로수 사이로 새어나오는 매미 울음소리에 한여름이 깊어감을 느끼게 되는구나. 너 그 동안 잘지내고 있었겠지? 지금도 태권도 도장에 다니고 있다면서? 요통은 완전히 나아진거니? 태권도는 격렬한 운동이니까 허리 좀 조심해야겠는데……
>   나는 여전히 잘 지내고 있어. 가진이도 잘 있구…… 아참, 가진이 네가 보고싶다고 하던데, 작년에 다투고 헤어진 후 쭉 연락이 없었다면서? 너 좀 남자답게 먼저 편지라도 해줘라.
>   다름이 아니라, 우리 이번 여름방학에 심양에서 고등학교 동창 모임을 가지기로 했는데, 날짜는 일단 8월 30일로 정했어. 모두들 9월 3일이 개학이기에 그렇게 정해진거야. 그리고 이번에 고등학교 때 담임선생님을 모시기로 했어. 꼭 참석해야 해, 널 보고싶어하는 사람이 많으니까……
>   일단 오늘은 여기까지 할게. 9월 3일 심양에서 만나, 우리 다같이 한번 죽게 마셔보자. 그리고, 허리 조심하거라~
>   P.S.: 아 잠깐, 너 왕초와 자주 연락을 하지, 걔한테 소식을 전해줘라. 혹시 우리 반에서 전학을 갔던 왕사사와 연락을 취할 수 있으면 알려라.
>
>                           준서가 청도에서
>                           2010년 7월 20일

### 6.2. 电子邮件 (이메일)

#### 6.2.1. 电子邮件的特点

电子邮件（E-mail）是指通过电子通讯系统进行书写、发送和接收的信件。通过网络的电子邮件系统，可以用非常低廉的价格，以非常快速的方式，与世界上任何一个角落的网络用户联系，这些电子邮件可以是文字、图像、声音等各种方式。正是由于电子邮件的使用简便、投递迅速、收费低廉，易于保存、全球畅通无阻，使得电子邮件被广泛地应用，它使人们的交流方式得到了极大的改变。另外，电子邮件还可以进行一对多的邮件传递，同一邮件可以一次发送给许多人。

### 6.2.2. 电子邮件的基本结构

电子邮件是书信的一种，其结构和格式与一般书信基本相同，但是在结构和格式上有一些简化和省略。一般由如下几个部分构成。

1）开场白：开场白由称呼（称谓）、发件人自我介绍、问候语构成。称呼和一般书信相同，但在格式上电子邮件的称呼可以顶格写。第一行写称呼，改行后发件人自报姓名，紧接着写问候语。如："한국어과의 장민입니다, 안녕하세요."等。发件人自报姓名可以在问候语之后，有时还可以省略。

2）正文：即电子邮件的内容部分。和一般书信一样，正文常常用起始语和结尾句。当然这些可以根据同收件人的上下及亲疏等关系省略。需要回信时还常用"그럼 좋은 소식 기다리겠습니다. 속히 회답을 주시길 바랍니다."等语句。

3）结束语：即礼貌结束语，写在邮件的最后。电子邮件礼貌结束语的写法和一般书信是一样的。

4）落款：电子邮件落款方法和一般书信是一样的。但是，亲朋好友之间或反复来往的邮件有时也可以省略。

和一般书信不同的是，电子邮件因为信头上自动显现出收发件日期，所以信体部分一般不写日期。根据需要落款后还可以写发信人的职务、所属、地址、电话等。还有追述可有可无。

### 6.2.3. 电子邮件的写作要求

方便、实用、迅捷是电子邮件的特点。写电子邮件要注意以下几点：第一，语法、拼写法要正确。第二，结构应清晰，内容要清楚。注意恰当地划分段落，把写信人的想法分成简明的段落，方便收件者一目了然。第三，简明扼要。在不影响完整性的前提下，尽量使用简短的句子。第四，电子邮件的主题词（subject）要简短而具体。让收件人知道发件人要他知道的事情，以便他决定该如何处置。第五，一般情况下每个段落顶格写，段落之间空一行，一行不宜超过60字。还有，电子邮件可以使用各种表情符号，但不要使用太多。

### 6.2.4. 电子邮件范文

电子邮件可以分为日常邮件和商务邮件，下面是日常邮件范文。

范文：日常邮件（1） 邀请信

Subject: 잘 지냈어?

　진우야,

　잘 지냈어? 요즘 바빠? 몇 개월 동안 편지 없었네. 혹시 너 벌써 나를 잊은 거 아니니? 난 술 좋아하는 널 잊어본 적이 없는데 (^^)

　다음달 16일이 내 22번째 생일이야. 그날 간단히 음식을 마련해서 옛친구들과 회포를 풀고 싶어. 꼭 와라!

　　효우가

---

范文：日常邮件（2） 邀请信

Subject: 신입생 환영 파티

안녕하세요, 여러분! 학생회 생활부장 진단입니다.

다음 토요일 저녁에 신입생 환영 파티가 열리게 됩니다. 재미있는 노래와 춤은 물론이고, 맛있는 다과와 간식도 많이 준비해 놓을 예정이니 여러분께서 참석해 주시길 바랍니다.

시간 : 9월 15일 (토요일) 18:00 시 ~ 20:30 시

장소 : 인문학원 학생활동센터

비용 : 5위안 (신입생 무료)

그럼, 여러분 토요일 저녁에 만나요~

　　　　　　　　　　　　　　　　　　한국어과 학생회 생활부장 진단

---

范文：日常邮件（3） 拜托信

Subject: 서울 안내 부탁드려요

이연 언니, 왕정이에요.

오래간만이네요, 그동안 잘 보내셨어요?

오늘 부탁 하나 있어서 편지 보내요. 다음 달 친구가 서울로 관광을 떠나는데요, 외국 여행이 처음이고 한국말도 잘 몰라서 많이 근심되네요. 언니가 하루만 서울 안내를 맡아줄 수 있을까요? 같은 대학교 친구인데 경영학과에 다니고 있어요. 성격이 쾌활하고 한국 경제에 관심이 많은 친구예요. 언니도 만나면 마음에 들 거예요.

잘 부탁드릴게요 (^^)

왕정으로부터

第六章 日常交际类文章

范文：日常邮件（4） 拜托信
Subject: 추천서 부탁드립니다
　정운재 교수님,
　안녕하세요? 09 학번 주광훈입니다. 교수님께서 저를 기억하시겠지요?
　다름이 아니라, 꼭 부탁드리고 싶은 것이 있어서요. 내년에 한국의 대학원에 진학하려고 하는데요, 유학 신청을 하기 위해서는 한국어학과 선생님의 추천서가 필요합니다. 한 장 써 주실 수 있겠습니까?
　제 편지를 받으시면 꼭 회답 주시기 바랍니다. 설령 몇 글자일지라도 안심이 될 것 같습니다.
　안녕히 계십시오.

　　　　　　　　　　　　　　　　　　　　　　　　　학생 주광훈 드림

---

范文：日常邮件（5） 答谢信
Subject: 감사해요
　이연 언니,
　요번에 친구의 서울 관광 가이드를 맡아주셔서 정말 고마웠어요. 친구는 이번 관광이 너무 즐거웠고 언니가 너무 잘해줘서 너무 좋았다면서 거듭 언니한테 감사의 인사를 전해달라고 했어요. 그리고 예쁘고 상냥한 언니와 친구로 지내는 내가 부럽다고 했어요. 아무래도 언니에게는 사람의 마음을 사로잡는 마력이 있나봐요. 나도 언니가 너무 좋거든요. ㅋㅋㅋ
　나중에 또 연락드릴께요, 안녕~
　왕정 드림

---

范文：日常邮件（6） 答谢信
Subject: 고마워!
　예진아,
　고민을 들어줘서 너무 고맙다. 그리고 많은 위로의 얘기를 해줘서 너무 고맙다. 역시 네가 말한 것처럼 혼자 고민해봤자 아무 소용이 없는 거지, 너한테 고민을 털어놓고 나니 마음이 개운해졌어, 조금 기운이 나는 것 같아. 정말 고맙다. 나 이제부터 힘낼 거야, 너도 잘해! 우리 같이 화이팅!!
　난연이

范文：日常邮件（7） 道歉信

Subject: 죄송합니다

최현숙 씨에게,

다름이 아니라 사과할 일이 있어서 메일 드립니다. 지난번 현숙 씨한테서 빌린 <신한국경제사>를 지하철 안에서 분실했습니다. 붐비는 지하철에서 내리고 나서 비로소 책이 없어진 것을 발견했습니다. 오후에 돌려드리기로 약속했었는데 정말 죄송합니다.

서점에 문의해 보았는데요, 6일 후에 도착한다고 합니다. 이미 주문해 놓았으니 도착하는대로 찾아뵙겠습니다. 불편을 끼쳐드려 참으로 죄송합니다.

현숙 씨 핸드폰이 전원이 꺼져있어서 메일로 우선 사과의 말씀 드립니다.

왕지군 드림

---

范文：日常邮件（8） 道歉信

Subject: 미안해

정운아,

메일 고맙다. 요즘 일에 쫓기느라 답장을 하지 못해서 미안해.

부탁한 자료는 바쁜 일에서 해방되면 곧 보내줄게.

자주 연락해.

국도

---

范文：日常邮件（9） 拒绝信

Subject: 통역 의뢰의 건

김종서 사장님,

메일 잘 받아보았습니다.

사장님께서 부탁하신 한국어 통역의 건에 대해서, 여러모로 생각해 보았으나 아무래도 힘에 부치는 일인 것 같습니다. 생물화학은 제가 전혀 접촉해보지 못한 영역이어서 잘할 자신이 없습니다. 모처럼의 부탁이지만 저보다 더 적당한 사람을 찾아보시기 바랍니다.

다음에 제가 필요할 때가 있으면 언제든지 연락주십시오.

항상 건강하시고 하시는 일의 번창을 기원합니다.

조립신 배상

범문: 日常邮件(10) 拒绝信

Subject: 과외공부 부탁의 건

　찬호 씨,

　녕녕이에요, 메일 잘 받아보았어요.

　중국어에 관심을 가지고 열심히 공부하는 찬호 씨가 참 멋있어요. 가능하면 방학 동안 중국어를 가르쳐달라는 찬호 씨의 요청에 응하고 싶지만 이번 여름 방학은 현지 답사가 있어서 시간이 거의 없어요. 유감스럽지만 다음 기회가 있으면 꼭 도와드릴게요. 참, 죄송하네요.

　꿈과 희망이 넘치는 나날이 되길 바랄게요.

　장녕녕

---

범문: 日常邮件(11) 询问信

Subject: 리포트에 관한 문의

　박홍희 선생님, 안녕하세요?

　기말 리포트와 관련하여 한가지 문의합니다. 저는 〈한국고전문학작가론〉 수강생 09학번 1반의 왕기입니다. 저는 김만중의 〈사씨남정기〉에 대해 관심을 가지고 있는데, 지난번 수업에서 선생님께서 제시해주신 리스트에는 김만중의 작품이 없었습니다. 가능하다면 〈사씨남정기〉가 가지는 소설사적 의의에 대해 써보려고 합니다. 선생님께서는 어떻게 생각하시는지, 회답을 주셨으면 감사하겠습니다.

　항상 건강하시고 즐거운 날들 보내시기 바랍니다.

　왕기 올림

---

범문: 日常邮件(12) 询问信

Subject: 세미나에 관한 문의

　지애 씨, 안녕하세요?

　왕산인데요, 다음주 〈한중문화교류사〉 세미나 발표에 대해 좀 알려주세요. 내가 준비해야 할 부분은 제3장의 2절과 3절이었죠? 자료는 몇 부를 준비해야죠? 지난번 미팅 때 메모를 하지 않아서 잊어버렸어요. 죄송하지만 가능한 빨리 연락 주세요.

　항상 지애 씨한테 폐를 끼쳐 미안하네요 (*^^*).

　잘 부탁해요~

　왕산으로부터

范文：日常邮件（13） 通知

Subject: 메일 주소 바뀌었습니다

여러분, 안녕하세요? 왕장입니다.

( 이 메일은 Bcc로 발송하고 있습니다.)

7월 1일부터 저의 메일 주소가 바뀌었기에 여러분께 알려드리는 바입니다. 새 메일 주소는 아래와 같습니다.

Wangzhuang09@gmail.com

여러분, 항상 건강하시고 하시는 모든 일들에 행운이 같이 하시길 기원합니다.

왕장 드림

---

范文：日常邮件（14） 通知

Subject: 동아리 회비 납부 통지

한국문화동아리 신입 회원 여러분,

안녕하세요? 동아리 회계원 정승우입니다. 한국문화동아리 가입을 환영합니다.

다름이 아니라 동아리 회비의 건으로 메일 드립니다. 저희 동아리 연회비는 매인당 50위안입니다. 다음주 모임 때까지 납부해 주시길 바랍니다. 문의사항이 있으면 메일로 문의하시길 바랍니다.

잘 부탁합니다.

정승우 드림

---

范文：日常邮件（15） 通知

Subject: 대학 MT 안내문

한국어과 2학년 학우 여러분 안녕하세요!

이번에 한국어과의 친목과 멤버십 강화를 위해 1박 2일 일정으로 MT를 갈 예정이오니, 학우 여러분의 적극적인 참여 부탁드립니다. 저희 집행부에서 학우 여러분의 기억에 오래 남을 수 있는 MT가 되도록 다양한 프로그램을 준비하고 있으니 크게 기대하고 오셔도 좋습니다.

일 시 : 2009년 7월 6일~7일

장 소 : OO시 해변호텔 (7월 6일 낮 12시 입실 예정)

준비물 : 세면도구, 필기구, 체육복 등

※ 자세한 사항은 과대표에게 문의하시기 바랍니다. (전화 : 139-0000-0000)

范文：日常邮件（16） 通知
Subject: 운동회 안내문
안녕하십니까？
황금들녘과 높다란 푸른 하늘이 마음을 설레게 하는 계절입니다. 풍요로운 가을의 마무리를 한국문화 동아리 가족들과 함께 하려고 합니다.
이번 9월 18일 (토요일) 오후 동아리 온 가족이 함께 운동회를 개최하고자 합니다. 시원한 바람 드높은 하늘 아래 공부로 인한 압박감 긴장감을 훌훌 털어버리는 즐거운 한 때가 되었으면 합니다.
간편한 운동복장으로 토일 12시까지 학교 운동장으로 꼭 와주세요.
그럼 토요일 다시 뵙겠습니다.
회원 여러분들의 많은 관심과 참석 부탁드립니다.

范文：日常邮件（17） 问候信
Subject: 오래간만이에요
안녕하세요！
여기 베이징은 무더위가 계속되고 있는데요, 서울은 어때요？ 모두 변함없이 건강하시겠죠？ 나는 서울에서 돌아온 후 여러 가지 자격시험 준비로 좀 바빠 보냈어요. 요즘은 공무원 시험 준비로 열공하고 있구요, 좀 힘들지만 공부하는 게 재미있어요 (^_^).
벌써 두 달이 지났네요, 보미씨랑 많이 보고싶어요. 약속대로 이번 겨울방학에는 꼭 놀러오세요. 늘 좋은 일들만 가득하기 바래요...^$^
珊珊이가

范文：日常邮件（18） 问候信
Subject: 장영입니다
이민식 교수님께
겨울 문안 드립니다.
소식이 뜸했지만 건강하시리라 생각합니다. 여기는 2월이 되어 폭설이 내리고 추위가 심해졌습니다만, 그 곳은 어떠합니까？ 저는 덕분에 건강하게 공부에 전념하고 있습니다. 그리고 교수님께서 주신 책을 열심히 읽고 있습니다.
엄동설한에 가족 모두 건강하시고 따뜻한 사랑이 항상 넘치기를 기원합니다.
제자 장동건 드림

范文：日常邮件（19） 祝贺信

Subject: 생일 축하!

　사랑하는 하나에게,

　이 멋진 시기, 이 좋은 날 아름다운 세상에 너무나도 많은 사랑을 안고 태어난 하나의 생일을, 온 마음 담아 하늘만큼 땅만큼 축하! 축하한다.

　생일을 맞이하여 더욱더 행복과 기쁨과 사랑이 넘치는, 기억에 남는 최고의 멋진 날이 되길 바란다!

　또 다시~ 진심으로!!! 축하~

　늘 행복하고 건강하길 바란다~~^^***

　　　　　　　　　　　　　　　　　　　　　　　　　　다희로부터

---

范文：日常邮件（20） 祝贺信

Subject: 생일 축하합니다

　영미 씨,

　활기차고 생동감 넘치는 계절에 태어나신 영미 씨의 21번째 생일 진심으로 축하드립니다.

　점점 예뻐지는 영미 씨, 정말 축하해요. 미소를 가득 안고 처음 뵈었던 날이 잊혀지지 않는군요. 그때처럼 항상 미소를 잃지 않는 예쁘고 명랑한 숙녀가 되세요.

　다시 한 번 영미 씨의 생일을 진심으로 축하드립니다.

　장빈 올림

---

范文：日常邮件（21） 祝贺信

Subject: 생일 축하한다

　오늘 하루도 밝은 웃음으로 보낼 너의 모습을 그려보면서 글을 쓴다. 사람이 태어난다는 것은 새벽녘 가장 먼저 이 천지에 내비치는 아름다운 꽃의 개화마냥 너의 하루도 밝게 피어날 것이다. 진심으로 네 생일을 축하한다..

　정말 빛나는 생일 맞길 바란다.

---

范文：日常邮件（22） 祝贺信

Subject: 생일 축하드립니다

　오늘 생일을 맞은 동건 씨에게 축하의 마음을 전합니다.

　지금껏 살아오신 것처럼 앞으로도 더욱 복되고 행복한 나날이 계속되길 저의 마음을 모아 기원합니다. 생일을 즐겁게 보내시고 내내 행복하시길 바랍니다.

范文：日常邮件（23） 祝贺信
Subject: 결혼 축하합니다
　뿌리 깊은 나무와 같이 두 분의 사랑도 두 분의 마음 속 깊이 깊이 뿌리를 내리어서 하늘을 향해 늘 곧고 힘차게 뻗길 바랍니다.
　부부는 온 우주가 한 가정으로 좁혀지게 만드는 인생의 최고 기적입니다. 그 기적 지금 이루었으니 앞으로 그 위에 행복의 기적, 가족의 기적만 차곡 차곡 쌓으시길 바랍니다. 아름다운 삶의 기적 꼭 만들어 가십시오.
　다시금 두 분의 결혼 축하합니다.

范文：日常邮件（24） 祝贺信
Subject: 결혼 축하드립니다
　민희 씨의 새로운 출발을 위해, 세상 가득 울려퍼지는 축복의 노래 소리가 많은 이들의 가슴을 따뜻하게 감싸줍니다. 보여줄 수 있는 최대한의 사랑을 서로의 가슴속에 심어주는 삶은 분명 두 분께 크나큰 행복을 안겨다 드릴 것입니다.
　나날이 새로운 모습, 새로운 사랑으로 영원 무궁한 행복을 만들어 가시길 진심으로 기원하며, 두 분이 내딛는 발자국마다에 소중한 축복을 띄워 보냅니다.
　　　　　　　　　　　　　　　　　　　　　　　　　　　백지영 드림

范文：日常邮件（25） 祝贺信
Subject: 결혼 축하
　진심으로 결혼 축하한다!
　첫 단추를 잘 채워야 하듯 결혼생활의 첫출발이 계획대로 잘 이루어져 뿌린 행복의 씨앗이 아름답고 소담한 열매를 맺기 바란다. 서로 다른 환경에서 만난 너희들이 한 가정을 꾸미면서 알뜰히 사랑하며 행복의 꿈을 가꿔 나가는 하루하루가 늘 기쁨과 즐거움, 설렘으로만 다가오길 바란다.
　보라빛 결혼 전의 아름다운 꿈이 성큼 현실로 다가와 매일의 생활에 축복이 넘치길 소망한다.

范文：日常邮件（26） 祝贺信
Subject: 축하! 축하!!
　인생의 가장 큰 축복, 결혼을 진심으로 축하합니다.
　지상의 최고급 행복은 결혼이라고 합니다. 아름다운 날에 아름답게 시작된 결혼 생활을 영원한 행복으로 엮어 나가길 기도합니다.
　두 분이 새로 꾸미시는 가정에 항상 기쁨과 행복이 충만하시길 기원합니다.
　항상 행복하세요!

## 练习（七）

1. 이메일과 편지 격식의 같은 점과 다른 점에 대해 설명해 보시오.

2. 중국어 이메일과 한국어 이메일의 다른점에 대해 설명해 보시오.

3. 이메일을 쓸 때 어떤 점에 유의해야 합니까? 예로 설명해 보시오.

4. 친한 친구한테 보내는 생일 축하 이메일을 써 보시오. (100자 내외)

5. 선생님께 진학 추천서를 부탁하는 이메일을 써 보시오. (100자 내외)

6. 다음은 선생님께 보내는 이메일입니다. 적당하지 못한 부분을 고쳐쓰시오.

[보기 1]
Subject: 샘님께
　안뇽~
　저 왕효연이에요 (^-^)
　지난주 한국어 작문 숙제 아직 다 쓰지 못해서 다음주에 내겠어요 -_-a
　괜찮죠 ㅋㄷㅋㄷ, 샘께서 화내지 마세요~~
　그럼 샘님 건강하세용^^
　88~
　효연이

[보기 2]
Subject:
　손 선생님께:
　안녕하세요? 저는 09학번 3반의 강위라고 합니다. 선생님 저를 기억하고 계십니까? 지난주 감기에 걸려서 병원에 갔다 오느라고 한국어작문 수업에 결석을 했습니다. 결석계를 미리 내지 못해서 죄송합니다. 감기약을 먹어서 지금은 괜찮습니다. 다음부터는 꼭 결석계를 내겠습니다. 선생님께서 용서해 주시기 바랍니다. 정말 죄송합니다.
　그럼 선생님 좋은 하루 보내시길 바랍니다.
　09학번 3반 학생 강위 씀

## ▶ 6.3. 手机短信 ( 문자메시지 )

### 6.3.1. 手机短信的特点

手机短信，指的是用手机发出的简短信息，主要指的是文字信息。短信是电子时代通讯手段飞速发展的产物，是人们相互交流思想、相互问候以及传情达意的重要手段。短信以其简短、快捷、方便、准确、可靠、价廉和安全等优势得到广泛的青睐，甚至有人称其为"第五媒体"。

韩国手机短信的文本一般限制在40字以内（中国为70字以内），因而其内容往往是根据不同的节日、时令和对象等传递简短的祝福、情感、人生哲理，以此来达到保持良好的人际关系、沟通情感、问候祝福和娱乐消遣的目的。

短信有以下几个特点。首先，短信以短小精悍见长。短信篇幅有限，这就要求以高度凝练的语言来传递足够的信息。其次，短信主题突出，情真意切。短信的内容较单一、突出，问候祝福、交代事情等目的明确。而且短信往往是要感动别人的，是对某一特定对象的情感表达，因此无论表述什么样的主题，都要求情感真实。再次，短信幽默风趣并且时尚创新。短信在传递祝福、交流感情的同时，以幽默诙谐的方式来表达，或加入许多时尚流行的元素，或创新层出不穷，产生出其不意的效果，让人忍俊不禁，赞叹其绝妙之处。

### 6.3.2. 短信的表情符号

表情符号，原本只是一种网上次文化，但随着因特网和手机短信的普及，已经为社会广泛接受。如今许多通讯程序开始应用生动的小图案（icon）来表示心情，因此20世纪末在英文中有新的词汇来说明这些表情符号，即将情绪（emotion）与小图案（icon）两个字巧妙地合并，成为新词"emoticon"。在韩国语将其音译为"이모티콘"。

表情符号在短信的编辑中发挥重要作用。用文字和符号组成表情或图案来表达撰写者的心情，让短信更加活泼生动。

**韩国短信常用表情符号**

| 表情状态 | 表情符号及意思 | 使用状况 |
| --- | --- | --- |
| 웃는 모습 | 가장 일반적인 미소 : ^-^, ^_^, ^^<br>부담없이 사용 가능한 미소 : (^-^), (^^), ^^, ^*^, ~~^0^<br>^.^, ^0^, ^ o ^, ^)^, ^(, *^^*, ^L^, <^0^>, ¯ ¯, ^&^,<br>^()^, *^*, (^◇^), ^@^, :-D, :D, :-), :)<br>눈웃음 : <~_~> 점잖은 미소 : [^_^]<br>환한 웃음 : (^-^), (^_^), ^O^, (^^)<br>호호 웃음 : (^o^) | 문장 뒤 맺음 표시<br>상대방에 부담을<br>안 주려할 때<br>고마움과 감사 축<br>하 표시, 부드럽게<br>터치하려 할 때 |
| 얼굴이 빨개<br>지며 미소짓<br>는 모습 | 일반적으로 부끄러움을 표시하는 모습 :<br>~^^*, *^^*, ^^*, (^^*, ^_^*, ^_*;, -_-*, ^**^<br>많이 부끄러워하는 모습 :<br>**^.^**, *^_^*, (*^.^*), (*^_^*), ^0^**,<br>^///^, -/////-, ^^^***, ^0^**, ^_^*((((( | 문자 보내는 것 자<br>체 또는 내용이 약<br>간 쑥스러울 때 |
| 유쾌하게 웃<br>는 모습 | ㅎㅎ (주로 남자가 보낼 때 사용)<br>XD (배꼽을 잡고 웃는 표정), ㅋㅋㅋ (주로 여자가) | 부담될 수 있을 때<br>내용이 웃길 경우 |

| | | |
|---|---|---|
| 즐거운 모습 | ♪~*(")_(")♪, ^O^~~♪, (^O^)♪, ♪(^0^)~♪, oo^&^* (흥겨운 표시), W^_^ (두 손 들고 신나는 모습), ^m^ (신나서 입을 손으로 막고 웃는 모습) | 신바람 날 때, 흥에 겨울 때 |
| 윙크하는 모습 | ;-), ;), (-;, *.-), ^.~, ^_-, ^_+, +_^, (-_o), <-.~>, ^_~, (~.^) | 사랑하는 사이일 때 |
| 사랑스러운 모습 | ♡~(*^_^), ♡^-^, ♡^*^, ☞"^♡^"☜ (방긋 웃음) ^♡^, ♥^^ (마음을 담은 싱그런 미소) | 연인간 또는 매우 친한 사이 사용 |
| 애교부리는 모습 | :-P, :p (메롱~하는 귀여운 모습), (*^.☜)(반했지!), ☞^.^☜ (귀엽지!?), (/^o^)/ ♡ (사랑스럽지~?), ^~.~^(몰라 몰라~), s(-ヘ-)z (삐진 모습) | 사랑하는 사이에 |
| 보고싶다는 모습 | .*"*-.-*"*., *()()*, "*♡*"?/)/), oo(' '*) | 보고 싶을 때 |
| 사랑에 빠진 모습 | ♡.♡, ♥.♥, *♥o♥* (사랑에 빠진 눈 모습) (*_*), <*_*> (사랑에 빠져 눈이 먼 모습), (^m^)(꼭 깨물어주고 싶은 표정의 모습), (*^3(^^*) (뽀뽀하는 모습) | 사랑 표시를 할 때 |
| 애정 어린 모습 | ☆_☆ (반짝반짝 빛나는 모습), (-_-)(비밀스런, 은밀한 미소) | 상대방에게 관심을 보일 때 |
| 행복한 모습 | n.n, ^(^, ^L^, ^^ | 행복해 보이려 할 때 |
| 만족한 모습 | ^O^ (일반용), (^?^) (얌체같이 신난 표정) | 만족함을 표할 때 |
| 겸연쩍은 모습 | (^_^", -_-a, …^ (쑥스러울 때 표시) | 처음 문자를 보낼 때 |
| 난처한 모습 | ^_^;, -_-oo, ^^;;; (난처해서 식은 땀을 흘림) -_-a (손으로 긁적거림) ^^:: (당황할 때의 모습) -/- (고민에 빠졌을 때의 모습) @_@ (깜짝 놀라서 주저하는 모습) | 갑자기 당황한 일을 당했을 때, 해결하기 곤란할 때 |
| 놀란 모습 | *.*, (*_*), o_o, ★.★, :-O, :O (많이 놀란 모습) <^_^>, (^.^), (@.@) (아, 어쩌나~, 오호~) =8-O (놀라 겁에 질린 모습) (×-×;) (식은 땀) (@ @), ⊙_⊙ (농담이지?!, 놀리지마~) (?:?)(혼란스러울 때) (?o?)(오, 그래? 귀가 솔깃) | 깜짝 놀랄 만한 소식을 접하고 문자 보낼 때, 너무 황당한 일을 접했을 때, 갑작스러워 경황이 없을 때 |
| 궁금해 하는 모습 | ??, ???, ????, (^_^)? (궁금하다는 모습) @_@a?, →_→ (의심스럽다는 모습) | 무언가 궁금할 때 의심스러울 때 |
| 우는 모습 | (;_;), (T_T), π~π, T.T, Y.Y, t.t, ¡.¿ (눈물 흘림) | 안좋은 일을 알릴 때 |
| 슬픈 모습 | :-(, ~_~, -「- (슬픔을 참는 모습) TmT (너무 슬퍼서 손으로 입을 막고 우는 모습) | 안좋은 일 생겼을 때 |
| 감동하는 모습 | ~>_<~+, (Q_Q), (+_+) (감동해서 눈물이 남) | 감동받았을 때 |
| 불만표시 모습 | <:-( (실망할 때), >-< (격했을 때), :-< (짜증날 때), -_-' (심통났을 때), q.p (기가 막혀 눈물이 남), (.')(화내는 모습) o' (화가 나서 방방 뜰 때), (-_-), :/, :| (말을 안하는 모습) | 상대방에게 불만이 있을 때 |

| 컨디션이 나쁠 때의 모습 | (>_<), (×_×) (아플 때의 모습)<br><@_@>, (@u@) (어지러울 때의 모습)<br>)?-[ (피곤할 때의 모습) | 몸이 안 좋을 때 |
|---|---|---|
| 피곤할 때의 모습 | -o-, ~O~, ~o~ (하품하는 모습)<br>ㄹ.ㄷ (눈밑에 기미 생김), 'o (기운 빠짐)<br>(g_g), (Z_Z)(매우 졸린 모습), (u_u)(잠드는 모습), =.=,<br>φ.φ, θ.θ (졸린 눈) | 몸이 매우 피곤할 때, 잠이 올때<br>(친구간에 사용) |
| 감사표시 모습 | m(__)m (감사합니다, 죄송합니다라는 표시) | 미안하고 고마울 때 |
| 미안해하는 모습 | (_o_) (머리를 땅에 대고 인사하는 모습)<br>-_- (죄송하다는 표시)<br>^^;; (실수했을 때의 표시) | 잘못했을 때 |
| 맺음글 표시 | ~~, ~, …! (일반적인 끝맺음 표시)<br>^^, ♥♥♥ (연인 사이 사랑 맺음인사)<br>~!!!^^\**, !!!, !!~~ (부탁 또는 강조하는 맺음표시)<br>~♪, ~🎵 (명절 생일 등 경사시 즐거움 표시)<br>~^^\*, …^^, ~~^^, ~^^, ^^~~!, ~~^^\*, ^\*^~, ~~(^^)<br>…^_^\*(((, ::::::^^, ^^^, ^^// (미소 띄며 안녕 인사), ㅎㅎ,<br>~ㅎㅎ (쑥스럽거나 또는 유쾌히 웃으며 안녕인사), ㅋㅋ<br>(계면쩍어 하거나 또는 문자 내용이 재미있어 하는 인사표시) | 끝맺음 인사표시 |
| 좋은 하루 모습 | (\*^-^), (\*^▽^\*)(^----^) (웃음이 보약) | 날씨 좋을 때 |

### 6.3.3. 短信的写作要求

如今是信息化通讯时代，用手机发短信的人越来越多。为更有效地利用手机短信传递信息和表达情感，写短信和发短信要注意以下几点。

1）短信有礼节性的和交流性的，拟写短信一定要明确目的，或节日祝福，或温馨问候，或交代事情，做到心中有数。问候祝福要真挚，交待事情要简明。

2）短信要简明、得体。由于网络本身的限制，韩国语短信一般不超过40字，这就要求短信语言必须简练、隽永，以最少的字数传达最多的信息。短信还必须注意场合、双方的身份，一般要注意礼貌，语言文明。

3）短信要讲究礼仪。不顾对方是否繁忙，时间是否恰当，频繁地给对方发毫无意义的短信，就是丧失礼仪的表现。发短信不要忘记署名，收到别人发来短信，一定要回信。发短信前一定要换位思考。

4）巧用表情符号，提高短信传情达意功能。表情符号多为模拟表情，简单明了，又幽默直接。巧妙运用表情符号，不仅增加情趣，加深语言意蕴，让双方都心情爽快轻松，而且可以弥补韩国语短信字节限制的缺陷。但是，切勿滥用表情符号。

5）与一般的书信和电子邮件不同，短信常以对话方式交流信息，所以多采用口语体。口语体是韩国语短信的一大特点。韩国语短信有时还可以打破拼写法、分写法等格式规范，以达到幽默、生动、自然的效果。但是给长辈发短信，要遵守各种格式规范和礼仪。

（\* 以下例示，考虑到手机短信的特点，有些没有按照韩国语拼写法和分写法书写。）

### 6.3.4. 手机短信范文
**范文（1）问候短信**

| ✉ 설날잘보내셨나요황금연휴동안받았던기쁨과가족의사랑이언제나함께하시길바랍니다^^ | ✉ 우리는행복하기때문에웃는것이아니고웃기때문에행복합니다오늘도자신있게웃으세요…! | ✉ 풍요로운 설 명절 행복하고 즐거운 시간 되세요 고향 가는 길 편안히 다녀오세요 ^o^~ |
|---|---|---|

✉ 早晨的问候
좋은 아걸!
- ○○야! 오늘 하루도 유쾌 상쾌 통쾌 경쾌하게 ~ 멋지게 보내줘라 ^^
- 오늘도 환한 미소와 행복한 웃음 잃지 않는 고운 하루되세요. 파이팅 ^-^
- 사랑가득 행복가득 기쁨가득 웃음가득한 하루되세요.^*^
- 밝아오는 햇살에 따스한 마음으로 하루를 엽니다. 행복한 하루가 되세요.
- 오늘도 행복한 하루 달콤한 하루 설레는 하루되세요 *^o^*.
- 마음이 상쾌한 아침입니다. 오늘도 상쾌한 하루되세요. 아자 ~!^.^

✉ 中午的问候
- 오전 잘 보내셨어요? 남은 오후 즐거운 시간되세요.
- 점식식사 맛있게 먹었어? 오후 멋지게 보내라 ~~
- 남은 오후 잘 마무리하시고 사랑하는 가족 품으로 가시기 바랍니다.
- 오후~ 웃음이 가득 머무는 행복한 시간되세요. ^^
- 즐거운 마음으로 오늘을 감사하며 행복하시고 건강한 시간되세요 ~

✉ 晚间的问候
- 좋은 저녁… 행복한 시간 곱게 맞이하세요 *^^*
- 오늘 하루 즐겁게 보내셨죠 ^-^ 남은 저녁시간도 행복하세요 ~
- 행복한 밤 되시고 활기찬 내일 멋지게 맞이하세요 ^^
- 유익한 하루 보내셨어요?? 저녁 맛있게 드시고 편안한 밤 되세요 ~
- 즐거운 밤 행복한 꿈 꾸시고 새날 맞으세요.

✉ 周初的问候
- 희망으로 맞이한 월요일 ~ ♬ 즐겁고 행복한 한주의 시작이네요.
- 새로 맞이한 한주! 즐겁게 시작하고 멋지게 마감하세요 ~~
- 새마음으로 출발하는 월요일! 멋지게 출발하셔서 한주 내내 행복하세요 ^^
- 한주가 또 시작되네요. 건강 조심하시면서 좋은 한주 되세요 ^^
- ○○님! 새로운 한주 내내 유쾌! 상쾌!! 통쾌한 일주되시길 바랍니다!^&^*

✉ 周末的问候
- 한주 마무리 잘하시고 즐거운 주말 맞이하세요 ^^*
- 행복은 찾아오는 것이 아니라 만드는 것이랍니다. 행복한 주말 만드세요 ~~
- 즐거운 일 마니마니 생기는 기쁜 한 주 되세요 ^_^
- 웃음과 사랑과 기쁨이 가득가득 넘쳐나는 행복한 휴일되세요 ~
- 즐거운 기분으로 사랑향기 가득한 아름다운 주말 보내세요 ^*^

✉ 一周的问候
- 월요일에는 자칫 월요병에 걸리기 십상입니다. 상쾌한 출발로 멋지게 보내세요!
- 화요일은 오해를 한 사람과 화해하는 날, 오해 있으면 방긋 웃으며 화해하세요 ~
- 수요일은 수수하게 뚝배기 같은 맘으로 하루를 편안하게 지내세요 ^-^
- 목요일은 목소리 크게 내여 웃는날! 하루 동안 많이 웃으시고 행복하세요 ~~
- 금요일은 한 주를 잘~ 마감하는날! 멋지게 마무리하시고 행복한 주말되세요 ~
- 토요일은 토라진 애인 맘 되돌리는 날! 그간 못다한 사랑 실천하세요 ^*^
- 일요일은 만사 제쳐두고 가족에게 봉사하는 날입니다!!

✉ 节假日的问候
- 즐거운 한가위를 맞이하여 풍성하고 웃음이 넘치는 명절이 되기를 바랍니다 ~
- 보름달 보며 소원하는 일 꼭 성취하시고 행복이 가득한 추석명절 되세요 (^-^)
- 설을 맞아 새해 복 많이 받으시고 무탈하게 건강한 한 해 되세요 ~
- 즐거운 성탄절 보내시고 올 한해 알차게 마무리 잘하시고 늘 건강하세요 ~
- 새로운 마음으로 또다시 맞이하는 새해입니다. 복 많이 받으세요 (^_^)
- 새하얀 함박눈이 설날과 새해맞이 축복을 해줍니다. 행복한 설 보내세요 ^^
- 새해에는 꿈과 희망 꼭 이루시고 행운 가득한 날만 있길 바랍니다!!
- 새해 복 많이 받으시고 소원 성취하시기 바랍니다 ^-^
- 희망찬 새해를 맞아 가정 화목하고 건강하시기를 기원합니다 ~^^
- ○○님! 새해에는 만사형통으로 모든 일들 술술 잘 풀리길 바랍니다 ~~

范文（2）感人短信

| ✉ 항상열심히하시는○○님의 모습이너무도부럽습니다오늘~ 하루행복하세요 ^*^ | ✉ 저는늘○○님을뵐때마다그 아름다운모습을닮고싶어집 니다좋은만남이어갔으면합 니다 ~~ | ✉ 마음이넓으신○○님 ~! ○ ○님은저에게있어서너무도 소중한든든한삶의어깨입니 다 ^*^ |

✉ 令人感动的信
- 웃음보다 슬픔이 많은 세상이라지만 당신이 가진 하루는 항상 해맑은 웃음으로 햇살처럼 빛나길 바래요 (*♥♬♪)
- 행복은 마음속에 있다듯이 제 마음속도 오늘 ○○님을 만난 기쁨으로 행복을 채울 거예요 ^^ 행복한 하루되세요!

- ○○님을 만나고부터 제 삶에 힘듦이란 단어는 사라지고 행복이란 단어가 움트기 시작했네요 ^^*
- 손이 호호 시려오는 계절입니다. ○○님의 추위는 제가 모두 살 테니까 따스한 겨울되세요 ^-^
- ○○님과 만나고 나면 이상하게 일이 잘 되네요. 행운을 몰고 오시는 ○○님! 늘 행복하게 보내세요 ^^
- ○○님을 뵙고 나오면서 기분이 날아갈 듯 좋습니다. 오늘 행복했습니다 ^-^

✉ 传达情谊的信
- 진실한 만남은 삶의 좌표까지 바꾸어 놓는다는데 ~ 그런 만남 갖고 싶습니다 ^^
- 처음 ○○님을 대했지만 이리도 아름다운 분이신 줄 몰랐습니다. 오늘 만남 정말 고맙습니다 ^_^*
- ○○님과의 만남을 스쳐가는 우연이 아닌 ~ 인연으로 이어지는 만남으로 만들고 싶습니다 *^_^*
- ○○님과 비록 짧은 만남의 시간이었지만 제게 영원한 추억으로 남을 겁니다 ~
- ○○님과 오늘 너무도 유익한 만남으로 제 마음의 공간을 풍요롭게 채울 수 있었습니다 ~~
- ○○님과의 만남을 통해 어떻게 사는 것이 참삶인가를 깨달았습니다 ~ 앞으로도 좋은 만남 이어주세요 ^^
- ○○님께서 이렇게도 유쾌하고 멋진 분이신줄 정말 몰랐습니다. 상쾌한 만남 또 이루어 지길 기대할게요 ~ 좋은 하루되세요 ^ㅇ^
- 저는 사람에게서 향기가 난다는 말 오늘 ○○님을 뵙고 실감했습니다. 앞으로 그 향기 제게도 꼭 나누어 주세요 네 ~^-^
- 사람은 누구를 만나는가에 따라 인생이 결정된다고 하는데 오늘 ○○님은 제게 새로운 미래를 보여주었습니다!
- 오늘 ○○씨의 마음의 소리까지 들은 것 같아 기분이 참 좋습니다 ^^ 좋은 만남 잘 가꾸겠습니다 ^^*

✉ 给人勇气的信
- ○○씨! 오늘도 웃음으로 맞이하면서 힘내세요! 아자! 아자! 파이팅 ^^
- 사는 인생 조금 힘겨워도 제가 늘 함께 해줄게요 ~ 빠샤!
- 엄마 파이팅!! 사랑해요 ~ ♡ 엄마!! 힘내세요 ~ ♬ 우리가 있잖아요 ~ ♬ ~ ♡ ^-^
- 자기야! 사랑해! ♥ 힘내! 아자 아자! 빠샤! 이건 엔돌핀 비타민 뽀 ~ 뽀 ~ 흐흐
- 화이팅 ○○씨! 힘내세요!! 저희들도 있잖아요 !!!
- 인내는 쓰지만 열매는 달다고 했듯이 ○○야! 조금만 더 힘내! 꼭 좋은 성과가 있을거다 !!
- ○○씨! 노력하는 자에게 반드시 길이 있다는 속담이 ○○씨에게 진리로 다가올 겁니다! 힘내세요 ^^
- 실패란 보다 현명하게 다시 시작할 수 있는 기회랍니다! ○○씨! 용기내세요!! 파

이팅!!!
- 내겐 네가 이 세상에서 제일 멋져 보여~ 그런 날 실망시키지마! 파이팅!!
- 힘들 때는 언제든지 내게 말해… 내 너의 수호천사가 되어줄게^-^

✉ 安慰人的信
- ○○님! 하루빨리 쾌차하시어 이전보다 더욱 건강해지시길 기도합니다~
- 어쩌다 다치셨어요? ㅠ~ㅠ 빨리 완쾌하길 기도합니다~
- 병중이라니 마음이 넘 아프네요ㅠ~ㅠ ○○님, 쾌유를 빕니다, 힘내세요!!
- 입원 소식 듣고 너무 놀랐어! 조만간 찾아갈게 빨리 회복하길 바래, 파이팅!!
- ○○님의 조속한 쾌유를 간절히 기원합니다, ○○님! 용기 잃지 마세요~
- ○○님! 편찮으시다구요, 빨리 완쾌되시길 기도합니다. 조만간 찾아뵙겠습니다~
- ○○야! 내 가슴이 너무 아파와 ㅠ~ㅠ 차리리 내가 아픈 게 낫겠다 ~_~. 빨리 좋아지기를 내가 꼭 기도드릴게~
- 수술 들어간다구~ 반드시 잘 될 거야! 내 그리 되도록 기도할게, 아자~ 힘내~

范文(3)爱情短信

| ✉ 내가이세상살아가는이유는 오직당신때문입니다당신사랑하나만알고행복하게살고싶습니다 | ✉ 당신의고운향기에취해나지금쓰러질것같아자기야나술안먹고마냥당신향기에만취할래^-^ | ✉ 안보면 보고 싶고보면 헤지기 싫은당신에게 푹 빠진나~ 영원히 당신 품 머물고 싶어♥ |
|---|---|---|

✉ 表达爱情的信
- 밥은 먹을수록 찌고 돈은 쓸수록 아깝고 나이는 먹을수록 슬프지만 넌 알수록 좋아져^-^
- ○○야! 춥지? 내가 해님 띄워 보내 자기 따스하게 해줄게♥ 사랑해♥ ^-^
- 이 세상 모든 게 다 변해도 난 늘 한 자리에만 있어. 바로 자기 마음속에……
- 내 곁에 있어줘 정말로 고마워~ 나 또한 당신 곁에 영원히 머물게♥♥♥
- 세상에 여러 종류의 우유가 많지만 내가 자기에게 줄 수 있는 딱 한 가지 바로 아이럽 우유~야^^
- 당신의 고운 향기가 내 가슴속 깊이 머물러 늘 당신 생각하게 만들어~ 사랑해♥ 마니마니♥♥♥~
- 연애는 입술을 떨리게 하지만 사랑은 가슴을 떨리게 한대~♥ 나 지금 떨고 있는 모습 보여?^-^
- 자기야! 정말 고마워^♡^ 내게 새로운 삶을 갖게 해줘서, 사랑해 >>------>♡
- 나 한 송이 꽃이 되어 자기 가슴에 향기를 가득채워 드리고 싶어~ 사랑해요♥ ^^
- 생각만 해도 미소 지을 수 있는 사람~, 내게 행복이란 감정 알게 해준 사람^^, 그래서 자기가 더욱 소중해♡~(*^-^).

范文（4）感谢短信

✉ 선생님힘내세요~저희들에게용기와희망을주시는샘~사랑해요♡……
…늘건강하세요~

✉ 스승의은혜는하늘과같아서*^^* 존경과사랑을선생님께보냅니다♡이쁜제자들*^-^*

✉ @-)->------ 스승의날, 선생님의가르침이더욱새롭습니다. 큰은혜에감사드립니다.

✉ 教师节短信

- 언제나 저희들을 사랑하시던 선생님, 그 넓으신 마음 본 받는 제자가 될게요 *^_^
- 스승의 날 맞이하여 감사함을 표합니다. 올해도 ( 많은 걸 ) 가르쳐주세요 ^-^
- 스승의 은혜는 하늘 같아서 우러러 볼수록 선생님, 감사합니다. ☎ 드릴게요 ^o^~~
- 부족함 투성이인 저희에게 언제나 용기와 희망을 주시는 선생님, 가슴 깊이 존경합니다 *^^
- 세상을 아름답게 바라볼 줄 아는 마음을 일깨워 주신 선생님, 그 크신 사랑에 머리 숙여 감사드립니다~
- 스승의 은혜는 하늘~ 사랑하는 선생님, 늘 부족한 저에게 희망과 용기를 주시며 따뜻한 가슴으로 안아주셔서 감사합니다 ^^
- 사랑으로 꿈나무들 섬기시느라 최선을 다하신 선생님께 감사드립니다~ 스쳐간 제자 모두 아름다운 결실 있길 바랍니다♡
- 스승님의 은혜에 힘입어 오늘 제가 있을 수가 있었습니다~ 항상 감사하는 맘 간직할께요 ^^
- 스승의 날을 맞이하여 선생님께 깊은 감사를 드립니다. 늘 다정하게 감싸주시고 보살펴주시는 마음에 선생님을 존경하는 것 같습니다. 오늘 하루 즐겁게 보내세요 ~*
- 존경하는 ○○선생님 항상 우리를 위해 최선을 다하는 모습에 너무나 감사드립니다. 항상 건강하시고 지금처럼 변치말고 우리들을 사랑해 주세요 *^^

小贴士

温馨短信常用词汇

행복, 복, 건강, 즐거움, 사랑, 기쁨, 축복, 향기, 향내, 축하, 명품, 매력, 최고, 돈, 진실, 인연, 빛, 감동, 기분, 설렘, 희망, 활력, 으뜸, 마음, 정말, 생각, 부자, 웃음, 만남 등 ( 名词 ).
기쁜, 소중한, 예쁜, 즐거운, 행복한, 고운, 아름다운, 멋진, 좋은, 따스한, 따뜻한, 화사한,

화창한, 싱그러운, 설레는, 가득한, 그리운, 보고픈, 푸른, 생각나는, 청초한, 귀여운, 어여 뿐, 사랑하는 등 (形容词). 가장, 진짜, 매우, 몹시, 많이 (마니마니), 듬뿍, 항상, 늘, 언제 나, 진정으로, 예뻐, 오직, 오로지, 만땅으로, 가득히, 최고로, 어쩜, 특별히, 너무도, 그리 도 (잘해), 좋아 (서), 함빡 등 (副词). 보고 싶어, 사랑해, 좋아해, 축하해, 기뻐해, 그립다, 너무 좋아, 최고야!, 대단해, 기도할게, 해줄게, 걱정마~, 내가 있잖아, 식사 맛있게 했어요, 고맙습니다, 감사합니다, 예쁘게 지내세요~, 힘내세요~, 건강 조심하길 바랍니다, 환절기 감 기 조심하세요, 날씨가 쌀쌀해요, 건강 잘 챙기세요~, 비가 온답니다, 우산 꼭 갖고 가세요, 오늘 하루도 행복하세요~, 파이팅^-^, 언제 봐도 참 멋져, 아름다워요, 매력입니다, 멋잇어 요, 향기가 묻어납니다, 복 많이 받으세요, 너무 예뻐요 등 (短句).

练习(八)

1. 문자 메세지와 이메일은 어떤 같은 점과 다른 점이 있습니까?
2. 한국어 문자 메세지 작성시의 유의사항에 대해 말해 보시오.
3. 스승의 날에 선생님에 대한 감사하는 마음을 담아서 보내는 문자 메세지를 작성해 보시오. (60자 내외)
4. 병으로 입원한 친구를 위로하는 문자 메시지를 작성해 보시오. (60자 내외)
5. 한국어와 중국어 문자 메시지에서 다르게 사용되는 이모티콘을 찾아 표를 만들어 보시오.
6. 아래 표의 빈 자리에 적당한 이모티콘과 표정상태 및 사용시기를 써넣으시오.

| 이모티콘 | 표정상태 | 사용시기 |
| --- | --- | --- |
| ^_^^, ^__^, ^*^, ^o^ <br> ~^^*, *^.^*, ^o^** | 웃는 모습 | 문장 뒤 맺음 표시 |
|  | 사랑에 빠져 눈먼 모습 | 사랑 표시를 할 때 |
|  | 불만 표시 모습 | 불만이 있을 때 |
| (^_^'', -_-a, …^ |  |  |
|  | 즐거운 모습 |  |
|  | 의심스럽다는 모습 | 의심스러울 때 |
| (*^_^), (*^▽^*), | 웃는 모습 (웃음이 보약) |  |
|  | 피곤할 때의 모습 | 몸이 안 좋을 때 |
|  | 감동해서 눈물이 남 | 감동 받았을 때 |
| ~_~, -「- |  | 안 좋은 일이 있을 때 |

# 第七章

# 表达情感类文章

## 7.1. 日记 ( 일기문 )

### 7.1.1. 日记的概念和特点

日记是人们对自己一天的生活、工作、学习和思想等情况的真实记录，是自我反省、自我整理、自我表达的纪录。无论是个人的所作所为、所见所闻、所感所想、所遇所思，还是对某种社会现象的批判，对政治经济等方面的观点都可以写在日记里。所以日记不仅反映一个人真实具体的生活足迹，还反映世态变化和时局的变迁。

日记根据作者的写作目的与写作手法的不同，可分为生活日记、观察日记、实习日记、工作日记、育儿日记、临床日记等多种。通常生活日记写作目的如下：其一，回顾、反思个人人生；其二，陶冶情操，提高素养；其三，培养对事物的观察力与判断力；其四，不断提高写作能力；其五，培养具有坚定意志与信念的生活能力。我们通过日记可以发现充实人生舞台的意义，发现生活的智慧与价值，从而为踏上新的人生旅程准备契机。

### 7.1.2. 日记的写作要求

写日记时的注意事项：第一，日期与天气是日记的必需要素，一般不能省略。日记常常以第一人称叙述。第二，日记应真实。日记记录亲身经历中的所遇、所思、所想、所感，无需编造。第三，日记要详细、准确。特别要详细记录姓名、场所、时间、事件内容等。第四，日记应以印象深刻的事件为中心。没有必要把事情毫无遗漏的全部记录下来。第五，日记应根据内容表达需要和自己的习惯灵活运用，切忌生搬硬套某些格式。

### 7.1.3. 日记范文

[范文1] 韩国前总统金大中的最后日记
　　　　　　김대중 前 한국 대통령의 마지막 일기
2009년 1월 1일
새해를 축하하는 세배객이 많았다. 수백 명. 10시간 동안 세배 받았다.

몹시 피곤했다. 새해에는 무엇보다 건강관리에 주력해야겠다.
'찬미예수 건강백세'를 빌겠다.

2009년 1월 6일
오늘은 나의 85회 생일이다. 돌아보면 파란만장의 일생이었다.
그러나 민주주의를 위해 목숨을 바치고 투쟁한 일생이었고, 경제를 살리고 남북 화해의 길을 여는 혼신의 노력을 기울인 일생이었다.
내가 살아온 길에 미흡한 점은 있으나 후회는 없다.

2009년 1월 11일
오늘은 날씨가 몹시 춥다. 그러나 일기는 화창하다.
점심 먹고 아내와 같이 한강변을 드라이브했다. 요즘 아내와의 사이는 우리 결혼 이래 최상이다. 나는 아내를 사랑하고 존경한다. 아내 없이는 지금 내가 있기 어려웠지만 현재도 살기 힘들 것 같다. 둘이 건강하게 오래 살도록 매일 매일 하느님께 같이 기도 드린다.

2009년 1월 14일
인생은 얼마만큼 오래 살았느냐가 문제가 아니다. 얼마만큼 의미 있고 가치 있게 살았느냐가 문제다. 그것은 얼마만큼 이웃을 위해서 그것도 고통 받고 어려움에 처한 사람들을 위해 살았느냐가 문제다.

2009년 1월 15일
긴 인생이었다.
나는 일생을 예수님의 눌린 자들을 위해 헌신하라는 교훈을 받들고 살아왔다.
납치, 사형 언도, 투옥, 감시, 도청 등 수없는 박해 속에서도 역사와 국민을 믿고 살아왔다. 앞으로도 생이 있는 한 같은 길을 갈 것이다.

2009년 2월 7일
하루 종일 아내와 같이 집에서 지냈다.
둘이 있는 것이 기쁘다.

2009년 2월 20일
방한 중인 힐러리 클린턴 미 국무장관으로부터 출국 중 전용기 안에서 전화가 왔다. 그는 전화로
  1. 클린턴 대통령의 안부 2. 과거 자기 내외와 같이 있을 때의 좋았던 기억 3. 나의 재임시의 외환위기 수습과 북한 방문시 보여준 리더십 4. 다음 왔을 때는 꼭 직접 만나고 싶다 5. 남편 클린턴 대통령도 나를 만나기를 바라고 있다고 했다.
  힐러리 여사가 뜻밖에 전화한 것은 나의 햇볕정책에 대한 지지 표명으로 한국 정부와 북한 당국에 대한 메시지의 의미가 담겨 있는 것 같다. 아무튼 클린턴 내외분의 배려와 우정에는 감사할 뿐이다.

2009년 4월 18일
노무현 전 대통령 일가와 인척, 측근들이 줄지어 검찰 수사를 받고 있다.
노 대통령도 사법처리 될 모양. 큰 불행이다. 노 대통령 개인을 위해서도, 야당을 위

해서도, 같은 진보진영 대통령이었던 나를 위해서도, 불행이다.

노 대통령이 잘 대응하기를 바란다.

2009년 4월 24일

14년 만에 고향 방문.

선산에 가서 배례. 하의대리 덕봉서원 방문. 하의 초등학교 방문, 내가 3년간 배우던 곳이다. 어린이들의 활달하고 기쁨에 찬 태도에 감동했다. 여기저기 도는 동안 부슬비가 와서 매우 걱정했으나 무사히 마쳤다. 하의도민의 환영의 열기가 너무도 대단하였다. 행복한 고향방문이었다.

2009년 5월 2일

종일 집에서 독서, TV, 아내와의 대화로 소일.

조용하고 기분 좋은 5월의 초여름이다. 살아있다는 것이 행복이고 아내와 좋은 사이라는 것이 행복이고 건강도 괜찮은 편인 것이 행복이다. 생활에 특별한 고통이 없는 것이 옛날 청장년 때의 빈궁시대에 비하면 행복하다. 불행을 세자면 한이 없고, 행복을 세어도 한이 없다. 인생은 이러한 행복과 불행의 도전과 응전 관계다. 어느쪽을 택하느냐가 인생의 성공과 실패를 좌우할 것이다.

2009년 5월 18일

미국의 클린턴 전 대통령이 내한한 길에 나를 초청하여 만찬을 같이 했다.

언제나 다정한 친구다. 대북정책 등에 대해서 논의하고 나의 메모를 주었다. 힐러리 국무장관에 보낼 문서도 포함했다. 우리의 대화는 진지하고 유쾌했다.

2009년 5월 20일

걷기가 다시 힘들다. 집안에서조차 휠체어를 탈 때가 있다.

그러나 나는 행복하다. 좋은 아내가 건강하게 옆에 있다. 나를 도와주는 비서들이 성심성의 애쓰고 있다. 85세의 나이지만 세계가 잊지 않고 초청하고 찾아온다. 감사하고 보람 있는 생애다.

2009년 5월 23일

자고 나니 청천벽력 같은 소식 — 노무현 전 대통령이 자살했다는 보도. 슬프고 충격적이다.

그간 검찰이 너무도 가혹하게 수사를 했다. 노 대통령, 부인, 아들, 딸, 형, 조카사위 등 마치 소탕작전을 하듯 공격했다. 그리고 매일같이 수사기밀 발표가 금지된 법을 어기며 언론플레이를 했다. 그리고 노 대통령의 신병을 구속하느니 마느니 등 심리적 압박을 계속했다. 결국 노 대통령의 자살은 강요된 거나 마찬가지다.

2009년 5월 25일

북의 2차 핵실험은 참으로 개탄스럽다. 절대 용납해서는 안 된다.

그러나 오바마 대통령의 태도도 아쉽다. 북의 기대와 달리 대북정책 발표를 질질 끌었다. 아프가니스탄, 파키스탄에 주력하고 이란, 시리아, 러시아, 쿠바까지 관계개선의사를 표시하면서 북한만 제외시켰다. 이러한 미숙함이 북한으로 하여금 미국의 관심을 끌게 하기 위해서 핵실험을 강행하게 한 것 같다.

2009년 5월 29일
고 노 대통령 영결식에 아내와 같이 참석했다.
이번처럼 거국적인 애도는 일찍이 그 예가 없을 것이다.
국민의 현실에 대한 실망, 분노, 슬픔이 노 대통령의 그것과 겹친 것 같다.
앞으로도 정부가 강압일변도로 나갔다가는 큰 변을 면치 못할 것이다.

2009년 5월 30일
손자 종대에게 나의 일생에 대해 이야기해주고 이웃사랑이 믿음과 인생살이의 핵심인 것을 강조했다.

2009년 6월 2일
71년 국회의원 선거시 박 정권의 살해음모로 트럭에 치어 다친 허벅지 관절이 매우 불편해져서 김성윤 박사에게 치료를 받았다.

※ 2009年8月18日，韩国前总统金大中在首尔Severance医院病逝，享年85岁。金大中1998年2月25日就任韩国第15届总统，并在2000年因促成朝韩两国首脑的首次会谈被授予诺贝尔和平奖。他一生追求民主，希望朝鲜半岛统一。

金大中的遗属8月21日在金大中的追思网页上公开了金大中生前写下的最后一部分亲笔日记。日记的起止时间为2009年1月1日至6月4日。日记内容包括金大中对过去生活的感想，对夫人李姬镐女士的真挚感情，与美国前总统克林顿等的交往，失去前总统卢武铉的哀痛，以及关于民主主义和南北关系的思考等。

2009年1月6日是金大中85岁生日，他在当天写的日记中回顾自己一生时写道："回头看，是波澜壮阔的一生；是为民主主义，不惜献出生命斗争的一生；是为拯救经济，打开南北和解之路，倾注毕生精力的一生。尽管我的人生并不完美，但我不后悔。"

[范文2] 一个高中生的日记
한 고등학생의 일기

2월 20일
내일 졸업을 한다. 오늘 아침 온 가족이 밥상에 둘러앉았을 때, 아버지는 동생들을 둘러보며 큰소리로 "내일 형 졸업이야" 하셨다. 다른 날과는 달리 목소리가 컸다. 그리고 식사를 하시지 않고 그냥 나가셨다. 그때 형이 "엄마, 우리 집에 카메라 없어서 어쩌지요" 하였다. 어머니는 한참 내 얼굴을 보았다. 나는 아무렇지도 않게 "친구들이 있겠지요" 하고 물러났다.

저녁에 아버지가 "졸업식 끝난 다음 사진관에 같이 가자"라고 하셨다. 아마 어머니가 말씀드렸나 보다.

카메라가 없는 집이 한두 집이겠는가. 아버지는 조금 전에 또 나를 서재로 부르시더니 눈가에 물기가 촉촉한 채로 "졸업하게 돼서 기쁘다"라고 하시면서 내 손을 잡았다.

그런데 왜 나는 "아버지, 공부시키느라고 얼마나 힘드셨어요" 하는 말을 하지도 못하였는가? 내 방에 와서 이불을 뒤집어쓰고 울어야만 했는가? "아버지, 고맙습니다." 이 말이 그렇게 어려운가?

[范文3] 一个大学生的日记

### 한 대학생의 일기

5월 11일. 비

2시가 조금 넘었다.

공허함 속에서 지구상의 이 공간을 나 홀로 지키고 있는 듯하다.

난 어떤 것에 가슴 아파해야 하며 참된 눈물을 흘려야 하는지…… 어차피 나의 인생은 나의 손으로 수를 놓아야 하니까 이왕이면 멋지게 수를 놓자.

창밖에 떠있는 샛별의 가냘픈 떨림이 느껴진다. 이런 불완전한 상황속에 나 자신을 포함시키지 말자.

종착역으로 뻗어가는 회색길 위의 나의 위치는 어디쯤인지 헤아리고 싶다. 두려움으로 눌려버린 육체를 신선한 영혼으로 닦아내려야지.

건전지에 의해 걸음을 재촉하는 초침을 난 이기지 못하는 것일까?

어둠을 견딜 수 없는 나……

[范文4] 一位教师的日记

### 한 교사의 일기

8월 6일

오늘 영화 <죽은 시인의 사회>를 봤다. 몇 번 본 영화지만 볼 때마다 의미가 새롭다.

1989년에 개봉된 영화비디오를 빌리면서 깜짝 놀랐다. '연소자 관람 불가', 아니 동명의 다른 영화가 있단 말인가?

혹시나 해서 집에 와서 다시 틀어 보고 안심할 수 있었다. 분명 12세인데, 알고 보니 비디오 제작 연대가 1990년! 이 때는 우리 사회에서 이 영화를 청소년이 볼 수 없게 만들었었다는 사실을 새삼 알고 쓴 웃음을 지었다.

교사의 길을 가면서 나의 길을 돌아본다. 나는 과연 키팅과 같은 길을 걸어왔던가? 아니다. 난 닫힌 교사들의 편에 가깝다. 아이들에게 지식을 전하는 것이 아니라 생각할 수 있도록 하는 것이 교사의 임무라는 걸 다시 깨닫는다. 주입하기보다는 느끼게 하자!

[范文 5] 一个患者的日记

한 환자의 일기

4월 16일. 맑음

며칠째 고열은 나를 괴롭힌다. 오늘은 다행히도 열이 자취를 감추었다. 나는 마당으로 나왔다.

늦은 봄, 화창한 날씨다. 모란은 이미 지고, 라일락의 향기가 코끝을 스친다. 나는 흠내 향기로운 훈훈한 공기를 마음껏 들여마시고 아직 쇠약한 눈이라 현기가 나서 그만 방으로 들어오고 말았다.

이번 20여 일을 앓는 동안, 나는 잃어버렸던 여러 옛친구들을 생각해 냈다. 그들 속에는 내편에서 야속하다 하기보다는 저편에서 나의 무언함을 야속하게 생각할 친구가 더 많았다. 좀더 건강해지면 우선 친구들에게 편지부터 쓰리라.

내가 바쁘고 내가 건강할 때에는 잊었다가, 내가 아프고 내가 외로울 때에 생각나는 사람, 그리운 사람들, 그들은 이미 무얼로나 내게 고마웠던 사람임에 틀림없을 것이다. 고마운 사람들을 잊어버리고 지내는 생활, 그것은 그리 좋은 생활이었을 리 없다.

어느 친구에게고 내 자신도 그들이 외로울 때 생각나는 사람이 되어 있을까? 알고 싶은 일이다. 나도 무얼로나 남에게 고마운 사람이 되어야 한다.

### 7.1.4. 学生作文点评

[学生日记 1]

행복한 고민

11월 24일.

오전 수업이 끝날 무렵, 광저우 LG 회사로부터 전화를 받았다. 취직 면접에 합격했으니 내년 1월 10일부터 광저우에 와서 견습훈련에 참가하라는 것이다.

솔직히 말해서, 면접 때 별로 기대하지 않았다. 우선 북방에서 성장한 나에게 광저우라는 남방 도시가 별로 마음에 안 들었고, 그것보다 사실 취직할 생각이 별로 없었다. 취직보다는 대학원에 진학하거나 한국에 유학을 가려고 마음먹고 있었다. 그냥 자기의 실력을 증평(테스트)해보고 싶었을 뿐이었다. 그래서 친구들에게는 합격되어도 가지 않을 것이라고 말했다.

그런데 합격한(했다는) 연락을 받고 속으로 은근히 기뻤다. 한편, 진짜(막상) 포기하려 하니 마음이 흔들린다. 떨어진 애들은 부럽다고 하는데, 그냥 포기하기에는 너무나 아깝다. 나중에 후회할지도 모른다. 행복한 고민에 빠진 셈이다. 어떻게 할까, 어머니와 의논해 봐야겠다.     (纪硕星)

[学생日记 2]

감사하는 마음

11월 25일.

혼자서 결정하기 어려워서 엄마에게 도움을 청했다. 벌써 어른이 다 되었으니 자기의 미래를 스스로 결정한다고 말씀하셨다. 후회하지 않도록 자기의 인생을 스스로 개척하라는 것이다. 그리고 내가 어떤 선택을 하든지 항상 지지하겠다고 말씀하셨다.

너무 감사하다. 사랑하는 엄마, 엄마는 내 인생의 매니저이며 내가 살아가는 원동력이다.

광저우에 가기로 마음먹었다. 아직은 한국어가 서툴러서 잘할 수 있을지 걱정하기도 하지만 최선을 다 할 것이다. 엄마의 기대, 선생님들의 기대, 친구들의 기대, LG 회사의 기대에 보답할 수 있도록 열심히 일해 보겠다.

나를 길러준 엄마, 감사합니다. 나를 가르쳐준 선생님들, 감사합니다. 나를 선택한 LG 회사, 감사합니다. 그리고 4년 동안 사귀어 온 친구들, 고맙다!  (纪硕부)

## 作文点评

即将毕业，走出象牙塔，大学生们该何去何从？参加工作？继续深造？考公务员？走向向往的大城市？回老家就业？毕业前夕，又一次站在人生的十字路口。这两篇日记记录了一个即将毕业的学生面对就业和升学茫然、苦恼、彷徨的内心世界，以及对父母、老师、朋友的感激之情。语言流畅，感情真挚，是一篇不错的日记。

1. 일기의 특징 및 일기쓰기의 목적에 대해 설명해 보시오.

2. 일기를 쓸 때 어떤 점에 유의해야 합니까? 설명해 보시오.

3. 다음은 일기쓰기 방법으로 참고할 만한 것을 정리한 것입니다. 아래의 제 항목으로 볼 때 자신이 쓴 일기는 어떤 부분이 결여되어 있는지 생각해 보시오.

(1) 중요한 일이나 인상 깊었던 것을 글감으로 정한다.
(2) 그날 발견한 주제나 새로운 의미를 담아서 쓴다.
(3) 교훈이나 반성의 뜻을 담아서 쓴다.

(4) 그날의 체험이나 자연 또는 생각 중에서 한 가지를 정하여 쓴다.
(5) 제목을 붙여서 글감에 대하여 짜임새 있게 쓴다.
(6) 첫머리에 날짜, 요일, 날씨를 반드시 쓴다.
(7) 한 가지 일에 대하여 자세하게 쓴다.
(8) 거짓없이 솔직하게 쓴다.
(9) 매일 되풀이되는 일상 생활은 쓰지 않는다.
(10) '나는' 이나 '오늘은' 등의 낱말은 가급적 쓰지 않는다.

## 7.2. 感想文（감상문）

### 7.2.1. 感想文的概念和特点

在日常生活中，我们看一篇小说、一部电影、一篇文章、一首诗歌、一幅图画，常常会有所感触，会被其高尚的行为所感动，为邪恶的行为所激愤，或从中得到启迪，或从中吸取教训，从而指导自己的生活。所谓感想文就是把自己对所看材料的感想记录下来的文章。写感想文可以加深自己对所看材料的理解。

感想文是将自己的感受、心得、体会写下来的文章，可以对某一个观点发表自己的看法，或赞同，或批评。但感想文的议论或抒情不同于一般议论文。一般议论文要求观点明确，论据充实，论证严密；而感想文最突出特点是"看"（读、观、听）和"感"紧密结合。"看"，是指看了何人、何文，文中有何事、何观点；"感"，是指看后有何感受。"看"是"感"的基础，"感"是"看"的升华。感想文是主观性较强，形式比较自由的一种文体。

感想文根据鉴赏对象的不同，可分为读书感想、电影戏剧感想、音乐美术感想、电视感想、新闻报纸感想等。根据文章的形式还可分为日记形式感想、书信形式感想、诗歌形式感想、生活形式感想等。

### 7.2.2. 感想文的写作要求

感想文是一个结构形式较自由的文体，但也具有一定的形式特点。一般来讲由"开头—中间—结尾"三部分构成的较为普遍。

开头部分概述鉴赏作品的内容及特征，并表明作者鉴赏该作品的动机等；也可以对鉴赏作品的最初印象或感悟最深的某一细节作介绍，点出自己的感受或启示。

中间部分紧承开头部的交代，针对所引述材料进行评析。既可就事论事对相关内容作一番分析，也可以由现象到本质，由个别到一般地作一番挖掘，并作出自己的评价。然后由此及彼地联系现实生活中类似的现象，谈自己的看法。

结尾部分概括中心，总结全文。结尾或提出问题，发表看法，发人深省；也可以回应前文，强调某一重点，或提出希望，发出号召。根据不同类型的感想文可采用不同的结尾形式，但结尾应顺理成章收束全篇。

要写好感想文应注意如下几点：首先，认真领会鉴赏作品精神是写好感想的前提。不能深刻领会原作品的精神实质，就不能把自己的感想激发出来。所以首先要认真看好原作品，要看懂看通。其次，要选择自己感受最深的东西去写。最好是突出一点，深入挖掘，写出自己的真情实感，这是写好读后感的关键。再次，感想以"感"为主。适当地引用原文，但引用不能太多，应以自己的语言为主。最后，在表现方法上，可用夹叙夹议的写法，议论时应重于分析说理，事例不宜过多，引用原文要简洁。

### 7.2.3. 感想文范文

[范文1] 电影《西便制》观后感

영화 &lt; 서편제 &gt; ( 西便制 ) 를 보고서

　　흔히들 '빈수레가 요란하다'고 하듯이 소문난 영화를 보고 실망을 느낀 적이 있다. 하지만 &lt;서편제&gt;는 그렇지 않았다. 독특한 소재로 지금까지의 영화와는 다른 면모가 상당히 많았기 때문이다. &lt;서편제&gt;, 거기서 나는 인생의 무게를 느꼈다.

　　사람은 태어날 때부터 자기의 운명을 타고난다고 한다. 그렇기에 유봉은 그 당시의 시대적, 사회적 배경으로는 더 이상 국악인은 살길이 없는데도 그 길을 고집한다. 혈혈단신으로 잡초같이 살면서도 결코 포기하지 않는 한 인간의 모습을 우리는 만날 수가 있는 것이다.

　　험한 인생길을 걸어온 그의 소리에는 한(恨)이 있다. 그리고 흙냄새가 있다. 그는 '우리민족' 그 자체인 것이다. 그의 모습은 우리의 모습이고, 그의 소리는 우리의 소리이다. 그가 눈물을 흘리면 우리의 가슴이 아파온다. 아무도 그를 알아주지 아니하고 그 또한 남들이 알아주기를 원치 않는다. 자기의 시대가 끝나리라는 것을 느끼고서는 그의 운명을 자식들에게 이어주려고 한다. 그런 아버지를 이해하며 순응하는 딸과 아버지에 대한 반항으로 길을 나서는 아들로 다음 세대는 분열이 일어난다.

　　천민 취급을 받는 소리꾼이지만 딸은 아버지의 길을 따른다. 물론 그녀에게 주체성이나 생각 따위가 없기 때문은 아니다. 외유내강한 그녀의 내면에 잠재해 있는 판소리에 대한 열정을 느낄 수 있다. 그렇기에 눈을 잃으면서도 자기 눈을 멀게 한 아버지를 원망하거나 증오하지 않고 측은히 여기고 이해하는 것이다.

　　한이란 참 묘한 정서이다. 세계 어느 나라도 우리의 한을 표현하거나 이해할 수 없다. 그만큼 한이 가지는 의미는 무척 크다. 아버지가 자기 딸의 눈을 멀게 한 것은 늙은 자신을 떠날까봐 걱정되어서이기도 하지만 궁극적으로는 딸의 소리에 한을 심어주기 위해서였다. 비록 자기의 친딸은 아니지만, 정이 없지는 않았을텐데 어떻게 그런 마음이 생길 수 있는지 의문이다.

　　결국 아버지의 뜻대로 한이 들어가게 되었지만, 그녀의 가슴 속에는 더 큰 한과 눈물이 평생 지워지지 않고 남는다. 그 한은 결코 그녀만의 것이 아니다. 오랫동안 우리 누이와 어머니들을 통해 전해내려 온 정서인 것이다.

　　한편 동생은 정착을 하지 못하고 이곳저곳 누이를 찾아 길을 나선다. 누이를 찾은 그

의 모습에서 그도 또한 소리를 그리워하며 찾아 헤맨다는 것을 알 수 있다. 자기도 어쩔 수 없는 소리꾼인 것을 깨닫기까지는 이미 너무 많은 일들이 벌어진 후였다.

　이렇게 각각 다른 세 사람의 인생이지만 언제나 그들의 종착역은 같다. 그것은 자신이 소리꾼이며 소리를 떠나서는 살 수 없다는 깨달음인 것이다.

　롱 테이크 방식으로 촬영한 '아리랑'을 부르는 장면에서 느낄 수 있듯이 '흥' 또한 우리 민족의 고유한 정서이며, 여기서 그들이 얼마나 소리를 사랑하는지 알 수 있다. 그냥 걸어가다가도 흥이 나면 어깨춤을 추며 노래하는 우리 민족의 모습이 바로 거기에 있는 것이다.

　이렇듯 <서편제>는 우리 것에 대한 애착과 경각심을 일깨워주는 영화이다.

　끝으로 나는 이 영화의 결말에 찬사를 보내고 싶다. 보편적인 생각으로는 행복한 결말을 기대했겠지만, 그런 틀에서 벗어난 그 장면은 동양화의 여백의 미처럼 은은하고 잔잔한 맛을 자아낸다.

※ 这是一篇观看电影《西便制》后写的感想文。影片《西便制》讲述了浪迹民间的"盘瑟俚"艺人的坎坷一生。整部作品内容和形式达到了高度统一，除了把"盘瑟俚"作为传统文化的代表加以挖掘和表现之外，还把蕴含在"盘瑟俚"的民族情感——"恨"，淋漓尽致地表现出来，堪称"韩国60年来最好的电影"。本文通过介绍"盘瑟俚"艺人悲惨孤独的坎坷生涯，表达了作者发自肺腑的感动。

[范文2] 故乡的色彩与质感的世界——朴秀根美术作品观后感
고향의 색감과 질감의 세계
- 박수근의 그림을 보고

　1960년대를 살아보지 않은 나로서는 그때를 떠올릴 수 있는 방법이 없다. 윗세대의 어른들에게서 전해 듣거나 TV의 다큐멘터리에서, 혹은 신문과 잡지 등에서 흘깃흘깃 보아온 사진과 기사가 전해주는 이미지들이 고작이다. 하지만 막연하게나마 60년대 하면 어김없이 떠오르는 분위기가 있다.

　개량지붕이 아닌 이영을 엮어 만든 초가와 그 초가의 흙담, 갓길의 강아지 풀이며 개망초꽃 따위가 뒤섞인 채 풍겨오는 분위기, 거기에는 화려한 색의 대비도 없고 정교함이나 세밀함도 없다. 하지만 그저 폭 안길 수 있을 것 같은 편안함과 눈부시지 않은 수수함이 어우러지는 고향의 향기……

　박수근에게는 이러한 미덕이 있다. 그런 까닭이다. 60년대를 떠올리면 가슴 가득히 밀려오는 고향과 같은 색감과 질감.

　그의 그림에는 두드러진 화려함이나 섬세함이 없다. 구도도 평이하다. 수평과 수직이 안정적으로 배정돼 있으면서 각각의 구성이 치우침이 없다. 속도감이나 긴장감도 없다. 나른한 오후처럼 모든 소리가 사라진 듯한 무거울 정도의 정적…… 그 위에 황토

색 풍의 색이 덮이고나면 하나의 분위기를 자아낸다, 박수근이라는 분위기.

흙먼지가 피어나는 시골길을 갈 때, 실눈을 뜨고 한쪽 끝에서 다른 한쪽 끝을 바라보고 있노라면 거기엔 색이 없다. 세월과 삶의 묵은 뗏국물처럼 묻어 있는 색, 그 색이 자아내는 분위기, 그래서 박수근의 그림에는 안온한 분위기가 있다. 낯설지 않다. 그 질감의 투박성과 색채의 단조로움.

그의 그림에 늘 등장하는 허리 굵은 여인들과 그녀들을 닮은 나무, 머리에는 함지를 이거나 아이를 업은 여인과 굵은 부피감을 유감없이 보여주는 나무의 모습에는 이미 찌들지 않은 삶이 묻어있다. 현란하지 않은 삶이, 투박하지만 건강한 삶이, 힘겨운 시대를 억척스럽게 살아온 우리 민족의 삶이……

[范文 3] 《天使与爱》读后感

<천사와 사랑을> 독후감

구자영의 장편소설 <천사와 사랑을>을 읽으면서 너무나 밝고 상큼하다는 기분과 책에서 눈을 뗄 수 없게 만드는 매력을 느꼈다.

너무 어린아이 같은 순수함으로, '어떻게 이런 사람이 있을 수 있지?'라는 생각을 불러일으키는 여주인공 미사, 항상 다른 사람을 배려해서 자기 주장을 내세운 적이 없었던 착한 여자 미사가 사랑만큼은 포기하지 않겠다는 의지를 나타내는 모습에서 그런 반전에 놀랐고 그 당당한 모습에 마음속으로 박수를 보냈다.

로맨스 소설에서 항상 등장하는 오해나 난관을 이준에 대한 애틋한 사랑으로 포기하지 않고, 그 사랑 하나만을 바라보면서 지키는 장면에서 미사의 마음이 감정이입이 된 듯 발끝까지 전율하게 하는 감동…… 그리고 남들에겐 냉정함의 화신인 남자주인공 선우이준, 미사의 순수함에 차츰 감화되어 차츰 인간미 있게 변해가는 모습도 소설의 재미를 더해주는 요소였다.

마지막 책을 덮는 순간까지 내 입가에는 미소가 끊이질 않았으며 정말 행복한 하루가 되게 한 소설…… 정말 자신있게 권하고 싶은 책이고 이 책을 읽는 사람은 실망하지 않을 것이라고 확신한다.

[范文 4] 《五体不满足》读后感

<오체불만족>을 읽고

제목에서 호기심이 발동하여 이 책을 집어들었다. 앞표지의 얼굴이 저자의 얼굴, 잘생긴 얼굴이다. 뒷표지의 이미지는 높다란 휠체어에 상반신만 달랑 보이는 그의 모습이 있었다. 이런 장애가 있다는 것이구나! 안됐다는 생각이 먼저 들었다. 오체불만족, 태어날 때부터 사지가 없는, 비록 만족스럽지 못한 신체를 가지고 있지만, 저자 오토다케 히로타다는 항상 웃으며 인생을 즐겁게 살아가고 있다는 내용이다.

장애를 부정적인 요인으로 여기지 않고, 오히려 신체적인 특징에 불과하다고 생각할 정도로 낙천적이고, 또 깨어있으신 오토타케의 부모님은 존경스럽다. 보통 장애아의 부모들은 자식에 대한 과잉보호로 흐르기 쉬운데 오토다케를 믿어주고, 스스로 불행하다고 전혀 느끼지 못할 정도로 밝게 생활하도록 이끌어 주셨다. 그런 부모님이 계셨기에 그렇게 훌륭한 오토다케가 만들어지지 않았나 생각된다.
　　오토다케는 용감하고 영리했다. 자신의 장애를 거부하기 보다 수용했고, 또 자신의 장애를 전혀 부끄럽게 생각하지 않고 오히려 당당히 정상인들 속에서 정상인과 같이 아니, 더 가치있는 삶을 살아가고 있다.
　　이 책을 읽고 나서 자연스레 나약한 나 자신을 돌아보게 되었다. 정상인의 몸이 아닌면서도 그렇게 세상을 즐기면서 최선을 다해 열심히 살 수 있다는 것, 용기를 내어서 부딪치면 반드시 이룰 수 있다는 것을 몸소 보여주는 그에게 박수를 보내고 존경을 표하고 싶다.
　　건강한 신체를 가지고 있으면서도 정상이 아닌(?) 올바르지 못한 어두운 인생을 살고 있는 사람들이 얼마나 많은가! 팔다리가 거의 없는 장애인이면서도 '장애는 불편하다. 그러나 불행하지는 않다.' 라고 말하며 자신의 삶을 당당하게 꾸려가는 그에게서, 분명 나도 뭐든 할 수 있을 것이라는 가르침을 받았다.
　　오토다케는 '내가 아니면 할 수 없는 일이 이 세상에는 반드시 있다.' 라고 말한다. 과연 나에게도 그런 나만이 할 수 있는 일이 있다는 말인가? 정말 내가 가장 잘할 수 있는 일이 뭔지, 내가 최고가 될 수 있는 길을 관찰하고 개발해야 하겠다는 생각이 불끈불끈 들었다. 오토다께를 떠올리며 무슨 일에서나 최선을 다하는 자신감과 용기를 가지자!

[范文 5]《斑鸠》读后感

< 티티새 >를 읽고

　　요시모토 바나나의 작품들은 신비주의적인 요소를 많이 가지고 있다. 그것이 내가 바나나의 글을 좋아하는 이유인지도 모르겠다.
　　이번에 읽은 <티티새>라는 소설은 바나나의 다른 글들과 비교하면 신비감이 많이 없는 그런 글이다. 그 대신 바나나 특유의 간결한 문체로 일상의 모습을 보여주면서 추억을 회상하게 한다.
　　소설의 내용은 주인공 마리아가 그녀의 관점에서 사촌인 츠구미에 대하여 몇 개의 에피소드를 이야기하는 내용이다. 마리아가 이야기하는 츠구미는 어렸을 적부터 몸이 약했기 때문에 응석받이로 자라 심술궂고 거친 성격을 가졌다. 그래서 남에게 상처주는 것을 좋아했다. 그런 츠구미가 첫사랑을 하게 되지만 깊이 앓고 있었던 약했던 몸이 끝내 버티지 못하고 쓰러져 병원에 입원하게 된다. 죽음의 종착역에 이르렀다는 그녀 스스로의 믿음을 통해 마지막 생을 정리하면서 그녀 자신 외의 사람들과 세상에 대해 마음을 열게 된다. 그런데 결과적으로 츠그미는 죽지 않았다. 죽을 뻔했을 뿐이었다.

살아있는 생명체라면 언젠가는 죽는 것이 당연한 사실이다. 다만 그 날을 기약할 수 없을 뿐이다. 죽을지도 모른다는 두려움과 측은한 동정심은 인간을 다르게 변모하게 만드는가 보다. 츠구미는 삶에 대한 동경이나 생존에 대한 욕구보다는 그러한 두려움과 동정심을 뛰어넘고자 하는 욕구가 더 강했던 것이 아니었을까? 언제일지는 모르지만 마치 기약된 죽음인 양, 매순간 내가 원하는 것을 치열하게 살아가고자 하는 것이다. 그건 죽음을 기다리는 자의 사치스런 여유일지도 모르지만 두려움과 동정심에서 벗어나기 위한 몸부림일 것이다.

'8월의 크리스마스'의 남자 주인공인 정원처럼 죽음을 기다리고 준비하는 모습과는 전혀 다르다. 아버지를 위해 사진관 현상기의 작동법이나 텔레비전 사용법을 꼼꼼히 적어두는 것이라든지, 다림의 사랑을 멀리서 지켜보며 마음 속에 간직할 수 있다는 것만으로도 행복할 수 있다는 다소 정적인 운명관이다.

반면 츠구미는 여름 바닷가의 햇살처럼 치열하고 열정적이다. 이미 오래전에 돌아가신 할아버지가 써놓은 편지인 양 마리아를 놀라게 한 도깨비 우편함 사건이라든지, 중학교 때 자신의 병약함을 놀리던 반 친구를 향해 얼굴이 파랗게 되도록 화를 낸 일이라든지, 남자친구 교이치의 강아지에 대한 감정 표현 등등의 모습이 그렇다. 또한 주변의 배려를 교묘하게 이용하는 츠구미의 모습은 더없이 얄미운 말괄량이지만 미워할 수 없는 묘한 매력을 가졌다.

사람은 누구나 죽기 마련이다. 언제 죽을지도 모른다. 멀쩡한 사람이 어느날 이름없는 병이나 사고로 죽기도 하고, 치유불가능한 병에 걸려 수 년동안 사는 이들도 있다. 언제 죽을지 알고 있다면 다른 사람들은 어떻게 살까? 흔히 하는 얘기로 내일 죽는다고 하면 오늘 저녁에 나는 무엇을 할까?

마지막 츠구미의 편지는 죽음을 준비하는 이의 편지이긴 하지만 그것은 추구미답지 못한 것이다. 어쩌면 작가 자신의 죽음에 대한 진지한 고민이 아니었을까? 누구나 한번쯤은 하게 되는 죽음에 대한 고민 같은 것 말이다.

### 7.2.4. 学生作文点评

[学生作文1] 《笔谈女公关》观后感

영화 〈필담(筆談)호스티스〉를 보고서

며칠 전 〈필담호스티스〉라는 영화를 봤다. 그 영화는 한 농아 여자가 도쿄 은자의 No1. 호스티스가 되기까지 과정을 서술한 실화를 바탕으로 하고 있다. 그 영화를 본 후 나는 너무나도 깊은 감동을 했다. 주인공 리에는 어렸을 때 앓은 병 때문에 농아 원이 됐다. 아무 소리를 들을 수도 없고 아무 말도 할 수 없다. 그렇지만 리에의 어머님은 딸이 사람들로부터 무시를 당하지 않 과 위해 포기하지 않고 계속 딸에게 말을 가르치고 글자를 가르쳐 줬다. 드디어 리에는 말을 할 수 있을 뿐만 아니라 가족들의 말하는 것을 보면 잘 알 수 있게까지 된다.
　그러나 한 청각장애인 놈아원이 이 사회에서 살아 간다 는 것이 여간 어려운 일이 아니었다. 리에는 점점 주위 친구들에게서 배척을 받았다. 그래서 문내는 마지막에 학교를 떠난다. 어머니의 바램 희망대로 일자리를 찾아 평범하게 살려고 애썼지만 냉혹한 현실앞에서 언제나 좌절하고 실망하였으며 실패와 고독중에서 방황했다. 우여곡절 끝에 다음에 리에는 어머니와 오빠의 반대를 무릅쓰고 집을 나와 도쿄에 갔다. 호스티스가 되기로 마음 먹은 것이다.
　리에는 말하기 불편하기 때문에 펜으로 필을 이용해서 손님들과 이야기를 나눈다. 호스티스라는 직업이 리에에게 즐거움을 갖다 주었다. 다른 사람들과 마음을 열어 이야기를 나눈 다는 것이 그에게는 행복한 일이었다. 리에는 클럽에 찾아 오는 손님들의 번뇌를 풀어 줬어 주기도 하고 사업에 실패하여 자살하고 싶은 리고 하는 손님을 구해 주기도 한다. 리에는 거기에서 자기 삶의 기쁨과 가치를 발견한다.
　리에의 말은 철리 있고 나에게 많은 인생의 도리를 깨우쳐 알려 주었다. 그녀는 이런 말을 했다. "難題のない 人生は'無難'な人生, 難題のある人生は'有難い'人生", 즉 어려움이 없는 인생은 무난한 인생이지만 어려움이 있는 인생은 고마운 인생이라는 것이다. 정말 의미 있는 말이다. 무엇보다도 인상 깊었던 심각했던 것은 사업이 파산당한 리에의 단골손님이 리에에게 적어 주는 말이 "辛"란 글자 밖에 없다는 한탄하자 리에는 그 글자에 한 획을 더 그어서 "幸"자로 바꿔 주면서 괴로움은 행복해지기 위한 과정이라고 말하는 장면이다. 일본어의 한자를 교묘하게 이용하여 인생의 철리를 재치있게 설명하여 색다른 재미를 선사해 준다. 리에는 또 "過去と他人は変えられません。でも未来と自分は変えられます"라고 말한다. 즉 과거와 남은 바꿀 수 없지만 미래와 자기는 바꿀 수 있다는 것이다. 너무나 철리적이고 뜻이 깊은 말이다. 많은 손님들이 좌절을 접고 재기를 위해 일어설 수 있는 힘을 얻는다. 나는 여성적이면서도 긍정적이고 낙관적이며 강인한 리에의 인생 태도에 깊은 감명을 받았다.
　그 의 영화에서 가족을 비롯한 주변 사람들이 진지하는 사랑과 애정으로 장애가 있는 리에를 도와주는 이야기도 너무 감동적이었다. 특히 리에 어머니와 오빠는 곁에서 리에의 입장을 따뜻한 시선으로 바라보고 면서 호스티스가 된 리에에게 화도 내지만 그녀를 이해하려고 애쓰며 항상 힘이 되어준다. 사람들 사이의 관계가 쌀쌀해지고 가족이나 친구간의 커뮤니케이션이 점점 적어져가는 오늘에, 만남의 즐거움과 가족의 소중함을 새삼스레 느끼 게해 훌륭한 영화이다. (符宜彦)

### 作文点评

　　这是电影《笔谈女公关》的观后感。主人公幼年时因病导致失聪,她为此曾经十分失落。但她并没有被残障压倒,坚强地生活下去,最后当上一名擅长笔谈的女公关。作者为主人公的坚强意志和父母对女儿的爱所感动。文章对作品内容的概述较合理,抓住重点抒发感受,联系现实生活作出了自己的评价。

[学生作文 2]《山楂树之恋》读后感

<산사나무 밑에서 맺어진 사랑>을 읽고서

한국어 수업에서 우리에게 선생님께서 책 한 권을 추천해 주셨다. 그 책이 바로 아이미(艾米)의 <산사나무 밑에서 맺어진 사랑>(山楂樹之戀)이라는 책이다. 반 친구들의 책을 읽는 열풍에 따라 나도 한 권을 빌렸는데, 읽기 시작하자마자 손에서 그 책을 놓을 수가 없었다. 결국 나는 밤낮을 쭉 끝까지 읽었다.

이 소설은 문화대혁명을 배경으로 산사나무 마을에서 벌어진 젊은 남녀의 비극적인 사랑을 이야기 한다. 여주인공 징츄(靜秋)는 아리따운 도시 소녀이다. 지주 출신이라는 이유로 주위 사람들의 차가운 눈빛을 받았고 집 형편도 아주 어려웠다. 고등학교 학생인 징츄는 반 친구들과 같이 산사나무 마을에 내려와 농촌생활 체험을 하게 되고, 거기서 잘 생기고 소탈한, 고위급 간부의 아들 라오싼(老三)을 만난다. 두 청춘남녀의 순결하고 애절한 사랑이 시작된다.

산사나무 밑에서 라오싼과 징츄의 데이트가 시작되고 두 사람은 많은 사랑의 이야기를 만든다. 그러나 그들의 사랑이 한참 아름답게 익어갈 사이, 라오싼이 소리없이 징츄의 곁에서 사라져버린다. 라오싼이 백혈병에 걸렸던 것이다. 그는 멀리 떨어진 곳에서 조용히 사랑하는 징츄를 파과 보고 있었다. 징츄는 애타게 로오싼을 찾아헤매었으나 끝내 찾지 못한다.

어느날, 라오싼의 동생이라고 한 사람이 징츄를 찾아왔다. 라오싼이 눈을 감기 전에 징츄를 보고 싶다는 것이다. 징츄가 라오싼을 찾아갔을 때 그는 피골이 상접하여 앙상한 뼈만 남았는 모습이었으며 마지막 숨을 쉬고 있었다. 징츄는 무릎을 꿇어 라오싼의 바짝 마른 손을 붙잡고 목놓아 울면서 부른다. '여보, 나예요. 징츄, 징츄라구요······.' 라오싼이 눈을 감는다. 두 방울의 눈물이 굴러떨어진다······ 나의 눈물도 책장에 떨어졌다.

이 책에서 나의 심금을 가장 울린 것은 사랑 한 두 남녀가 마지막까지 같이 살아갈 수 없다는 사실이 아니라, 이 세상에 그렇게도 순수하고 풋풋한 사랑이 있었다는 것이다. 이 소설을 읽은 많은 사람들은 두 남녀의 사랑을 세상에서 가장 깨끗한 사랑이라고 평가하였다. 슬픈 사랑의 이야기지만 나는 그런 사랑을 해보고 싶다.

이 소설은 사실을 바탕으로 쓴 것이다. 인간 사회에 이러한 순애가 있었다는 것이 너무나 감동적이다. 쨩이머우 감독이 <산사나무의 사랑>을 영화로 찍을 것이라는 소문을 들었다. 너무 기쁘고 동시에 많이 기대된다. (张洪嬌)

### 作文点评

这是一篇以内容介绍为中心的读后感。开头和结尾朴素、自然是这篇文章的特点。正文部分先概述作品的主要内容，后讲述作者的感受。但是"读"多"感"少是这篇文章的缺点。

**练习(十)**

1. 감상문이란 어떤 문체의 글입니까? 감상문의 특징에 대해 말해 보시오.

2. 감상문의 구성과 그 내용에 대해 설명해 보시오.

3. 감상문과 논설문의 공통점과 차이점에 대해 말해 보시오.

4. 감상문과 평론문의 다른점이 무엇인지 생각해 보시오.

5. 독서 감상문이나 드라마 감상문을 한편 써 보시오. (800 자 내외)

## 7.3. 随笔(수필문)

### 7.3.1. 随笔的概念和特点

随笔是指将日常生活中的所见所闻、所感所想不拘泥于形式,轻松自如地写下来的文体。从这一定义来看,日记和感想文等都可以包括在随笔范畴之内。

随笔,有文就录,有感就发,有事就记,有理就说,率性而为,不必拘泥。随笔这类文章,或讲述文化知识,或发表学术观点,或评析世态人情,启人心智,引人深思。在写法上,往往旁征博引,而不作理论性太强的阐释,行文缜密而不失活泼,结构自由而不失谨严。

写随笔就像与邻居谈心般轻松,没有任何的负担,没有华丽的辞藻,严密的结构。随笔的形式可以不受体裁的限制,灵活多样,不拘一格。可以观景抒情,可以睹物谈看法,可以读书谈感想,可以一事一议,也可以对同类事进行综合议论。随笔也不受字数的限制,短的几十字,长的几百字,篇幅长短皆由内容而定。

随笔根据所陈述的态度或形式不同分为重随笔(중수필)和轻随笔(경수필)。重随笔又称作正式随笔(formal essay),轻随笔也叫做非正式随笔(informal essay)。重随笔着重对重大问题或对象进行合理、客观、批判性、思索性的论述,一般不凸显"我",而是追求理性、社会性、实用性的价值。文章给人一种稳重的感觉。轻随笔是着重于个人感想或体验,夹杂着幽默与智慧,主观感性地撰写而成的随笔。一般来讲凸显"我",且追求感性的、个性、艺术性的价值。文章给人以轻松的感觉。

随笔还可根据陈述的方式及内容分为教训性随笔、戏剧性随笔、抒情性随笔及叙事性随笔。教训性随笔是以笔者从自然或人生经验的思索中获得的智慧为基础,给读者以教训的随笔。教训性随笔强烈体现出说理的要素。戏剧性随笔是指将笔者或他人的经历赋予戏剧化,使内容展开具有戏剧性的一种随笔。抒情性随笔是指注重抒发感情,将从日常生活或是自然界中获得的情感真实地表达出来的随笔。抒情性随笔具有很强的艺术性。叙事性随笔是笔者转述他人故事的随笔。将故事的行动或时间像小说一样表达,不掺杂个人主观色彩,客观地进行叙述。

### 7.3.2. 随笔的写作要求

第一，随笔是没有内容局限的文章，但想要写好随笔，选主题必须有独到之处，切入一个事件的角度不同于以往，观点不同于常俗。第二，随笔虽没有特定形式，但应选择能够有效揭示主题的展开方法。如果采用"开头—中间—结尾"构成，开头要引人入胜，激发读者阅读兴趣。中间部分陈述个人经历或真实情感，并做到独具特色。结尾采用富有特点的个性化表达方式。第三，随笔虽是崇尚富有个性色彩的文章，但要避免过度的修饰或华丽的辞藻。应把自己对生活的感悟和体认，通过个人经验获得的智慧和真情实感富有情趣地表现出来，给读者以乐趣和感动。第四，随笔虽是自我表现的文章，但不应妄下极端的结论。对所感知的事物进行辩证思考，真实地反映自我对事物的认识和评价，真实地表现自己的所思所想，但要给读者以深入思考回味的空间。

### 7.3.3. 随笔范文

[范文1] 青春礼赞

청춘예찬（青春禮讚）

　　청춘! 이는 듣기만 해도 가슴 설레는 말이다. 청춘! 너의 두손을 가슴에 대고, 물방아 같은 심장의 고동(鼓動)을 들어 보라. 청춘의 피는 끓는다. 끓는 피에 뛰노는 심장은 거선(巨船)의 기관(汽罐)과 같이 힘이 있다. 이것이다. 인류의 역사를 꾸며 내려온 동력은 바로 이것이다. 이성은 투명하되 얼음과 같으며, 지혜는 날카로우나 갑 속에 든 칼이다. 청춘의 끓는 피가 아니더면, 인간이 얼마나 쓸쓸하랴? 얼음에 싸인 만물은 죽음이 있을 뿐이다.

　　그들에게 생명을 불어 넣는 것은 따뜻한 봄바람이다. 풀밭에 속잎나고 가지에 싹이 트고, 꽃 피고 새 우는 봄날의 천지는 얼마나 기쁘며 얼마나 아름다우냐? 이것을 얼음 속에서 불러 내는 것이 따뜻한 봄바람이다. 인생에 따뜻한 봄바람을 불어 보내는 것은 청춘의 끓는 피다. 청춘의 피가 뜨거운지라 인간의 동산에는 사랑의 풀이 돋고 이상의 꽃이 피고 희망의 놀이 뜨고 열락(悅樂)의 새가 운다.

　　사랑의 풀이 없으면 인간은 사막이다. 오아이스도 없는 사막이다. 보이는 끝까지 찾아다녀도, 목숨이 있는 때까지 방황(彷徨)하여도, 보이는 것은 거친 모래뿐일 것이다. 이상의 꽃이 없으면, 쓸쓸한 인간에 남는 것은 영락(零落)과 부패(腐敗)뿐이다. 낙원을 장식하는 천자만홍(千紫萬紅)이 어디 있으며, 인생을 풍부하게 하는 온갖 과실이 어디 있으랴?

　　이상! 우리의 청춘이 가장 많이 품고 있는 이상! 이것이야말로 무한한 가치를 가진 것이다. 사람은 크고 작고 간에 이상이 있음으로써 용감하고 굳세게 살 수 있는 것이다. 석가(釋迦)는 무엇을 위하여 설산에서 고행을 하였으며, 예수는 무엇을 위하여 광야(廣野)에서 방황하였으며, 공자는 무엇을 위하여 천하를 철환(轍環)하였는가? 밥을 위하여서, 옷을 위하여서, 미인을 구하기 위하여서 그리하였는가? 아니다. 그들은 커다란 이상, 곧 만천하(滿天下)의 대중을 품에 안고, 그들에게 밝은 길을 찾아 주며, 그들을 행복스럽고 평화스러운 곳으로 인도하겠다는 커다란 이상을 품었기 때문이다. 그러므로 그들은 길지 아니한 목숨을 사는가 싶이 살았으며, 그들의 그림자는 천고에 사라지지 않는 것이다. 이것은 현저하게 일월과 같은 예가 되려니와, 그와 같지 못하다 할지라도 창공에 반짝이는 뭇별과 같이, 산야에 피어나는 군영(群英)과 같이, 이상은 실로 인간의 부패(腐敗)를 방지하는 소금이라 할지니, 인생에 가치를 주는 원질(原質)이 되는 것이다.

　이상! 빛나는 귀중한 이상, 그것은 청춘이 누리는 바 특권(特權)이다. 그들은 순진한지라 감동하기 쉽고, 점염(點染)이 적은지라 죄악에 병들지 아니하였고, 앞이 긴지라 착목(着目)하는 곳이 원대하고, 피가 더운지라 실현에 대한 자신과 용기가 있다. 그러므로 그들은 이상의 보배를 능히 품으며, 그들의 이상은 아름답고 소담스러운 열매를 맺어, 우리 인생을 풍부하게 하는 것이다.

　보라, 청춘을! 그들의 몸이 얼마나 튼튼하며, 그들의 피부가 얼마나 생생하며, 그들의 눈에 무엇이 타오르고 있는가? 우리 눈이 그것을 보는 때에, 우리의 귀는 생의 찬미를 듣는다. 그것은 웅대한 관현악이며, 미묘한 교향악이다. 뼈끝에 스며들어가는 열락(悅樂)의 소리다. 이것은 피어나기 전인 유소년에게서 구하지 못할 바이며, 시들어 가는 노년에게서 구하지 못할 바이며, 오직 우리 청춘에서만 구할 수 있는 것이다. 청춘은 인생의 황금시대다. 우리는 이 황금 시대의 가치를 충분히 발휘하기 위하여, 이 황금시대를 영원히 붙잡아 두기 위하여, 힘차게 노래하며 힘차게 약동하자! (민태원)

※ 闵泰瑗(1894—1935), 小说家、文学翻译家。韩国忠清南道瑞山人。毕业于日本早稻田大学政治经济系。生前历任《东亚日报》社会部长、《朝鲜日报》编辑局长、《中外日报》编辑局长等职。

《青春礼赞》就是对青春的歌颂。青年者，人生之王，人生之春，人生之华也。人们历来把青春视为花朵一般美丽，黄金一样宝贵。这是因为它蕴藏着蓬勃的生机，包含着无限的追求，凝聚着不竭的活力，它是热血、激情、理想、信念、奋发向上的精神和无穷创造力所汇积的最美妙的交响曲。语言绚烂华丽，结构繁复精巧，是这部作品的特征。《青春礼赞》属重随笔。

[范文2] 残月

그믐달

　나는 그믐달을 사랑한다.

　그믐달은 요염하여 감히 손을 잡을 수도 없고 말을 붙일 수도 없이 깜찍하게 예쁜 계집같은 달인 동시에, 가슴이 저리고 쓰린 가련한 달이다.

　서산 위에 잠깐 나타났다 숨어 버리는 초생달은 세상을 후려 삼키려는 독부(毒婦)가 아니면, 철모르는 처녀 같은 달이지마는, 그믐달은 세상의 갖은 풍상을 다 겪고 나

# 第七章 表达情感类文章

중에는 그 무슨 원한을 품고서 애처롭게 쓰러지는 원부(怨婦)와 같이 애절하고 애절한 맛이 있다.

　보름에 둥근 달은 모든 영화(榮華)와 끝없는 숭배를 받는 여왕과도 같은 달이지마는, 그믐달은 애인을 잃고 쫓겨남을 당한 공주와 같은 달이다.

　초생달이나 보름달은 보는 이가 많지마는, 그믐달은 보는 이가 적어 그만큼 외로운 달이다. 객창(客窓) 한등에 정든 임 그리워 잠 못들어 하는 분이나, 못 견디게 쓰린 가슴을 움켜 잡은 무슨 한 있는 사람이 아니면 그 달을 보아주는 이가 별로이 없을 것이다.

　그는 고요한 꿈나라에서 평화롭게 잠들은 세상을 저주하며, 홀로이 머리를 흩뜨리고 우는 청상과 같은 달이다. 내 눈에는 초생달 빛은 따뜻한 황금빛에 날카로운 쇳소리가 나는 듯하고, 보름달은 치어다 보면 하얀 얼굴이 언제든지 웃는 듯하지마는, 그믐달은 공중에서 번듯하는 날카로운 비수(匕首)와 같이 푸른 빛이 있어 보인다. 내가 한이 있는 사람이 되어서 그러한지는 모르지만, 내가 그 달을 많이 보고 또 보기를 원하지만, 그 달은 한 있는 사람만 보아주는 것이 아니라, 늦게 돌아가는 술 주정꾼과 노름하다 오줌누러 나온 사람도 혹 어떤 때는 도둑놈도 보는 것이다.

　어떻든지 그믐달은 가장 정 있는 사람이 보는 동시에, 또는 가장 한 있는 사람이 보아주고, 또 가장 무정한 사람이 보는 동시에 가장 무서운 사람들이 많이 보아 준다.

　내가 만일 여자로 태어날 수 있다면 그믐달 같은 여자로 태어나고 싶다.(나도향)

※ 罗稻香（1902—1926），小说家。本名庆孙，首尔人。毕业于培才学堂，曾赴日本半工半读。他的前期作品有伤感主义色彩和自然主义倾向，后走向进步文学道路。

　罗稻香是浪漫主义倾向的作家。作品中作者为"残月"的"恨（한）"所吸引住，这率真地表现了作者的浪漫主义倾向。作者托月亮抒发出自身内心情感。比起宛如毒妇的眉月和恰似女王的圆月，他更爱犹如被赶出家门的公主的残月，这种情感并不是作者一个人所独有的情绪。从"恨"、"哀"、"悲"中更感受到一种美感是积压在韩国人内心的共同的情绪，也是韩国文学的传统情调。

[范文3] 随笔

## 수필

　수필은 청자(青瓷) 연적(硯滴)이다. 수필은 난(蘭)이요, 학(鶴)이요, 청초하고 몸맵시 날렵한 여인이다. 수필은 그 여인이 걸어가는, 숲 속으로 난 평탄하고 고요한 길이다. 수필은 가로수 늘어진 포도(鋪道)가 될 수도 있다. 그러나 그 길은 깨끗하고 사람이 적게 다니는 주택가에 있다.

　수필은 청춘의 글은 아니요, 서른 여섯 살 중년(中年) 고개를 넘어선 사람의 글이며, 정열이나 심오한 지성(知性)을 내포한 문학이 아니요, 그저 수필가가 쓴 단순한 글이다. 수필은 흥미(興味)를 주지마는, 읽는 사람을 흥분시키지는 아니한다. 수필은 마음의 산책이다. 그 속에는 인생의 향기와 여운(餘韻)이 숨어 있다.

　수필의 빛깔은 황홀(恍惚) 찬란하거나 진하지 아니하며, 검거나 희지 않고, 퇴락(頹落)하여 추(醜)하지 않고, 언제나 온아우미(溫雅優美)하다. 수필의 빛은 비둘기 빛이거나 진주빛이다. 수필이 비단이라면, 번쩍거리지 않는 바탕에 약간의 무늬가 있는 것이다. 무늬는 읽는 사람 얼굴에 미소를 띠게 한다.

　수필은 한가(閑暇)하면서도 나태(懶怠)하지 아니하고, 속박을 벗어나고서도 산만하지 않으며 찬란하지 않고 우아하며 날카롭지 아니하나 산뜻한 문학이다. 수필의 재료는 생활 경험, 자연 관찰, 인간성이나 사회 현상에 대한 새로운 발견 등 무엇이나 좋을 것이다. 그 제재가 무엇이든지 간에 쓰는 이의 독특한 개성과 그때의 심정에 따라 '누에의 입에서 나오는 액(液)이 고치를 만들듯이' 수필은 써지는 것이다. 또 수필은 플롯이나 클라이맥스를 꼭 필요로 하지는 않는다. 필자가 가고 싶은 대로 가는 것이 수필의 행로(行路)다. 그러나, 차를 마시는 것과 같은 이 문학은, 그 차가 방향(芳香)을 갖지 아니 할 때에는 수도물같이 무미한 것이 되어버리는 것이다.

　수필은 독백(獨白)이다. 소설가나 극작가는 때로 여러 가지 성격을 가져 보아야 한다. 셰익스피어는 햄릿도 되고 오필리아 노릇도 한다. 그러나, 수필가 찰스 램은 언제나 램(C.Lamb)이면 되는 것이다. 수필은 그 쓰는 사람을 가장 솔직이 나타내는 문학형식이다. 그러므로, 수필은 독자에게 친밀감을 주며, 친구에게서 받은 편지와도 같은 것이다.

　덕수궁 박물관에 청자 연적이 하나 있었다. 내가 본 그 연적은 연꽃 모양으로 된 것으로, 똑같이 생긴 꽃잎들이 정연히 달려 있었는데, 다만 그 중에 꽃잎 하나만이 옆으로 꼬부라졌다. 이 균형(均衡) 속에 있는, 눈에 거슬리지 않는 파격(破格)이 수필인가 한다. 한 조각 연꽃잎을 옆으로 꼬부라지게 하기에는 마음의 여유를 필요로 한다.

　이 마음의 여유가 없어 수필을 못 쓰는 것은 슬픈 일이다. 때로는 억지로 마음의 여유를 가지려다가, 그런 여유를 가지는 것이 죄스러운 것 같기도 하여, 나의 마지막 10분의 1까지도 숫제 초조(焦燥)와 번잡(煩雜)에 다 주어 버리는 것이다. (皮千得)

　*皮千得(1910~2007): 수필가, 시인, 영문학자. 서울에서 태어남. 중국 상하이 호강대학 영문학과 졸업, 허버드대학 수학.

[范文4] 味道与魅力

## 맛과 멋

　맛은 감각적이요, 멋은 정서적이다.

　맛은 적극적이요, 멋은 은은하다.

　맛은 생리를 필요로 하고, 멋은 교양을 필요로 한다.

　맛은 정확성에 있고, 멋은 파격에 있다.

　맛은 그때뿐이요, 멋은 여운이 있다.

　맛은 얕고, 멋은 깊다.

第七章 表达情感类文章

맛은 현실적이요, 멋은 이상적이다.

정욕 생활은 맛이요, 플라토닉 사랑은 멋이다.

그러나 맛과 멋은 반대어는 아니다. 사실 그 어원은 같을지도 모른다. 맛있는 것의 반대는 맛없는 것이고, 멋있는 것의 반대는 멋없는 것이지 멋과 맛이 반대되는 것은 아니다.

맛과 멋은 리얼과 낭만과 같이 아름다운 조화를 이루는 것이다.

그러나 맛만 있으면 그만인 사람도 있고, 맛이 없더라도 멋만 있으면 사는 사람이 있다.

맛은 몸소 체험을 해야 하지만, 멋은 바라보기만 해도 된다.

맛에 지치기 쉬운 나는 멋을 위하여 살아간다.

(피천득)

[范文 5] 远方的思念

먼 곳에의 그리움

그것이 헛된 일임을 안다.

그러나 동경과 기대 없이 살 수 있는 사람이 있을까? 무너져 버린 뒤에도 그리움은 슬픈 아름다움을 지니고 있다.

나는 새해가 올 때마다 기도 드린다. 나에게 무슨 일이 일어나게 해달라고…. 어떤 엄청난 일, 매혹하는 일, 한마디로 '기적'이 일어날 것을 나는 기대하고 있다. 올해도 마찬가지다. 모험 끝에는 허망이, 여행 끝에는 피곤만이 기다리고 있는 줄을 잘 안다.

그리움과 먼 곳으로 훌훌 떠나 버리고 싶은 갈망, 바하만의 시구처럼 '식탁을 털고 나부끼는 머리를 하고' 아무 곳이나 떠나고 싶은 것이다. 먼 곳에의 그리움! 모르는 얼굴과 마음과 언어 사이에서 혼자이고 싶은 마음! 텅빈 위와 향수를 안고 돌로 포장된 음습한 길을 거닐고 싶은 욕망. 아무튼 낯익은 곳이 아닌 다른 곳, 모르는 곳에 존재하고 싶은 욕구가 항상 나에게는 있다.

포장마차를 타고 일생을 전전(轉轉)하고 사는 집시의 생활이 나에게는 가끔 이상적 곳으로 생각된다. 노래와 모닥불가의 춤과 사랑과 점치는 일로 보내는 짧은 생활, 짧은 생(生). 내 혈관 속에서 어쩌면 집시의 피가 한 방울 섞여 있을지도 모른다고 혼자 공상해 보고 웃기도 한다.

내 영혼에 언제나 고여있는 이 그리움의 샘을 올해는 몇 개월 아니, 몇 주일 동안만이라도 채우고 싶다. 너무나 막연한 설계―아니 오히려 '반설계'라는 편이 나을 것이다.

그러나 모든 플랜은 그것이 미래의 불확실한 신비의 속해 있을 때만 찬란한 것이 아닐까? 동경의 지속 속에서 나는 내 생명의 연소를 보고 그 불길이 타오르는 순간만으로 메워진 삶을 내년에도 설계하려는 것이다.

아름다운 꿈을 꿀 수 있는 특권이야말로 언제나 새해가 우리에게 주는 아마 유일의 선물이 아닌가 하는 생각해 본다. (전혜린)

* 田惠麟(1934~1965): 번역가, 수필가. 평안남도 순천에서 출생. 서울대학교 법과대학 중퇴, 독일 유학. 서울대학교 법과대학, 이화여자대학교 강사 역임.

[范文6] 人与人的相遇

인간의 만남

　오늘도 '새벽을 깨우리라'는 마음으로 여느 때와 마찬가지로 일찍 교문을 들어섰다. 아직도 희끄무레한 산등성이며 추위에 옹기종기 모였다가 아침을 맞아 기지개를 켜는 나무들의 모습이며 엷은 안개 깔린 운동장의 정적이 오염의 도심세계에서 벗어난 나를 실감케 해준다. 그런데 이렇게 대자연의 일부를 품에 안고 즐기는 이 생활 속에서도 무언가 텅 빈 느낌을 갖게 되는 것은 무엇 때문일까?

　커피를 끓이고 화초에 물을 주고 환기를 시켜 연구실을 정비한 다음 오늘의 강의 준비를 점검하고 자리에 앉아 있으면 동료 교수들이 하나 둘씩 등교하기 시작한다. 연구실의 문이 열리고 학생들의 발걸음 소리가 부산해지면 새로운 날을 맞았다는 실감과 함께 캠퍼스는 비로소 활기를 띠게 된다. 하루 중 가장 많은 시간을 보내게 되는 이 소중한 공간에서 우리는 학문의 연구와 전수라는 거창한 구호 이전에 만남이라는 귀한 순간들을 느끼고 체험하게 되는 것이다. 세월이 갈수록 소중하게 느껴지는 학생들과 학교를 거쳐나간 졸업생들, 그리고 동료 교수들과 교직원들……

　내 곁의 이 귀한 사람들의 존재를 깊이 깨닫지 못하고 지낸 지가 벌써 십수년이 된다.

[范文7] 禁烟

금연

　거리를 지나다 보면 여기저기에서 담배를 피우는 사람들을 쉽게 볼 수 있다. 내가 본 이런 사람들 중에 안타깝게도 내 또래의 아이들도 많다. 갈수록 청소년 흡연율이 늘어나는 것도 그렇고, 같은 청소년으로서 이대로 두고 보기만 해서는 안 될 것 같다는 생각이 든다.

　아직 성장기인 우리가 이겨 내기에는 버거운 것이 흡연의 유혹이고 여러 가지 힘든 상황에 위안받는 수단으로 흡연을 한다지만 이대로 아무 대책없이 가다가 어른이 되기도 전에 청소년들이 제대로 된 인생을 살 수 없게 될지도 모른다.

　예전에 내가 아는 친구 중에도 담배를 너무 많이 피워서 옆에 가기만 해도 담배 냄새가 풍겨 구역질이 나고, 그 애가 콜록거리는 소리에 함께 공부하는 다른 아이들 모두가 피해를 입으면서 지냈던 적이 있었다. 그 아이는 담배 때문에 자기 자신의 몸을 망가뜨리기도 했지만, 자신의 행동으로 다른 많은 아이들에게 보이지 않는 피해를 준 셈이다. 더군다나 청소년 흡연 문제는 성인 흡연 문제와는 달리 우리 사회의 미래를 어둡게 만드는 것이므로 그런 상황을 개선하려는 좀더 적극적인 노력이 필요할 것이다.

　얼마 전에 나는 신문에서 한 고등학교에서 일고 있는 금연운동에 관한 기사를 읽었다. 학생과 선생님이 함께 금연을 했다고 하는데, 사제가 노력하는 모습이 흐뭇했고 바람직한 방법이라는 생각이 들었다. '그만해라, 그만해라' 강요만 할 것이 아니라 어른들도 함께 금연에 동참하는 것이 청소년 흡연을 줄일 수 있는 좀더 효과적이고 바람직한 방법일 것이다.

[范文 8] 男女差别

## 남녀차별

우리 집은 딸이 두 명이라서 남녀차별이 없다. 하지만 학교에서 도덕 시간에 흔히 배우는 것이 남녀차별을 없애는 것이다. 그런데 그 사이 그 작은 틈에도 남녀차별이 숨어 있다.

교탁 위에 놓여 있는 출석부를 호기심으로 열어보면, 그 안에는 먼저 남자부터, 그 뒤를 이어 여자가 잇따른다. "아! 이렇게 생긴 거구나" 하고 덮어버리는 사람도 있겠지만 아주 사소하게 잘못을 따지면 그것도 일종의 남녀차별의 경우가 되는 것이다.

뿐만 아니라 교과서에 보면 변호사나 의사 등 대부분의 사회생활은 남자고, 어머니들은 바느질이나 설거지를 하고 있는 그림을 볼 수 있다. 오래 전부터 남녀차별이 이어진 것을 알 수 있다.

심지어 텔레비전을 보아도 손주면 손녀보다 더 귀여워 해주는 모습을 볼 수 있다. 또, 할머니들은 "아들 하나만 낳지……" 하고 말씀을 하시기도 한다.

'남녀평등' 이란 말도 알고 보면 남녀차별이다. 왜냐하면 남녀평등이라고 할 때 남자가 여자보다 먼저 오니 말이다. '양성평등', 이것이 바른 말인 것 같다.

남녀차별이 언젠가는 해결되리라 믿고, 최초의 여자 대통령이 탄생할 날을 기다린다.

[范文 9] 爱孤独的女人

## 고독을 사랑하는 여자

고독은 씹으면 씹을수록 단내가 난다. 혼자여서 고독할 때도 있지만 옆에 사람이 있는데도 고독한 것을 보면 반드시 혼자라서 그런 것만은 아닌가 보다. 외로움은 참을 수 없는 고통이지만 고독은 씹어야 제 맛이 난다. 알 수 없는 무엇인가의 꼬리를 잡으려다 밤을 하얗게 새기도 한다. 그럴 때는 눈을 뜨고 있어야 한다. 기억의 저편에 그리운 사람들의 얼굴이 자꾸만 떠오르기 때문이다. 고독이란 물 한 모금으로 꿀꺽 삼켜야 하는 쓰디 쓴 알약이다. 그런데 고독은 오래오래 씹고 있으면 단맛이 난다.

고독은 마시면 마실수록 시원하다. 사이다처럼 톡 쏘기도 하고 동치미처럼 은근한 맛으로 마음을 달래주기도 한다. 맛을 음미하며 한 모금씩 목구멍으로 넘길 때마다 달착지근하고 시원한 그 맛에 빠져들게 된다. 묘한 매력을 느끼며 온통 마음을 점령자에게 내주고도 싫지 않은 표정이다. 온 몸을 타고 내려오는 그의 손놀림에 결국 넘어지고 마는 것은 어쩌면 포기이자 반항이며 사랑의 표현이다. 고독이라는 놈은 그렇게 톡 쏘는 사이다 같아서 삼키고 나면 시원해서 자꾸만 더 마시고 싶어진다.

고독은 예고 없이 찾아오는 무단 침입자이다. 마치 그림자처럼 소리 없이 들어 와서 따라 붙는다. 소리가 없고 보이지 않으니 붙잡아 떼어 버릴 수도 없다. 웃음 속에 은근슬쩍 끼어들어 와서 마치 제 집인 것처럼 활개를 친다. 그림자처럼 두 발을 붙여 놓고 걸음을 옮길 때마다 냉소를 지으며 바라본다. 희롱하는 그 놈을 떨쳐 내려고 냅다 발길질을 해 보지만 막무가내다. 고독을 씹고 즐긴다는 정보를 누가 전해 주었는지 모르겠다. 스스로 떨어지던지 웃음 속에 파묻히길 기다리다가 한바탕 웃음으로 또 사랑에 빠지고 만다.

고독이라는 친구와 동거하며 '고독한 여인의 집'이라는 문패를 달아 놓았다. 식탁 위에 수저 한 세트가 학처럼 고고하게 앉아 있다. 외로운 것이 아니고 고독한 것이라고 말하려고 하는 것을 굳이 말리지 않는다. 외로움은 마음의 병이 되지만 고독은 사색의 어머니라고 오히려 한마디 더 해 준다. 네가 곁에 있기에 마음이 살찌고 있다고. 괜스레 창밖으로 시선을 돌린다. 몰래 기웃거리던 바람이 화들짝 놀라서 가려고 하자, 잠시 쉬었다 가라고 창문을 활짝 열었다. 바람이 들려주는 향긋한 봄 이야기에 고독은 잠시 외출하고, 따스한 봄 햇살 같은 웃음소리가 집안을 가득 채웠다. (오명순)

### 7.3.4. 学生作文点评

[学生作文 1] 没有实现的诺言

이루지 못한 약속

뜨겁게 내리쬐는 햇볕에 땀을 흘리는 사람들의 발걸음은 누군가에게 쫓기는 듯 빠르다 하나 빈자리 없이 사람을 빼곡히 박아실은 버스들이 검은 연기를 풀풀 토하며 분주히 오간다. 푸른 신호등이 바뀔 때마다 홍수처럼 한꺼번에 쏟아져 나오는 차량들의 물결에 소름이 끼친다.

사람들은 무엇을 위해 저렇게 분망히 살고 있는걸까? 병실 창문턱에서 밖을 내다보면서 며칠 후부터는 나도 다시 저 사람들의 대오에 서야 겠다고 생각하니 마음이 착잡하다. 창턱에 놓인 빨간 종이로 만든 종이 원피스에 눈길이 미치자 하늘 나라로 떠난 꼬마 천사의 이쁜 얼굴이 떠오른다.

4학년이 되면서 취직 때문에 매일 이력서를 부치고 면접을 받는 일에 바빴다. 음식도 제대로 잘 챙겨먹지 못하고 긴장과 근심으로 잠이 제대로 자지 못했다. 어느날 갑자기 배가 아파서 병원에 실려왔는데 급성맹장염이라는 것이다. 일주일 동안 병원에 갇혀 있는 것이 일년처럼 지루했다. 하루빨리 퇴원했으면 좋겠다는 말을 하루에 열번도 넘게 한 것 같다.

어느날 밤, 너무 심심해서 병실 복도를 오가고 있었는데 베란다 쪽에서 은은한 음악이 들려온다. 가까이 다가가서 보니 대여섯 살 쯤 돼 보이는 한 여자애가 라디오를 가지고 난간에 기대어 음악을 듣고 있었다. 내가 '안녕'하고 말을 보내자 여자에는

'언니, 저기 저 하늘을 보세요. 별들이 반짝거리고 있죠?'

라고 물었다.

'응, 오늘따라 별이 많네'.

나는 별 총총한 하늘 올려다 보며 대답했다. 후에 알은 일이지만 여자애는 불치의 병에 걸려 이미 두 눈이 실명되어 있었다. 여자애는 내 옆 병실에 있었는데 그날밤부터 우리는 친구가 되었다.

매일 치료가 끝나면 여자애는 내 병실에 찾아와서 같이 라디오를 들어달라고 재잘거렸다. 라디오를 듣는 것이 앞을 보지 못하는 여자애에게 가장 즐거운 일과였다. 하얀색 환자복을 입은 여자애는 꼭 마치 꼬마 천사 같았다. 내가 흰 환자복을 입은 것이 천사처럼 이쁘다고 말해줬더니 여자애는 빨리 퇴원해서 빨간색 원피스를 입고 싶다고 말했다. 나는 여자애에게 빨간색 종이 원피스를 접어주겠다고 약속했다.

어느날, 갑자기 병실 밖에서 시끄러운 소리가 났다. 알고 보니 여자애의 병이 악화되어 응급실로 이송되었다는 것이다. 그후 나는 다시 그 여자애를 보지 못했다……

빨간색 종이 원피스 위에 뜨거운 것이 떨어졌다. 나는 가슴이 찢어지는 것처럼 아팠다. 그렇게 귀엽고 천진난만한 꼬마 천사는 그 짧았는 생명의 어린 마음속에 어떤 추억을 품고 하늘로 갔을까? 때묻은 세상을 보지 못하고 라디오의 아름다운 멜로디만을 가지고 갔을 것이다고 생각하니, 마음 한 구석이 조금은 시원해지는 것 같다. (张洪嫱)

### 作文点评

这是一篇戏剧性轻随笔。"我"因病住院，偶然认识一个身患不治之症的小女孩。"我"说身穿白色患者服的她像个小天使，女孩却说自己喜欢穿红色连衣裙，可是在医院不能穿，于是"我"答应用纸叠一个红色连衣裙给她。女孩病情恶化突然死去，许下的诺言未能实现。文章构思巧妙，充满真情实感。尤其是结尾，既与开头呼应，又总结全文，委婉含蓄，读后让人久久回味。

### [学生作文2] 父亲

#### 아버지

아버지에 대한 나의 어렸을 적 기억은 별로 없다. 아버지는 장거리 화물차 운전기사여서 일년 내내 객지에서 보내는 시간 길었고 어쩌다 집에 돌아오면 기껏 하룻밤 머물고 이튿날 다시 떠나곤 하였다. 그땐 너무 어려 아버지 고생을 알 수 없었고 잘 웃지 않는 어머지가 좀 무섭기까지 하였다.

선명하게 기억에 남아있는 것은 아버지가 집에 돌아올 때마다 닭고기를 먹을 수 있었다는 일이다. 아버지가 밖에서 돌아오는 날에 어머니는 한번도 떨어지지 않고 닭고기를 챙겨주셨다. 덕분에 나도 먹을 수 있었고, 그때마다 나는 항상 밥을 두 그릇씩이나 먹었다. 아버지가 떠나면 나는 어머니를 원망했다. 아버지가 밖에서 일하고 있는 날에는 절대로 고기를 사주지 않기 때문이다.

지금 생각해보면 어머니도 그때 무척 괴로웠으리라. 하나밖에 없는 자식에게 고기도 제대로 먹이지 못했으니까. 그때 집안 형편이 넉넉치 못해서 고기를 사먹는 것이 우리에게는 사치한 일이었다. 집안 중책을 떠맨 아버지는 밖에서 너무나 많이 고생을 했고 어머니는 아버지의 건강을 몹시 근심했다. 그래서 돈을 조금씩 모았다가 아버지가 돌아올 때마다 영양보충을 위해 닭을 사왔다.

어렸을 때 아버지가 돌아오기를 기다렸던 또 다른 이유는 용돈이다. 지금도 나와 아버지는 어머니를 돈이 들어가면 나올 줄 모르는 저축통장이라 부르지만 그때는 더 했다. 연필 한 자루를 사달라고 해도 어머니는 하루 종일 주저했다. 그런데 아버지는 같지 않았다. 아버지가 돌아오면 꼭 나에게 담배 심부름을 시킨다. 거스름 돈은 나의 용돈이 된다. 그것이 나에게는 즐거웠다.

중학교 때부터 아버지는 나의 공부와 성적에 많이 관심을 보이신 것 같았다. 내가 반에서 일등을 하면 '음, 그래야지' 라면서 흐뭇해 하셨고 일등을 하지 못했을 때에는 '괜찮아' 라고 했지만 그 표정에서 실망스러워하는 마음을 읽을 수 있었다. 아버지의 표정은 거짓말을 하지 못했다.

고등학교 때부터 아버지는 장거리 운전을 나가지 않으셨고 성격도 좀 변해진 것 같았다. 가끔 웃으시기도 하고 나와의 대화도 많아졌다. 우리 집 형편도 좀 나아져 스트레스가 적어져서 그랬는가 싶다. 아버지가 무섭지 않고 가끔 농담도 할 수 있었다.

변화가 제일 큰 것은 대학교에 온 후부터였다. 한 반년쯤 보지 못하고 방학 때 집에 돌아가면 나는 그야말로 공주 대접을 받는다. 아버지는 내가 원하는 것은 뭐나 다 잘해 준다. 나는 어머니보다 아버지와 대화를 더 많이 한다. 어떤 말은 어머니에게는 비밀로 하라고 재삼 당부하면서 나하고만 얘기를 한다. 어머니 몰래 용돈을 주기도 한다. 그럴 땐 아버지가 아이처럼 귀엽게 느낌마저 든다. 매번 내가 집에 갈 때마다 아버지는 아이처럼 기뻐한다. 나도 아버지와 이야기를 하는 것이 너무 즐겁다. 그러던 어느날 갑자기 나는 아버지의 귀밑에 흰 머리가 많아졌는 것을 느꼈다. 아버지가 늙었구나 하는 생각과 함께, 아버지가 외로워 보였다.

학교로 돌아오는 길에 나는 많은 것을 생각했다. 아버지는 우리 가족을 위해 너무 많이 고생하셨다. 이제부터는 내가 가족을 위해 힘을 써야 한다. 내가 우리 가족을 지켜야 한다. 내가 아버지와 어머니에게 행복을 드려야 한다. (黄慧)

## 作文点评

这是一篇轻随笔。文章写得非常朴实无华，既没有华丽的辞藻，也没有刻意的雕琢，仅仅只是从女儿的角度，淡淡地写出了一位平凡、普通而又为家庭辛苦劳累的父亲。父亲是平凡的，但在儿女的心目中可亲可敬。文章表达了女儿对父亲的敬爱和感激之情。如果行文安排中结构再紧凑些，那就是锦上添花了。

    1. 수필이란 어떤 글입니까? 수필의 특징과 수필을 쓸 때의 유의할 점에 대해 설명해 보시오. 그리고 수필과 설명문의 다른 점에 대해 생각해 보시오.

    2. 흔히 '고독' 이란 세상에 홀로 떨어져 있는 듯이 매우 외롭고 쓸쓸한 상황을 이르는 말로 쓰입니다. 오명순의 "고독을 사랑하는 여자"에서는 '고독'을 어떻게 쓰고 있습니까? 작품을 잘 읽어보고 "고독"이라는 제목으로 수필을 써 보시오. (800자 내외)

    3. 인생에서 제일 중요한 것은 만남이라고 합니다. 인간은 만남의 존재입니다. 산다는 것은 만난다는 것입니다. 부모와의 만남, 스승과의 만남, 친구들과의 만남, 좋은 책과의 만남, 많은 사람과의 만남입니다. 인생의 변화는 만남을 통해 시작됩니다. 만남을 통해서 우리는 서로를 발견하게 됩니다. "인간의 만남"을 읽고 "인간의 만남"이라는 제목으로 수필을 써 보시오. (800자 내외)

    4. 수필은 주제가 직접 제시되고 정해진 형식이 없으므로 누구든지 쉽게 읽고 쓸 수 있는 글입니다. 수필은 주제 위주로 조직되기 때문에 문학작품을 읽을 때처럼 그 의미가 복잡미묘한 이미지나 사건의 숲을 헤쳐나가는 어려움이 없이도 금방 뜻을 파악하고 조직할 수 있습니다. 수필은 문학이면서도 문학이 아니기에, 달리 말해서 문학적인 글과 그렇지 않은 글의 성격을 혼합해서 지닌 채 그 둘의 경계에 있는 까닭에, 수필을 잘 읽고 잘 쓰면 나중에 어떤 종류의 글이든 잘 읽고 쓸 수 있는 장점이 있습니다. 교재에 제시된 수필들을 잘 읽어보고 자신의 일상에서 가장 인상적이었던 일을 소재로 수필을 써 보시오. (800자 내외)

                              참고 제목

    ① 어머니의 손, ② 어머니의 생일, ③ 우리 선생님, ④ 거울, ⑤ 나의 친구, ⑥ 날아간 추억, ⑦ 나와 너, ⑧ 나의 이력서, ⑨ 낙엽의 소리, ⑩ 무제(無題) ⑪ 나는 행복하다 ⑫ 여행을 떠나라 ⑬ 그는 가버렸다 ⑭ 사랑 ⑮ 봄의 향기

# 第八章

## 传达信息类文章

### 8.1. 说明文（설명문）

#### 8.1.1. 说明文的特点

说明文是以说明为主要表达方式，用来解说事物，阐明事理并给人们提供信息或知识的文章体裁。说明文一般是介绍事物的形状、构造、类别、关系、功能，解释事物的原理、含义、特点、演变等。说明文虽然是以说明为主要表达方式的一类文体，但若没有其他表达方式的恰当配合，则无法圆满地完成向读者介绍事物、解释事理的任务。

为了要把事物说清楚，就必须把握事物的特征，进而揭示出事物的本质属性，即不仅要说明是"什么"，还要说明"为什么"是这样。说明文可按照不同的标准分不同的类别。依据说明对象与说明目的的不同，把说明文分为应用说明文（事物）和科学说明文（事理）两大类。应用说明文的说明对象是具体事物。通过对具体事物的形状、构造、性质、特点、用途等作客观而准确的说明，使读者了解、认识这个或这类事物。产品说明书、导游词、食谱、药品使用方法等都属于应用说明文。科学说明文的说明对象是某个抽象事理。将抽象事理的成因、关系、原理等说清楚，使读者不但知其然而且知其所以然，明白这个事理"为什么是这样"，提高读者素质是其主要目的。"假面舞的历史"、"盘瑟俚的含义"、"韩国美术的渊源"等诸如此类的话题都属于此范畴。当然应用说明文与科学说明文之间并没有非常严格的界线。

#### 8.1.2. 说明文的写作要求

说明文是客观地说明事物的一种文体，写作时要注意以下几个问题：第一，应公正、客观地解释、表达事实。说明的目的正是在于传达正确、有用的信息，因此原则上文章中应避免出现笔者的主观臆断、个人情感。第二，将准确的信息系统地整理排序，并做到使文章一目了然。常用的结构是"开头—正文—结尾"三段式。第三，灵活运用多种说明方法，以助于读者理解。为使文章平实、科学，可运用定义、举例、比较、对比、分类、分析、描写、类推、引用、叙事等方法。第四，文章语句应简练，多使用简单句。若以炫耀学问的语气或不实用的复杂句来撰写，则无法达到说明的目的。写说明文时还应考虑读者的认知水平、年龄及身份等因素。

### 8.1.3. 설명문范文

[范文 1] 科学和艺术的不同

과학과 예술의 차이

　일반적으로 창조란 무질서 속에서 동일성을 찾아내는 것이라고 한다. 과학은 이러한 창조의 과정에서 자연현상을 연구의 대상으로서 객관화시킨다. 이렇게 객관화된 대상을 소립자 단위로 분석한 후 다시 종합화하는 과정에서 동일성과 보편적 질서를 찾아낸다. 그러나 예술적 창조 활동은 주어진 대상을 객관화 하기보다는 거꾸로 그 현상에 몰입(沒入)하는 것이다. 감정이입(感情移入) 등의 표현 대상과 동화되는 과정을 통해, 그 현상의 총체적 본질을 표현해 내는 통합적 작업이라 하겠다.

　이렇게 얻어진 과학적 창조와 예술적 창조의 결과들 또한 매우 다르다. 과학적 창조의 경우 그 결과가 축적되는 반면에 예술 작품의 경우에는 이러한 축적성이 거의 없다. 즉, 어떤 산에 대해 선행된 연구가 있다면 다음에 다른 과학자는 그 연구를 바탕으로 그 산에 대한 더욱 깊은 연구를 할 수 있을 것이다. 그러나 산에 대해 여러 시인이나 화가가 많은 작품을 남겼다 하더라도, 그 다음의 다른 화가나 시인이 그 산에 대한 앞의 작품에 덧붙여 창작 행위를 할 수 없다. 과학적 창조의 축적성 때문에 진보나 발전의 측면에서 과학 기술과 예술 간의 차이는 대단히 클 것이다.

　요즘 과학 기술의 경우는 매일매일 새로운 과학이론과 기술이 소개되고 있다. 그리고 대개의 경우는 새로운 이론과 기술은 그 이전의 것에 비해 발전된 모습을 지니고 있고, 우월성을 지니고 있다. 그러나 예술 작품의 경우는 다르다. 과거의 예술 작품에 비해 현대 예술 작품이 더 새롭거나 뛰어난 것이라고 할 수는 없을 것이다. 오히려 예술은 이러한 비축적성 때문에 과학 기술이 지니지 못한 가치, 즉 한 세대를 뛰어넘는 가치와 위대성을 지니게 된다는 역설(逆說)이 성립될 수 있을 것이다.

※ 这是一篇阐述科学和艺术不同的事理说明文，分别从"创作过程"、"创作结果"、"价值评价标准"三个方面，通过定义、对比、例示等手段详细说明了两者的不同点。文章平实而简练，差异的说明客观而科学。

[范文 2] 人为什么需要睡眠

잠은 왜 잘까

　우리는 하루 평균 7~8시간을 잔다. 하루의 3분의 1을 잠을 자는 데 쓰는 것이다. 어찌 생각하면 참 아까운 일이다. 잠을 자지 않고 그 시간에 열심히 일을 해서 돈을 번다면 부자가 되지 않을까? 유감스럽게도 그렇지 않다. 우리는 누구나 충분한 수면을 취하지 못했을 때 오는 고통을 겪어본 적이 있을 것이다. 하루 이틀은 참고 견딜 수 있겠지만 그 이상 지속되면 졸리고 피곤하며 눈은 뻑뻑하고 눈꺼풀은 천근처럼 무거워져 도저히 일을 해 나갈 수 없게 된다.

그러면 우리는 왜 인생의 3분의 1을 잠으로 보내야만 하는 것인가? 과연 잠을 자고 있을 때 우리의 뇌에는 어떠한 일이 일어나고 있는 것일까?

우리가 깨어 있을 때 뇌는 규칙적인 파장(波長)을 낸다. 깨어 있을 때, 뇌의 파장은 1초에 8회 정도로 규칙적이다. 이러한 각성(覺醒) 상태의 파장을 '알파(α)파'라 부른다. 그러나 잠이 들기 시작하면 뇌의 파장이 점차 느려지고, 그 진폭은 커진다. 뇌파의 변화는 잠이 깊어질수록 더 뚜렷해진다. 우리가 아주 깊은 잠에 빠지면 뇌에 1초에 3~4회 정도 반복되는 느린 파장인 '델타(δ)파'가 나온다. 각성 상태의 알파파보다 수면 상태의 델타파는 훨씬 느린 파장이다.

그런데 흥미로운 것은 잠을 자는 동안에 잠의 깊이에 따라 뇌파가 변한다는 것이다. 잠이 들어 약 90분이 지나면, 뇌파의 파장이 다시 빨라지기 시작하면서 깨어 있을 때의 알파파와 흡사한 뇌파가 나타난다. 뇌파가 느린 파장에서 빠른 파장으로 변할 때, 세상 모르고 깊이 잠들었던 사람은 몸을 뒤척이게 된다.

물론 뇌파가 달라져도 우리는 계속해서 잔다. 그러나 우리 몸은 깊은 잠을 잘 때와 얕은 잠을 잘 때 사뭇 다르다. 특징적인 현상은, 얕은 잠을 잘 때에는 두 눈이 좌우로 저절로 왔다 갔다 움직인다는 것이다.

눈을 움직이면서 자는 이런 얕은 잠을 렘(REM) 수면이라고 한다. 렘 수면은 성인의 경우 하룻밤에 4~6회 반복되는데, 시간으로는 전체 수면의 20~25%를 차지한다. 결국, 우리는 인식하지는 못하지만, 하루에도 여러 번 얕은 잠과 깊은 잠의 상태를 반복하고 있는 셈이다. 렘 수면은 깨어있는 것에 가까운 수면이다. 렘 수면 상태에서는 혈압과 맥박, 그리고 호흡이 증가한다. 그리고 바로 이런 상태에서 사람들은 꿈을 꾸고, 잠꼬대도 한다.

모든 동물은 다 잠을 잔다. 그런데, 잠을 자는 시간은 동물에 따라 다르다. 말은 잠자는 시간이 아주 짧아 하루 2~3시간 정도면 충분하다. 개나 고양이는 10~13시간 정도 자고, 다람쥐나 쥐는 13~14시간 정도 잔다. 사람은 성인의 경우 7~8시간 정도 자는데, 이것은 돌고래(10시간) 같은 포유(哺乳) 동물보다 약간 적거나 비슷하다.

그렇다면 동물은 왜 잠을 잘까? 동물들이 잠을 자는 이유에 대해서 학자들은 여러 가지 가설을 제시했다.

어떤 학자들은 '회복설'을 주장한다. (생략) 이와 달리 '에너지 보존설'을 주장하는 학자들도 있다. (생략) 어떤 학자들은 '부동설(不動說)'을 주장한다. (생략)

이상에서 살펴본 것 이외에도 여러가지 다른 가설들이 있지만, 아직까지 어떤 가설도 잠을 자는 이유를 제대로 설명해 주지 못하고 있다.

이 세상의 모든 생물들은 자신이 처한 환경에 맞게 진화(進化)했다. 잠도 틀림없이 그럴 것이다. 우리는 병에 걸리면 잠을 오래 자는데, 이는 에너지를 절약하여 몸을 보호하기 위한 행동이다. 심한 병에 걸리면 아예 의식을 잃고 혼수 상태에 빠져 버리는데, 이것도 보호 작용일지 모른다. 이런 여러가지 잠의 모습은 모두 인류가 오랫동안 발전시켜 온 진화의 결과가 아닌가 생각된다.

아직도 우리는 왜 잠을 자는지에 대해 정확히 알지 못하고 있다. 먼 훗날 우리가 잠과 꿈에 대해 많은 것을 알게 되면, 그 때 우리는 잠과 꿈을 우리가 원하는 대로 통제하며 생활할 수 있을 것이다.

※ 此文是一篇事理性说明文，由开头、正文、结尾三段式构成。开头部分提出问题，正文对关于睡眠的各种疑问进行了详细的解释，结尾部分说明了睡眠是动物根据各自所处的不同环境而进化的结果。此文章给读者提供了关于睡眠的各种知识，尤其是围绕"人为什么需要睡眠"这一问题，介绍了"回复说"、"能量保存说"、"不动说"三个假说，帮助读者作出客观的判断。原文《人为什么需要睡眠》的作者是金钟成，因篇幅关系，收录时部分作了一些省略和改动。

[范文3] 马拉松的历史

마라톤의 역사

마라톤은 역사적인 경기이다.

기원 전 490년에 아테네(지명：雅典)는 페르시아(지명：波斯)와 전쟁을 했다. 그때 아테네 군대는 마라톤이라는 들에서 대격전을 벌인 끝에 크게 승리했다. 싸움에 이겨 아테네는 무사할 수 있었다.

아테네의 승리를 보고할 전령(傳令)으로 필립피데스(인명：菲迪皮得斯)라는 용맹한 사나이가 뽑혔다. 그런데 필립피데스는 전쟁터에서 아테네까지 단숨에 달려서 아테네 성문에까지 와서 쓰러졌다. 그때 그는 "승리는 우리에게!"라는 말만 남기고 그냥 숨이 끊어지고 말았다.

이 역사적인 사실에 감격해 쿠베르탱(인명：顧拜旦)은 당시의 전쟁터 이름을 따서 '마라톤 경주'라는 올림픽 종목을 만들었는데, 1896년 제 1 회 올림픽 대회부터 마라톤 경주가 실시되었다. 처음에는 마라톤 코스의 길이가 일정하지 않았다. 제 1 회 때에는 42km 라고 공포되었는데, 후에 국제육상경기연맹에서 코스를 측정해 본 결과 39.99km 로 나왔다. 그 후 마라톤 코스는 40km 가 표준이 되었으나 확정된 것은 아니며 대회 때마다 조금씩은 달랐다.

런던대회 때에는 26 마일로 정확하게 하려고 했지만 당시의 영국왕 에드워드 7 세의 증조부가 발코니에 앉아서 선수들의 달리는 광경을 친히 보겠다고 하자 에드워드 왕은 26 마일 정코스에다 365 야드를 보태어 출발점을 성문 앞으로 한 결과 마라톤 코스의 길이는 42.195km 가 되고 말았다. 1924년 파리에서 열린 올림픽에서도 코스의 길이를 42.195km 로 하자 그 이후부터 마라톤 코스의 길이는 그대로 확정되고 말았다.

[范文4] 韩国名犬——珍岛狗

한국의 명견-진돗개

지구상에는 3 백 종류나 되는 개가 있다. 지구에 사는 인종(人種)이나 나라 수보다 더 많은 셈이다. 집짐승 가운데 가장 먼저 사람들과 더불어 살기 시작한 것은 개이다. 그래서인지 민족마다 조금씩 다른 토종(土種)개를 기르고 있다.

한국인과 더불어 살아온 토종개의 한 종류로 여겨지는 개가 바로 진돗개이다. 북한의 풍산개와 더불어 일본식민시대인 1938년에 천연기념물이 된 진돗개는 천연기념물 제53호이다.

독일의 세퍼트 같이 크지도 않고, 지금은 흔해진 도시의 안방개처럼 작지도 않은 진돗개는 집 지키는 일은 물론 사냥도 잘해 옛날부터 한국인들의 사랑을 받아 왔다. 진돗개는 사냥을 잘 할 뿐만 아니라 주인에 대한 충성심도 강하다. 몸은 작지만 용감하고 인내심도 강하여 자기보다 두 배나 큰 세퍼트와 싸움이 벌어지더라도 결코 물러서는 일이 없다.

한국정부는 한국 토종개인 진돗개를 보호하기 위하여 1957년에 '珍島犬保護育成法'을 만들었다. 진도의 밖으로 진돗개를 마음대로 가져가지 못하도록 막으면서 일정한 숫자만 섬 밖으로 내보내도록 법으로 정하였다.

[范文5] 外交使节——大熊猫幼创刊

### 外交 大使-대왕판다

대왕판다는 쓰촨(四川) 지방과 티벳 고산(高山) 지대에 서식하는 곰과의 포유동물이다. '자이언트판다(giant panda)'라고도 하며, 자이언트를 생략하고 '판다', '왕판다'라고도 한다. 영어식 발음으로는 '팬더'라고도 불리는데 표준어로 인정되는 표기는 '판다'이다. 분류학(分類學)적으로는 식육목(食肉目)에 속하지만 거의 대나무 잎만 먹는 초식(草食)동물이다. 단백질 섭취를 위해 가끔 알이나 곤충을 먹기도 한다.

영어권에서 쓰이는 이름 'giant panda'는 애기판다처럼 대나무잎을 먹는 큰 동물이라는 점 때문에 붙여졌다. 중국어에서는 애기판다를 작은 대왕판다라는 뜻으로 '샤오슘마오(小熊猫)'라고 부른다. 1901년 대왕판다가 애기판다와 가깝다는 사실이 밝혀졌다.

대왕판다와 애기판다는 곰과 동물과 아메리카너구리과 동물의 특징을 공유하고 있어서 어느 분류에 넣어야 할지 논란의 대상이었다. 하지만 유전적인 분석으로 밝혀진 결과에 따르면 대왕판다는 곰과에 속하며, 안경곰(眼鏡곰)과에 가깝다.

대왕판다는 서식지가 제한되어 있고 출생률이 낮은 멸종위기(滅種危機)의 생물이다. 야생에는 1,600마리가 있는 것으로 여겨진다. 대왕판다는 생태계를 보전(保全)하기 위한 단체 '세계야생생물기금'의 심벌(symbol)이다. 20세기 후반 즈음에는 중국의 상징이 되어 중국 동전의 도안(圖案)으로 쓰였다.

대왕판다의 손은 좀 독특하게 생겼는데, 다섯개의 손가락 이외에 손목뼈에서 발달한 엄지가 있다. 스티븐 제이 굴드는 이에 관한 에세이를 써서 <판다의 엄지>라는 제목의 책을 출판했다.

대왕판다가 서구(西歐)에 처음으로 알려진 것은 1869년 프랑스의 선교사(宣敎師) 아르망 다비드에 의해서였다. 1970년대에 중국과 서구의 문화적인 교류 이후, 미국과 일본의 동물원에 대왕판다를 빌려주는 것은 중국 외교의 큰 부분을 담당했다.

[范文 6] 韩国固有文字——韩字

한국의 고유문자—한글

　한글은 조선 제 4 대 임금인 세종대왕(世宗大王)에 의해 창제된 문자체계이다. 세계의 많은 민족들이 자기의 언어를 표기(表記)하기 위하여 문자를 만들려고 노력하였으나, 한글과 같이 일정한 시기에 특정한 사람이 이미 존재한 문자로부터 직접으로 영향 받지 않고 독창적으로 새 문자를 만들고 한 국가의 공용문자로 사용하게 한 일은 세계적으로 유례(類例)가 없는 일이다. 더욱이 새 문자에 대한 해설을 책으로 출판한 일은 유례가 없었던 역사적인 일이었다. 특히, 이 책에서 문자를 만든 원리와 문자 사용에 대한 설명에 나타나는 이론의 정연함과 엄정(嚴正)함에 대해서는 세계의 언어학자들이 매우 높게 평가하고 있다.

　한글은 조선왕조(1392-1910)의 세종대왕에 의하여 창제되었으며, 1446년에 훈민정음(訓民正音)이라고 명명되었다. 이는 백성을 가르치는 올바른 소리라는 의미인데, 그 뜻처럼 실로 한글은 누구나 쉽게 배워 쓸 수 있도록 문자구조가 간단하고 단순하다.

　조선왕조가 세워질 무렵, 한국인의 어문생활은 양반층의 한문과 하층민들이 사용하는 이두(吏讀)로 이원화(二元化)되어 있었는데, 음성언어로는 한국어를 사용하면서, 문자언어로는 두 계층이 각기 다른 한문과 이두를 사용함으로써 큰 불편을 겪어야 했다. 한국에는 독특한 배달말(注:指韩国语)이 있으니, 이 말을 적어내기에 알맞은 글자가 있어야 함에도 일정한 체계가 없어 말을 제대로 적을 수가 없음을 안타깝게 여긴 세종대왕이 마침내 독창적인 한글을 창제하였다. 궁궐(宮闕)안에 '집현전(集賢殿)'이라는 연구기관을 세우고 여러 학자를 불러모아 천문학, 과학, 언어학 같은 다양한 분야의 학문을 꾸준히 연구했었던 세종대왕은 집현전 학자들과 함께 예로부터 한국인이 써온 한국말을 쉽게 기록할 글자를 연구하였는데, 이것의 결실(結實)이 바로 한글이다.

　훈민정음이란 이름으로 창제된 한글은 인체의 발음기관과 우주 구성의 3 대 요소인 삼재(三才) 하늘, 땅, 사람을 본떠서 만들어졌으며, 자음과 모음 28 자로 되어있어 글자들을 몇 글자씩 음절에 해당하는 덩어리로 모아쓰게 되어있다.

　음절은 초성, 중성, 종성으로 구분되고 창제할 당시에는 모두 28 자였으나 현재는 자음 14 자와 모음 10 자만 쓰고 있다. 한글의 초성을 보면, 그 모양을 발음기관에서 본뜬 기본자(ㄱ, ㄴ, ㅁ, ㅅ, ㅇ)와 이 기본 글자에 획을 더하여 만든 글자로 구성되어 있다. 중성의 자체는 모음조화를 인식하여 하늘(·), 땅(ㅡ), 사람(ㅣ) 등을 본뜬 기본 자와 이 기본 자들을 맞춰 만들어졌다. 이로 볼 때 상형(象形)을 기본으로 한 한글의 제자 원리는 매우 과학적이며 독창적이라 할 수 있다. 나머지 모음 여덟 글자(ㅏ, ㅑ, ㅓ, ㅕ, ㅗ, ㅛ, ㅜ, ㅠ)는 그 기본 글자를 다시 결합시켜 만든 것이다.

　한글은 모음과 자음을 이용한 기본 글자를 바탕으로 해서 다른 여러 글자를 만들고 또 그런 글자들을 합해서 숱한 음절을 만들어 낸다. 이렇듯 한글은 일정한 원리에 따라 만들어진 문자라는 점에서 그 유례가 없다. 무엇보다도 한글은 발성(發聲) 기관의 소리내는 모양에 따라 체계적으로 창제된 과학적인 문자일 뿐 아니라, 나아가 문자 자체가 소리의 특질을 반영하고 있다. 다시 말해 한글은 한 글자가 한 음소(音素)를 표시하는 음소문자이다. 한글은 음소문자(로마자 알파벳 문자)의 장점과 음절문자의 장점을 동시에 지닌 희귀한 문자이다. 그래서 한글은 글자의 조합으로 숱한 음절을 형성할 수 있을 뿐 아니라 단어를 음절 단위로 적어놓아 읽기 편한 장점을 가지고 있다. 따라서 한글은 외국 언어의 어떠한 소리도 쉽게 풀어 쓸 수 있다.

또한 한글은 자음과 모음이 한눈에 구분되는 글자라는 점에서도 세계에서 유례를 찾을 수 없는 독창성을 지닌다. 자음과 모음은 생성(生成) 원리가 다를 뿐 아니라 그 형태 면에서 구분이 된다는 점이다. 이를테면 자음은 발음 기관의 모습을 바탕으로 이루어진 반면에 모음은 수직선이나 수평선 등의 긴 선을 이용해 디자인되어 있어 한눈에 구분이 된다. 이는 로마자 알파벳이나 일본 문자 등에서는 거의 볼 수 없는 것이다.

지금 널리 쓰이고 있는 '한글'이라는 이름은 한글학자 주시경(周時經)이 처음 쓰기 시작한 뒤 차차 널리 쓰이게 되어 광복(光復) 이후에는 이 '한글'이라는 이름이 국내외에 널리 퍼지게 된 것이다. '한글'의 '한'은 어원적으로 하나, 또는 큰, 바름 등의 의미를 지닌다. 이렇듯 한글이라는 이름은 세계에 '하나밖에 없고, 위대하고, 바른 글자'를 가리키는 데 알맞다고 할 것이다.

한글은 한국인의 자랑거리이며 1997년에는 유네스코에 의해 세계 인류의 독특한 문화 유산으로 인정받았다.

[ 범문 7 ] 韩国传统服装——韩服

## 한국의 전통 의상—韓服

한국의 거리를 걷다 보면 진즈, 캐주얼, 정장, 세련된 디자인의 복장에 이르기 까지 다양한 패션 감각을 선보이는 한국인들을 쉽게 만날 수 있다. 그러나 그 중에서도 가장 한국적이고 독특한 의상은 단연 한복이다. 남녀노소를 불문하고 한국인의 사교모임 혹은 명절 때 한국고유의 의상인 한복을 즐겨 입는다.

한복은 담백한 선이 이루어내는 아름다움과 주머니가 없는 것이 특징이다. 여성 한복은 자켓에 해당하는 저고리와 치마가 한 벌을 이루어 치마저고리라고 불리며, 남성의 한복은 짧은 저고리와 발목을 묶는 형식으로 되어있는 통이 넓은 바지로 구성된다. 이러한 여성과 남성의 한복은 두루마기라 불리는 외투와 한 벌을 이루어 자연스럽고 아름다운 멋을 내게 된다.

오늘날 흔히 볼 수 있는 전통 한복 의상의 패턴은 유교사상이 지배적이던 조선시대(1392-1910)에서 유래된 것이다. 조선시대의 귀족이던 양반 계급은 관복(官服)으로서 오색찬란(五色燦爛)한 비단을 입었으며, 혼전(婚前)의 여성은 주로 노란 저고리에 빨간 치마를, 기혼(旣婚)의 여성은 신혼여행에서 돌아와 시부모님께 하례(賀禮)를 드릴 때 초록색의 저고리에 빨간 치마를 착용하였으며, 평상시의 복장의 색깔은 상중(喪中)의 백의(白衣)를 제외하고는 제한 없이 다양하게 입을 수 있었다.

조선시대의 양반여성은 12폭의 넓이의 치마를 왼쪽으로 여몄고, 평민 계급의 여성은 10-11폭으로 치마의 넓이가 제한되었으며, 오른쪽으로 치마를 여며 입도록 하여 계급을 구분할 수 있게 하였다.

오늘날의 한국 여성들은 약혼식 때 분홍색의 한복을 착용하고, 결혼식은 서양식 드레스를 입지만, 신혼여행을 다녀와서는 여전히 시부모님께 하례를 드릴 때는 초록색의 저고리에 빨간 치마를 착용하여 전통을 지키고 있다.

한복의 역사는 고구려, 백제, 신라의 삼국시대로부터 시작되었다. 한국 상고 복식의 원형(原形)은 저고리, 바지, 치마로 갈라져 있는 북방 호복(胡服) 계통의 옷이다. 삼국시대의 복식은 고구려의 고분(古墳) 벽화(壁畵)에서 볼 수 있는 데, 머리에는 관모(冠帽)를 썼으며 저고리가 엉덩이까지 내려오고 직선으로 교차시켜 여미는 깃 형태의 직령교임식으로 왼쪽 여밈이다. 또 깃 부리 도련에는 다른 천으로 선을 두르고 바지는 가랑이가 좁은 홀태바지 형이며, 치마는 길이가 길고 거단까지 잔주름이 잡혀 활동성과 실용성이 탁월하고, 북방 한대성 기후에 알맞는다.

기원 935년에 신라는 현재 한국 이름의 유래가 된 고려에 의해 계승되었는데 고려의 복식제도는 신라시대의 것을 계승하였을 뿐만 아니라 당, 송, 원 등의 문화를 다각도로 흡수하였다. 왕복을 비롯하여 백관복(百官服)에 이르기까지의 관복은 송, 중국화된 원, 그리고 명의 제도를 받아 들였으나, 일반의 복장인 한국의 고유복식은 서민층에 의해 면면히 이어져 왔으며, 여성복식은 계급별로 큰 차이는 없었다.

충렬왕(忠烈王) 이후 원나라의 부용국(附庸國)이 되면서 복식풍습 또한 많이 몽고풍(蒙古風)을 따르게 되었는데, 이로 말미암아 저고리 길이가 짧아지고 소매가 좁아졌다. 또 여자는 화관(花冠)을 머리에 쓰기도 하고, 남자는 변발(辮髮)을 하기도 하였다.

고려가 이성계(李成桂)에 의해 멸망하고 조선(朝鮮)이라는 이름으로 500년 이상 존속(存續)해오는 동안 새로운 통치이념으로 유교를 도입하게 되면서 유교 사상의 영향하에 서민 복식은 엄격한 신분 사회제도에 묶여 직물의 종류, 색깔, 문양(紋樣) 등에 이르기까지 앞시대보다 한층 심한 규제(規制)를 받았다. 또한 이 시기의 한복 의상은 단순히 방한(防寒)을 위해 착용하였다기보다는 착용자의 신분이나 예의를 갖추기 위한 목적이 강하게 내포되었다. 여자 복식은 치마 저고리의 기본형이 서민복으로 이어져 왔다. 저고리의 길이가 길고 여유있는 형태였으나 15세기 이후에는 작고 짧은 저고리에 풍성한 치마 등 하후상박(下厚上薄)의 전통 한복미가 나타났다.

오늘날 한국 의상 디자이너들은 전통복식인 한복의 재단(裁斷), 곡선 등을 응용하며 독특하고 한국적 디자인을 창조하려 노력하고 있으며, 한국의 많은 상점에서도 신세대를 위해 한복을 일상복으로 착용할 수 있도록 만든 개량(改良) 한복이 선풍(旋風)적인 인기를 끌고 있다. 따라서 한복은 향후에도 한국 고유의 의복으로서 대대손손 사랑을 받으며 한국의 거리를 수놓을 수 있을 것이다.

[范文 8] "欧洲" 概念起源

## '유럽'의 개념

'유럽(Europe)'이라는 개념은 유럽인에게 어떻게 형성되었을까? 유럽은 본래 동질성을 찾기 어려워 하나로 정의할 수 없는 실체(實體)였다. 중세에 유럽인들은 기독교 세계라는 관념을 가지고 있었으며, 더 세속적인 관념들은 교회가 무너지고 나서야 생겼다.

유럽인은 유럽을 비(非)유럽, 곧 '다른 세계'를 통해 정의해 왔다. 유럽보다는 '유럽 이외의 사람들'이 언제나 중요한 문제였으며, 이들은 유럽인과 기원이 같지 않기 때문에 무능할 뿐 아니라 영원히 정치적인 혼란을 지속할 것이라고 보았다. 유럽인은 자신들의 기원을 그리스, 로마에 두었다. 시간이 지날수록 유럽 이외의 세계는 유럽의 과거를 비추어 준다고 생각하였다. 수 세기 동안 유럽이 거쳐 왔던 과거가 다른 세계를 통해 유럽인들에게 더욱 분명하게 인식되었다.

유럽인은 아메리카와 같은 새로운 세계를 발견하면서 선사시대(先史時代)를 알게 되었다. 아메리카 등은 그리스, 로마 시대에는 알려지지 않았으며, 성서(聖書)에도 기록되지 않았고, 상상(想像)으로만 그려지던 지역이었다. 탐험가들이 석기를 사용하는 민족들이 아메리카나 태평양 지역에 살고 있다는 사실을 발견하자, 퇴보론(退步論)이라는 관념이 주목받게 되었다. 이것은 유럽이라는 세계 중심지에서 멀리 떨어져 있는 사람들이 예전의 문명 단계에서 더 낮은 단계로 퇴보하였다는 생각이다. 그러나 로크(J. Locke, 1632~1704)가 전세계에 석기 시대가 존재하였고 아직도 석기를 쓰는 사람들은 퇴보의 산물이라기보다는 그 상태에 머물러 잔존(殘存)한 사람들이라고 주장하자 로크의 의견을 따르게 되었다.

유럽의 개념과 관련하여 이집트에 대한 유럽인의 생각을 살펴보면 흥미롭다. 유럽인은 이집트를 유럽이 아닌 다른 세계에 귀속시켰다. 그들은 이집트가 문명의 원천이라고는 생각하였지만, 이집트가 지닌 지식은 쓸모 없는 것으로 여겼다. 이런 이집트에 그리스 사람들이 들어가 생명력을 불어 넣었다고 생각하였다. 따라서 근대에 들어 유럽이 이집트를 지배한 것을 두고 유럽인들은 유럽의 우수성이 증명된 것으로 보았다. 유럽인들은 '진부(陳腐)한 유럽 밖의 세계'나 이류(二流)를 가리키는 데 '동양(東洋)'이란 단어를 사용하여 유럽인의 우수성을 드러내려 하였다. 유럽의 역동성(力動性)과 비교하면 동양은 본질적으로 정체(停滯)된 구조였으며, 열등(劣等)하고 감정적이라고 생각하였다.

유럽인은 이런 식으로 '새로운 역사'를 만들어 냄으로써 '유럽'을 창조하였다. 유럽은 언제나 사상이나 전쟁을 통해 도전 받은 실체지만, 유럽이라는 개념은 '다른 세계'라는 거울로 자신을 비추는 데 중요한 역할을 하였다. 여기에서 유럽은 다른 세계를 지배하는 정당성을 찾았다. 유럽에 관한 진보와 우월성의 이미지는 19세기에 절정에 달하였다.

이같이 자기중심적(自己中心的) 역사가 바로 오늘날 유럽의 정체(正體)의 중심이 되는 것이다. 유럽인은 외부 세계를 열등한 세계로 파악하였다. 따라서 유럽인들은 다른 세계를 지배하는 것을 권리가 아니라 의무로 여겼다. 그 명분은 문명 사회의 질서 잡힌 이성(理性)을 미개인(未開人)들에게 부여하여, 발전의 가능성을 준다는 것이었다.

[范文9] 韩国传统饮食的特点

### 한국전통 음식의 특징

　한국의 지리적, 사회적, 문화적 환경을 보면 음식문화가 발달되었음을 잘 알 수 있다. 한국은 3면의 바다와 남북을 가로 뻗은 산맥이 자리 잡고 있어 수산물과 채소류, 육류 등이 풍부하며 계절과 지역의 특성을 살린 다양한 조화로운 음식이 있다.

　특히, 다른 나라와 구별되는 한국만의 음식의 차별성을 살펴보면 다음과 같은 특징이 있음을 알 수 있다.

　첫째, 음식의 종류와 조리법이 다양하다. 한국 음식의 주식류는 밥, 죽, 국수, 만두, 떡국, 수제비 등이 있고, 부식으로는 육류, 어패류, 채소류, 해초류 등을 이용하여 국, 찌개, 구이, 전, 조림, 볶음, 나물, 생채, 젓갈, 포, 장아찌, 찜, 전골, 김치 등의 조리법으로 만드는 반찬들이 있다. 일상의 음식 외에도 떡, 과자, 엿, 화채, 차, 술 등의 후식과 기호음식이 다양하다.

　둘째, 곡물이 풍부하다. 옛날부터 농경사회였던 한국은 곡물을 가장 중요하게 여기며 쌀이나 보리 등의 곡물로 만든 밥을 주식으로 했다. 그리고 곡물로 만드는 음식의 종류로는 죽, 국수, 만두, 수제비, 떡, 엿, 술, 장 등으로 매우 다양하게 발전되었다.

　셋째, 맛이 다양하고 다양한 향신료를 사용한다. 한국의 음식을 만들 때 항상 붙는 수식어가 '갖은 양념을 넣어서'이다. 갖은 양념이란 간장, 설탕, 파, 마늘, 깨소금, 참기름, 후춧가루, 고춧가루 등을 말한다. 식품자체의 맛에 더해 여러 가지 향신료를 첨가하여 조화 있는 음식을 만들어 내는 것이다.

　넷째, 모든 음식이 건강비결과 직결되어있다. 일상 음식 속에 한약재가 되는 재료들이 첨가되어 음식의 맛을 배가시키면서 건강을 유지하는데 도움을 주는 것이다. 예를 들면 꿀, 후추, 계피, 잣, 인삼, 생강, 밤, 대추, 오미자, 당귀 등이 있다.

　다섯째, 정성과 노력이 많이 든다. 음식을 준비함에 있어서 무엇보다도 중요한 것은 정성과 사랑의 마음으로 즐겁게 만들어야 한다는 것이다. 그렇게 만든 음식이어야 가족은 물론 온 세상을 건강하게 지켜주는 원동력이 되는 것이다. 한국의 음식은 만드는 과정이 매우 복잡하여 웬만한 정성과 노력이 없이는 제대로 만들기 어렵다.

### 8.1.4. 学生作文点评

[学生作文1] 福州市树——榕树

### 복주시의 시수-용나무

　복건성의 성도인 복주시의 시수는 바로 용나무이다. 복주는 일년사계절 푸른 용나무가 숲을 이루어 또 "용성"이라 불르기도 한다. 용나무는 열대 식물로 고온 다습한 열대, 아열대 지역에 많이 분포한다. 중국의 경우는 용나무가 주로 남쪽 지방에 많이 생장하고 종류가 8~9 개 쯤 있다. 용나무는 나무의 형태가 아주 독특하며 가지와 잎이 무성하고 수관이 크기로 소문이 난다. 용나무의 높이가 20~30 미터에 달성할 수 있고 가지가 사방으로 뻗어 나간다. 용나무의 줄기인 지주근과 가지들은 서로 교차하여 멀리 보면 마치 동종환 수풀과도 같다. 그래서 용나무과 "독수성림"(獨樹成林)이라고 한다. 즉 한 그루의 나무가 수풀을 이룬다는 뜻이다.

복주시는 먼 옛날부터 많이 용나무를 심어왔다. 지금 복주시에 가보면 도시 곳곳에서 용나무를 볼 수 있다. 용수과 사시장철 푸르며 희망과 강한 생명력을 상징한다. 그건 바로 복주시에서 용나무를 시수로 삼은 이유이다. (李燕)

### 作文点评

这是一篇学生介绍家乡福州市树的课堂作文。开头开门见山地交代榕树是福州的市树，为后文的解说奠定基础。正文运用描写、说明、详述、比喻等方法具体说明了榕树的主要特征。结尾进一步阐述榕树的象征意义及以榕树为市树的理由，做到开头和结尾照应。文章中心明确，结构较清楚，语句也较通顺。但是，文章开头和正文要分开，第二行"용나무는 열대 식물로……"应另起一行。还有，文中助词"은 / 는"和"이 / 가"的使用错误较多。

**[学生作文 2]　五星红旗**

오성홍기

오성홍기는 중국의 국기이다. 오성홍기라고 부르는 것은 빨간색 천에 별이 다섯 개 있기 때문이다. 오성홍기는 중국의 상징과 표지이다. 중국사람마다 그를 존중해야 한다.

오성홍기의 다섯개의 별은 깃발의 왼쪽의 윗부분에 배치되어 있어서 큰 별을 중심으로 작은 별 네개가 오른쪽에서 둘러싸고 있다. 큰 별은 중국공산당을 대표하고 작은 별은 각각 공원, 농민, 도시소자산계급, 민족자산계급을 대표한다. 네 개의 작은 별은 별마다 뽀족한 끝부분의 한쪽이 큰 별의 중심점에 직향한다. 중국공산당을 중심으로 전 국민이 단결하며 충성한 뜻을 가지고 있다. 깃발의 빨간색은 공산주의와 혁명을 상징한다. 별의 색깔은 노란색이어서 공산주의의 밝은 미래와 중화민족이 황생인종이라고 하는 것을 상징한다. 게다가 노란색은 따뜻한 색으로서 온화하고 고귀함을 나타낼 뿐만 아니라 금빛찬란한 황금색을 연상한 다.

오성홍기과 중국 국민의 정신을 상징하며 중국의 주권과 존엄을 표평한다. 우리는 중국 국민으로서 국가의 의의를 잘 알아아며 항상 오성홍기를 소중히 여기고 아끼는 마음을 가져야한다 (付瑶)

### 作文点评

这是一篇介绍五星红旗的说明文。开头交代下文说明的对象五星红旗，正文主要从颜色、图案、形态等方面说明了五星红旗的特点，并解释其象征意义。结尾概括五星红旗的象征意义，并呼吁每个公民要懂得尊重和爱护国旗。文章抓住五星红旗的特点，突出了五星红旗的象征意义。文章中开头部分的最后一个句子"人们应尊重和爱护国旗"和结尾的内容重复，因此将其删掉为宜。

**练习（十二）**

1. 설명문의 주요 특징과 설명문 쓰기의 요구사항에 대해 말해 보시오.

2. 설명의 몇가지 주요 방법에 대해 예를 들어 설명해 보시오.

3. 설명문으로 알맞은 글감으로 가정생활（우리 집, 나의 家族, 우리 집안의 來歷, 家訓, 우리 族譜）, 학교생활（校訓, 우리 학교의 전통, 운동회, 소풍）, 취미생활（운동, 서예, 등산, 글짓기, 독서, 바둑, 컴퓨터）, 자연현상（날씨, 기온, 눈, 비, 바람, 우박, 일식, 물의 작용, 흙의 성질, 계절의 변화）, 예절풍속（전통예절, 인사예절, 식사예절, 언어 예절, 전화예절, 결혼식, 명절풍습）, 의식주（옷, 신발, 장신구, 음식, 과일）, 문화재（절, 탑, 궁궐, 묘, 유적지） 등이 있다. 위의 글감에서 적당한 글감을 선택하여 설명문을 써 보시오.

4. 설명문을 쓰기 위해서 '무엇에 대해 쓸 것인가 ?'를 생각하여 글감이 정해지면 제목을 정하고 내용에 따라 문단을 나누어 써내려 간다. 아래의 요구와 순서대로 설명문을 써 보시오. (800 자)

> 제목 : 나의 전자사전
> 첫시작 : 나는 생일날에 아버지한테서 전자사전을 선물로 받았다.
>        전자사전은……
>        문단 1: 모양은…… 색깔은……
>        문단 2: 기능은…… 사전 종류는……
>        문단 3: 사용하는 방법은……
>        문단 4: 좋은점은…… 단점은……
> 끝부분 : 나의 사전은……

## 8.2. 报道（기사문）

### 8.2.1. 报道的特点

报道是指通过报纸、杂志、电视等相关媒体向读者传达某一事件或状况情形的文章体裁，它是依据"何时（when）,何地（where）,何人（who）,何事（what）,为何（why）,如何（how）"这六何原则进行记述。

报道从广泛意义上来讲就是记录在报纸及杂志上的文字的总称，包括新闻报道、评论报道、解说报道、采访报道、对话报道等。新闻报道是报道的代表文体，它有如下特点：第一，报道应具备客观性与公正性。报道的目的在于客观地传达信息，因此应特别注意避免主观色彩以及模棱两可的表达。如果倾向于主观情感，报道将失去价值。第二，报道的生命在于迅速性与正确性。现代社会可以被称作是信息化社会，迅速准确地报道时时刻刻变化的世界动向与各种信息正是报道的存在价值所在。第三，报道与其他文体不同，同一内容以标题—题记—正文的顺序可重复三次。这样做的目的不是为了强调，而是为了让读者仅看到标题就能了解报道内容，当读者对文章内容感兴趣时再仔细阅读文章内容。第四，与其他文体不同，在报道文章中其内容核心或结论都出现在文章的开头，越往后重要性依次减弱。第五，报道应简练明了。报道是将事实场景重现为目的的文章体裁，因此冗长的说明或修饰都是不必要的。有时无谓的修饰或说明容易使文章产生歧义，并引起读者的偏见。

### 8.2.2. 报道的结构

一般来讲报道以标题、副题、题记、正文、解说的顺序展开。报道一般以"倒金字塔"结构构成。所谓"倒金字塔"结构是指从最核心的内容开始展开论述的报道文章形式。

标题在韩语中也称作"헤드라인"（headline），它揭示该报道的核心内容轮廓。标题是正文内容的压缩表达，一般采用句子的形式。副题（부제）也被称作是小标题，是为完善标题而撰写的简单句。一般在长篇报道中经常使用，使标题内容更加具体。题记（전문, lead）又被称作概述文或引子，可以说是报道的摘要。撰写题记应遵循六何原则，应摘要文章中最吸引人、最重要的内容，字数一般控制在50字以内。正文（본문）是以题记内容为基础展开，将具体内容详细叙述。正文首先应揭示重要内容，应遵循统一性与一贯性，正确设定段落，限制文章长度。解说（해설）是指为帮助读者理解在正文后撰写的对事件的前景、分析、评价、说明等。解说根据情况可以省略。

报道应使用介于书面语体与口语体之间的文体，应避免使用华丽的辞藻，尽量使用无修饰、夸张的表达以及客观明确的词汇。报道中"何人"是很重要的部分，因此应表明主语。报道的时态以过去式为主，语序可按由重要至次重要的顺序撰写。报道应多使用简单句，每个句子长度一般以50字为宜，每段应包含1~3个句子。

### 8.2.3. 报道范文

[范文1] 第十五届韩国语能力测试实施——25个国家96141名考生应试

제15회 한국어 능력시험 실시（표제）

국내외 25개국에서 9만 6141명 응시（부제）

제15회 한국어 능력시험(TOPIK, Test of Proficiency in Korean)이 오는 18일

(토)부터 19일(일)까지 국내외 25개국 97개 지역에서 9만 6141명의 수험자가 참가한 가운데 일제히 실시된다. (전문)

　한국어 능력시험은 한국어를 모국어로 하지 않는 외국인이나 제외동포들에게 한국어 학습방향을 제시하고, 한국어를 널리 보급하며, 한국어 인증시험의 결과를 유학이나 취업 등에 활용하도록 한국 교육과정평가원에서 주관하여 실시하고 있는 제도이다. 1997년에 처음 시행되었으며 2007년부터는 시험횟수가 연 2회로 확대되었다. (본문 1)

　시간진행은 제1교시 9:30-11:00, (90분간) 어휘·문법·쓰기 테스트, 제2교시 11:30- 13:00(90분간) 듣기·읽기 테스트로 진행된다. 시험문제는 초급(1·2급), 중급(3·4급), 고급(5·6급) 3종으로 출제되며 시험성적에 따라 응시한 급수에서 등급이 결정된다. 예를 들어, 초급에 응시한 학생의 전 영역 평균성적이 50점 이상이면 1급이 되며, 70점 이상이면 2급이 된다. 합격자 발표일은 6월 3일, 자세한 내용은 한국어 능력시험 홈페이지(www.topik.or.kr)를 참고하면 된다. (본문 2)

　한국어능력시험 응시자는 매년 크게 늘어나고 있으며, 이것은 우수한 외국인 유학생을 유치하고 한국어를 전 세계에 널리 보급하는 데 효과가 있을 것으로 예상된다. (해설)

※ 此文是标题、副题、题记、正文、解说俱全的报道。报道通常依据六何原则，但其顺序并不是固定的，可以先写重要信息或读者所关心的事情。当然，有时也可以省略其中一两个部分。上面的范文是结构完整的报道。

- 何时(时间)→ 오는 18일부터 19일까지
- 何处(空间)→ 국내외 25개국 97개 지역
- 何人(人物—主体)→ 한국 교육과정평가원
- 为何(理由·目的)→ 외국인, 재외동포 한국어능력을 평가하기 위해
- 什么(事件·所作–对象)→ 한국어능력시험
- 怎么(手段·方法)→ 어휘·문법·쓰기와 듣기·읽기 영역의 문제를 각 90분씩

以上报道并没有把六何基本要素集中在报道文中的某一个部分，而是合理安排在报道全文中，使读者容易理解。

[范文 2] 上海将建立超级金融企业
——5年整合兼并16家国有企业……资产453亿元

상하이(上海), 초대형 금융기업 만든다
5년간 16개 국유기업 통·폐합……자산 453조원

　국제금융의 중심지를 꿈꾸고 있는 중국 상하이시가 첫 단계로 산하의 16개 국유 금융 기업을 통·폐합, 초대형 금융기업으로 만들기로 했다.

　18일 중국신문사 통신에 따르면, 상하이시는 국내외적으로 영향력이 큰 거대 금융기업 육성을 위해 향후 5년에 걸쳐 산하 16개 금융기업을 몇 개의 초대형 금융기업으로 통·폐합하기로 했다. 상하이시 산하 국유 금융기업의 총자산규모는 2조 4500만 위안이다.

상하이시는 핵심 금융기업의 원활한 통·폐합을 위하여 이들 기업들을 기업공개(IPO), 자산교환 등의 방식을 통해 증권시장에 상장하기로 했다. 이와 함께 상하이시 산하의 태평양보험그룹과 창장(長江) 보험회사를 중국 최고의 위탁형 양로보험회사로 육성하기로 하고, 국유 상하이국제그룹(上海國際集團)은 금융투자회사로 키워나갈 방침이다.

상하이시는 이번 구조조정 작업을 통하여 시 산하의 주요 금융기업의 규모를 확대해 경쟁력을 강화하는 한편 현재 금융기업을 업무기능별로 통·폐합해 전국에서 영향력 있는 중점 기업으로 발전시켜 나간다는 방침이다. 또 금융자원의 현금 유동성과 개방성을 높여 국내외의 저명한 금융기관들을 상하이로 유치시킨다는 복안을 마련한 것으로 알려졌다.

상하이시는 금융기업의 국제화를 위한 방안으로 금융기업의 인사제도를 개혁, 정치지도자의 재계 영입을 막고 광범위한 인재 발굴을 위해 공개채용, 계약제 등을 적극 도입하기로 했다. 또 중앙정부가 추진 중인 국유기업 임원의 보수에 관한 법령이 마련되는 대로 국제적인 금융기업 수준에 맞는 새로운 임원 보수체계를 마련하기로 했다.

[范文 3] 韩国青少年的学习时间比发达国家每周多 15 小时
──学业成功度与 OECD 差异不大

한국 청소년 선진국 청소년보다 1 주에 15 시간 더 공부
학업성취도는 OECD 와 큰 차 없어

한국 청소년들이 선진국 청소년들보다 공부를 매일 2 시간가량 더 많이 하는 것으로 나타났다.

6 일 보건복지가족부가 한국청소년정책연구원에 의뢰해 작성한 '아동·청소년의 생활 패턴에 관한 국제비교연구' 보고서에 따르면 국내 15~24 세 청소년의 평일 학습시간은 학교와 학원수업 등을 포함해 모두 7 시간 50 분이었다.

반면 경제협력개발기구(OECD) 국가 청소년들의 평일 학습시간은 평균 5~6 시간으로 한국 청소년들보다 2 시간가량 적었다. 핀란드 청소년의 공부시간이 6 시간 6 분, 스웨덴 5 시간 55 분, 일본 5 시간 21 분, 미국 5 시간 4 분, 독일 5 시간 2 분 등이었다. 일주일 단위로는 한국 청소년들의 공부시간은 49.43 시간으로 OECD 평균(33.92 시간)에 비해 15 시간이나 많은 것으로 나타났다.

공부시간은 많지만 학업성취도는 큰 차이가 없었다. 2003 년 OECD 의 국제 학업성취도 조사 결과를 보면 핀란드는 평일 평균 학습시간이 4 시간 22 분으로 한국(8 시간 55 분)의 절반에 불과했지만 수학점수는 544 점으로 한국(542 점) 보다 2 점 높았다. 6 시간 22 분에 이르는 일본도 534 점으로 큰 차이가 없었다.

한국 청소년의 수면시간은 7 시간 30 분으로 미국(8 시간 37 분), 영국(8 시간 36 분), 독일(8 시간 6 분) 보다 1 시간 가량 짧았다.

연구원은 "청소년들이 학업뿐만 아니라 사회참여와 자원봉사활동, 운동시간을 늘리고 충분한 수면을 취할 수 있도록 정책적 지원과 사회적 관심이 필요하다" 고 밝혔다.

[범문 4] G 大教授被疑剽窃论文决定取消学位

### G대, 논문표절 의혹 교수 '학위취소' 결정

G대학교는 박사학위 논문표절(剽竊) 의혹이 제기된 K교수에 대해 학위취소 결정을 내린 것으로 10일 알려졌다. G대학교 대학원위원회는 이를 총장에게 전달, 최종 결재를 기다리고 있다.

G대학교 관계자는 "조사 결과, 표절의혹이 사실로 드러나 박사학위를 취소하기로 했다"면서 "학위취소가 확정되면 교수 임용(任用)도 자동 취소된다"고 말했다. K교수의 박사학위 취소 여부는 오는 12일께 확정될 전망이다.

지난 2월 D소재 대학의 L교수는 "C교수의 박사학위 논문은 1991년 발표한 내 논문을 표절했다"면서 G대학교 윤리위원회에 K교수를 제소했다.

[범문 5] 北京猿人已使用火

### 베이징원인 불 사용했다

70만여 년 전에 살았던 것으로 추정되는 베이징원인(北京猿人)이 불을 사용했다는 새로운 증거가 발견됐다.

중국과학원 고척추동물·고인류연구소는 지난 5월부터 7월까지 석 달간 베이징 교외의 저우커우뎬(周口店)에 있는 베이징원인 유적지를 발굴한 결과 잿더미, 불에 탄 뼛조각, 불에 탄 나무 부스러기 등 베이징 원인이 불을 사용한 새로운 증거들을 찾아냈다.

발굴팀은 베이징원인이 살았던 룽구산(龍骨山) 내 '원인 동굴'에 대해 보호와 청소를 겸해 대대적인 재발굴 작업에 나선 결과 이 같은 개가를 올렸다.

고척추동물·고인류연구소 가오싱(高星) 부소장은 이번에 발견된 유물들은 동굴 내에서 발견돼 베이징원인이 불을 사용한 확실한 증거가 되고 있다고 강조했다.

중국 과학자들은 지난 1930년대 일찌감치 베이징원인이 불을 사용했다고 주장했으나 당시 외국 학자들은 당시 발견된 불에 탄 물증들이 자연적인 불에 의한 것이라며 의문을 표시했었다.

발굴팀은 이밖에 길이가 동서 140m, 남북 40m에 높이가 40m인 석회암 동굴인 원인동굴을 10층(1층은 20㎝)으로 나눠 조사한 끝에 3-4층에서 동물 화석 1천여 점과 석기 178점을 발굴했다.

동물 화석은 주로 설치류와 식충류이었고 원숭이, 곰, 사슴 등의 뼛조각과 이도 발견됐다. 석기류에는 인공이 가미된 것들도 있었다.

저우커우뎬은 1921년 스웨덴의 고생물학자 앤더슨이 고대원시인류의 이를 발굴한 데 이어 1927년 12월 2일 중국의 고고학자인 페이원중(裵文中)이 완전한 원인의 두개골을 찾아낸 것을 비롯해 40여명의 남녀노소의 것으로 유골 200점이 나왔다. 또 10만여 점의 석기도 출토됐다.

그러나 베이징원인의 두개골 화석은 지난 1937년 일본군이 베이징을 점령했을 당시 사라진 뒤 아직 종적을 찾지 못하고 있다.

[范文 6] 日本自杀人数激增

## 日, 자살자 최고 속도 급증

일본에서 자살자가 사상 최고 속도로 늘고 있어 문제가 되고 있다.

27일 일본 경찰청 집계에 따르면 금년 들어 6월까지 전국의 상반기 자살자 수는 1만 7천 76명으로 지난해 같은 기간에 비해 4.7%(768명)가 증가했다. 또한 매월 자살자 수도 지난해 같은 달보다 늘었다.

경찰청은 이같은 페이스로 자살자 수가 늘어날 경우 연간 자살자 수에서 사상 최악을 기록했던 2003년(3만 4천 427명) 수준에 육박할 가능성이 클 것으로 보고 있다.

금년 상반기 자살자 가운데 71%인 1만 2천 222명이 남성으로 집계됐다. 지난해 하반기 이후의 세계 금융위기에 따른 국내 경기 침체로 직장을 잃는 등 생활고로 인한 자살이 늘어난 것으로 분석됐다. 일본 전국의 자살자 수는 지난해까지 11년 연속으로 연간 3만명을 넘었다.

자살 예방을 위한 시민단체에서는 자살자 증가에 대해 "30-40대의 한창 일할 연령층에서 경제적인 요인으로 인해 자살에 이르는 경우가 많으며, 앞으로도 늘어날 우려가 크다"면서 정부 당국의 실효성 있는 대책을 요구했다.

[范文 7] 日本女性平均寿命 86.05 岁, 连续 24 年居世界第一

## 일본 여성 평균수명 86.05 세
## 24 년째 세계 1 위

세계 최장수국인 일본의 여성 평균수명이 86.05세로 24년째 세계 1위를 지켰다고 후생노동성이 16일 발표한 '2008년판 간이 생명표'에서 밝혔다.

남성은 79.29세로 아이슬란드(79.6세), 홍콩(79.4세), 스위스(79.4세)에 이어 4위를 기록했다. 이는 한해 전에 비해 여성이 0.06세, 남성도 0.1세가 각각 늘어난 것으로, 인플루엔자 유행으로 평균수명이 단축됐던 2005년 이후 3년 연속 남녀 모두 수명이 증가하며 사상 최고를 경신했다. 여성 수명은 홍콩이 85.5세로 2위를 차지했으며, 프랑스(84.3세), 스위스(84.2세)가 뒤를 이었다.

또 일본에서 지난해 태어난 어린이가 65세 이상 생존할 수 있는 확률은 남성이 86.6%, 여성이 93.4%로 조사됐다. 90세 이상 생존할 확률도 남성이 21.1%, 여성이 44.8%에 달했다.

후생노동성은 지난해 평균 수명 증가에 대해 일본인의 3대 사인으로 돼 있는 암과 심장병, 뇌졸중의 치료 효과가 향상되고 있고 교통사망사고가 감소하고 있기 때문으로 분석했다.

[范文8] 东京品川车站乘务员永远微笑的理由

### 도쿄 시나가와 역 승무원들이 항상 웃는 이유

시나가와(品川)역은 도쿄에서 가장 오랜 역사를 자랑하면서 붐비는 기차역 중 하나다. 하루 이용객만 25만 명이 넘는다. 도쿄를 한 바퀴 도는 JR 야마노테(山手)선이 지나가며 하네다 공항과 게이큐(京急) 공항선으로 곧바로 연결된다. 시나가와에서 게이큐선(요금은 400 엔)을 타면 19 분만에 하네다 공항에 도착한다.

시나가와-하네다(羽田), 시나가와-요코하마(横浜) 등을 연결하는 전철을 운영하고 있는 게이힌(京浜)급행전철 주식회사는 최근 시나가와 역 구내에 '미소측정기'를 설치했다. 역 구내에서 안내를 맡거나 열차에 탑승하는 승무원들이 열차에 오르기 전에 줄무늬 스카프와 파란 모자를 쓰고 옷 매무새를 가다듬은 뒤 마지막으로 거치는 코스다. 물론 강제 조항은 아니다. 자신의 웃는 모습을 확인하고 싶은 승무원만 이용하도록 했다.

승무원이 디지털 카메라가 장착된 컴퓨터 앞에 앉아 버튼을 누르면 화면에 '웃음 점수'가 나온다. 굳은 얼굴 표정을 지으면 '스마일 0'라는 글씨가 큼지막하게 나타난다. 밝고 환하게 웃는 표정을 지으면 '스마일 70'이라는 점수가 나온다. 만점은 100 점.

'미소측정기'는 바쁜 일상에 쫓기며 살아가는 수많은 고객들과 만나는 승무원들이 밝은 표정으로 고객을 맞이하도록 하기 위해 마련한 시스템이다. 게이힌 급행전철은 시나가와 역 외에도 유동 인구가 많은 역에 '미소측정기'를 설치했다. 이 회사가 소유하고 있는 72 개의 역 가운데 15 개이다.

게이힌 홍보 담당 다카하시 다이치는 AP 통신과의 인터뷰에서 "이 시스템은 직원들이 일을 하러 가기 전에 새롭게 마음가짐을 하도록 해주며 자신의 웃는 표정을 확인하지 못하는 요즘과 같이 바쁜 사람들에게 우리의 웃는 모습을 오랫동안 바라볼 수 있게 도와 준다"고 말했다.

[范文9] 脸形左右不对称加速智能衰退

### 얼굴 좌우대칭 불균형, 지능저하 빨라

얼굴의 좌우대칭이 불균형인 남성은 노년에 인지기능저하 속도가 빠르다는 연구결과가 나왔다.

영국 에든버러 대학 라스 펜케(Lars Penke) 박사는 79-83 세의 연금생활자 216 명을 대상으로 여러 차례 지능검사(IQ)를 실시하고 사진을 통해 얼굴 좌우대칭이 균형인지를 측정해 이 둘 사이의 연관성을 분석한 결과 이 같은 사실이 밝혀졌다고 BBC 인터넷판 등이 11 일 보도했다.

남성의 경우 얼굴 좌우대칭이 불균형인 사람은 균형인 사람에 비해 인지기능 저하가 10% 정도 빠른 것으로 나타났다고 펜케 박사는 밝혔다. 여성의 경우는 얼굴 좌우대칭

> 균형 여부와 인지기능 사이에는 연관이 없는 것으로 나타났다.
> 　그 이유는 여성은 DNA가 노화에 미치는 영향이 다르거나, 여성은 남성보다 수명이 길어 인지기능저하도 지연되기 때문으로 보인다고 펜케박사는 설명했다.
> 　얼굴의 좌우대칭은 피부나 지방에 영향을 받지 않는 얼굴의 여러 부위 즉 눈, 귀, 입, 턱, 코 등을 중심으로 측정된다.
> 　이 연구결과는 과학전문지 '진화와 인간행동(Evolution and Human Behavior)'에 실렸다.

### 8.2.4. 学生作文点评

> **[学生作文1]** D外语大学图书馆将延长开放时间
> 　　　　　D 외대 중앙도서관 문을 닫는 시간을 연장
> 　　　도서관 이용 시간 오전 8시부터 오후 8시 30분까지
>
> 　D 외대는 3년 전에 새 교구로 이사했다. 그런데 캠퍼스 이전 후 신축 도서관 내부시설 정비는 완성되었지만 시설과 설비 확충에 따라서 인력 보충이 따라가지 못하고 혹은 교직원들의 통근 교통 공구가 보장되지 못했는 탓으로 대학 도서관 개방 시간이 오전 9시부터 오후 4시 30분으로 정하였다. 유감하게도 이 시간은 수업이 집중된 시간이라서 많은 학생들이 도서관을 이용할 수가 없다. 학생들은 그 동안 도서관을 이용하는데 많이 불편을 겪어 왔으며 도서관 개방 시간을 연장할 것을 지속적으로 요구해 온다.
> 　새학기 3월 1일부터 D 외대 새 교구 중앙도서관 문을 닫는 시간이 밤 8시 30분으로 연장된다. 이로써 2년 동안이나 지속된 D 외대 학생들의 도서관 이용하기 불편이 없어 질 겠다.
> 　도서관은 교원과 학생들을 위해 존재하는 대학교 교육의 중심 시설이다. D 외대 새 도서관은 다양하고 풍부한 자료와 선진환 시설을 갖췄는 도서관이다. 학교 당국은 교사와 학생들이 도서관의 여러가지 정보 자원을 효율적으로 이용할 수 있도록 도서관 이용시간 연장 사업을 계속 과장할 것이라고 밝혔다.
> 　(刘欢)

**作文点评**

　　这是一篇消息报道。消息以叙述新闻事实为主，而且一般先叙述核心内容。该文章的核心内容就是第二段落的"新学期大外图书馆将延长开放时间"。所以，应把这部分放在开头，这样也正好构成具备"标题—副题—题记—正文—解说"的"倒金字塔"结构。语法和词汇上，要注意时态和汉字词的使用。

[学生作文 2] 首家学生水果店开业

### 캠퍼스 첫 학생 과일점 개점

지난 11월 11일, 독어학과 학생들은 캠퍼스에 과일점을 개점하여 인기를 끌고 있다. 이 과일점에서는 유자, 귤, 사과, 포도, 바나나, 배 등 과일뿐만 아니라 무, 오이, 토마토 등 야채도 판매하여 학생들의 불편을 감소하고 있다.

D 외대는 2007년 4월 새 캠퍼스로 이사했다. 캠퍼스 주위에 상가나 편이시설이 없으니까 과일이나 채소를 사려면 시내에 외출해야 하는데, 교통이 너무 불편해서 버스를 3, 4시간 기다리는 때도 있다. 캠퍼스 근처의 노점에서 사면 원래의 가격보다 2배 이상 비싸게 사야 한다. 가을이나 겨울이 되면 이런 문제점점 심해졌다.

최근, 이 문제를 해결하기 위해 독어학과 학생회는 시내에서 통학환 학생들을 중심으로 겨울철 작은 과일판매조직을 만들었다. 11호 빌딩 3층 활동실에 임시 매장을 설치하고 도매가격으로 구입한 과일이나 야채를 판매한다. 종류는 많지 않지만 길에서 파는 것보다 더 싱싱하고 가격도 훨씬 싸기 때문에 아주 빠르는 속도로 판매되고 있다. 점심 시간부터 오후 3시쯤까지 과일매점을 찾는 학생들로 발길이 끊임없을 정도로 많다. 정말 문전약시라고 해도 과언이 아니다.

학생회의 발기인은 사회체험 목적으로 시작한 활동이 이렇게 인기가 있을 줄은 예상 못했다면서 1월 중순 방학 앞까지 판매활동을 계속할 것이라고 말했다. 판매활동 수익금은 학생회 활동경비로 쓸 것이라고 밝혔다. (纪硕星)

### 作文点评

这是一篇以校园里发生的事件为素材的报道,时间、地点、事件交待清楚,详略得当,有条有理,是一篇写得较好的报道。学生会组织学生开水果店,既达到社会实践的目的,又解决新校区学生实际困难,材料新鲜、有趣,具有一定的新闻价值。除了一些汉字词和时态方面的错误,语言朴实、简洁。

1. 기사문과 설명문의 다른점에 대해 설명해 보시오.

2. 역피라밋형(逆金字塔) 구조란 무엇입니까? 캠퍼스에서 생긴 흥미로운 사건 중에서 신문에 실릴 만한 내용으로 기사문을 써 보시오. (600자 내외)

3. 다음은 동아리 소식란에 올릴 기사문입니다. 기사문을 읽고 제목을 달아 보시오.

> 제목: _____
> 
> 한국어학과 연극 동아리 '무지개'가 지난 달 대련시에서 개최된 제3회 대학생 연극 발표 대회에서 영예의 대상을 수상했다.
> 
> '무지개'는 이번에 역경 속에서 용기를 잃지 않고 아름다운 내일을 꿈꾸는 장애인 대학생의 혼을 그린 '비상(飛翔)'이라는 작품으로 참가했는데, 참신한 내용과 배우들의 탄탄한 연기력이 심사위원들과 관객으로부터 호평을 받았다고 한다. '무지개'의 이번 수상은 학교 지원도 부족한 상황에서, 또한 변변한 연습실마저 없는 어려운 여건에서 이뤄낸 쾌거라는 점에서 더욱 의미가 깊다고 하겠다.
> 
> 한편 '무지개'는 이번 수상을 축하하는 의미에서 다음 달까지 토요일마다 학생활동회관에서 전교 학생들을 위해 무료 공연을 가질 예정이다. '무지개'의 계속적인 분발을 기대해 본다.

## 8.3. 介绍（소개문）

### 8.3.1. 介绍的特点

介绍是介绍某事某物的文章，是事物说明文的一种。介绍是以传达信息为目的的文章，因此内容要客观、真实。客观性与公正性是介绍文体的最重要特征。介绍有许多种类，如自我介绍、朋友介绍、家庭介绍、学校和公司介绍以及城市和国家的介绍等。既包含人物、动物及机关团体的介绍，也包括书、画、电影、戏剧、音乐等的介绍，还包括产品、名牌、景点、饮食的介绍，以及传统文化、岁时风俗、研究成果等的介绍。

### 8.3.2. 介绍的写作要求

介绍因为是介绍事或物的一种文体，其目的在于给人传达客观正确的信息。介绍的写作要注意以下几个问题。第一，介绍应避免虚假夸张内容，保证内容真实。第二，介绍应说明被介绍物的特征。第三，介绍应采用多种说明的方法。第四，介绍应简单明了地说明，避免夸张表达。

### 8.3.3. 介绍范文
1) 城市介绍

> [范文1] 东方巴黎——上海
> 
> 　　　　　　　　동방의 빠리-상하이
> 
> 　상하이는 화동지구(華東地區)에 있는 중국 최대의 도시이다. 면적은 6186㎢, 인구는 1674만 명이며 베이징(北京), 텐진(天津), 충칭(重慶)과 함께 성(省)과 동

격인 정부 직할시이다. 양쯔강(揚子江) 하구(河口) 삼각주에 자리잡고 있으며 동쪽은 황해(黃海) 및 동중국해에 면해 있고 남서쪽은 저장성(浙江省), 북쪽과 서쪽은 장쑤성(江蘇省)에 접해 있다.

상하이는 원래 조그만 어촌(漁村)에 불과했다. 양쯔강 이남에서 생산된 쌀을 북쪽에 운반하는 기지였고 17, 18세기에는 비단의 집산지(集散地)이기도 했다. 그러다가 1842년 청나라가 아편전쟁에 패한 후 영국과 난징조약(南京條約)을 맺으면서 외국에 개방되었고 그때부터 괄목(刮目)할 만한 발전을 이루게 된다. 그후 영국, 미국, 프랑스, 일본 등이 치외법권(治外法權) 지역 조계지(租界地)를 설치하면서 2차 세계대전이 끝날 때까지 상하이는 중국 땅이면서도 중국 땅이 아닌 곳이 되어 버렸다.

상하이의 과거와 현재를 다 감상할 수 있는 곳은 와이탄(外灘)이다. 와이탄은 황푸(黃埔) 강변을 따라 약 1.5 km 정도 이어진 해안길을 말하는데, 여기에 있는 황푸공원은 '개와 중국인은 들어오지 말라'는 팻말이 붙어 있었던 치욕스러운 현장이다. 그러나 현재는 수많은 중국인들과 관광객들이 이곳에서 와서 건너편 푸둥(埔東) 지구에 높이 치솟은 동방명주 TV 수신탑과 주변의 고층빌딩을 보며 감탄한다.

이곳에서 역사를 회상하면 역사는 돌고 도는 것이라는 생각이 들기도 한다. 현재 이 공원에서는 아침이면 수많은 시민들이 나와 단체로 태극권을 연마하고 롤러스케이트를 타며 묘기를 연마하는 할아버지들도 볼 수 있다. 조계지 시절, 해방전쟁, 문화대혁명을 거친 나이 든 사람들은 평화스럽고 번영하는 상하이의 풍경을 보며 깊은 감회에 젖는다.

와이탄공원에서 중산둥로(中山東路), 난징둥로(南京東路) 쪽을 보면 고풍스런 유럽풍 건물들이 즐비하다. 이곳은 영국 조계지였던 곳으로 아직 그 분위기가 남아 있다. 이 거리에는 온갖 쇼핑센터와 음식점들이 늘어서 있는데 하루의 유동인구가 100만 명이 넘는다고 한다. 이 혼잡스러운 거리가 흥겨운 분위기로 느껴지는 것은 보행자 거리이기 때문이다. 길이 너무 길다 보니 관광객이나 쇼핑객을 위해 거리 한복판에 장난감 열차 같은 것을 설치했는데 꽤 낭만적인 분위기다.

상하이에 온 사람들이 빠뜨리지 않는 곳이 예원(豫園)이다. 예원은 상하이에 하나밖에 없는 정원(庭園)으로, 명나라 때인 16세기 중엽에 상하이 출신 고위 관리가 아버지의 노후를 위해 만든 저택(邸宅)이었다. 개인 저택으로는 너무도 큰 이곳에는 40개의 정자(亭子)와 누각(樓閣), 연못 등이 있다. 그리고 바로 앞에는 1000여개의 상점이 밀집된 상하이의 대표적인 시장인 예원상장이 있다. 수많은 가게를 들러보는 재미도 있지만 명·청대의 고풍스러운 건물들로 분위기가 더 인상적이다.

그외에도 루쉰(魯迅)공원과 쑨원(孫文) 고거, 위포사(玉佛寺), 룽화사(龍華寺) 등의 볼거리가 있는데 나이트라이프도 빼놓을 수 없다. 그 중에서 1930년대의 분위기를 맛보고 싶은 사람은 난징둥로의 화평빈관(和平賓館)에 있는 올드재즈 바로 가서 그 시절 유행했던 스윙재즈를 즐긴다. 이곳은 음악만 오래된 것이 아니라 연주자도 70대 이상의 노인들이어서 흘러간 과거에 푹 젖게 된다.

상하이는 공간 여행 못지않게 시간 여행을 즐기기에 매우 좋은 매력적인 도시다.

[范文 2] 浪漫之都——大连

### 낭만의 도시—다롄

　다롄(大連)은 료오둥반도(遼東半島)의 맨 남쪽에 자리잡고 있는 현대적 항만도시이다. 서북쪽은 보하이(渤海)와 잇대어 있고 동남쪽은 황하이(黃海)에 면하여 있으며 남쪽은 바다를 사이에 두고 산둥반도(山東半島)를 마주하고 있고 북쪽은 넓은 동북평원과 이어져 있다. 연간 평균 기온은 10℃ 내외로 여름에는 시원하고 겨울에는 춥지 않다. 총면적은 1만 2574 ㎢이고 인구는 550만 명이며 그 중 260만 명이 다롄시 내에 집중해 있다.

　3면이 바다로 둘러싸인 다롄은 푸른 산과 아름다운 바다가 어우러진 천혜의 자연 조건을 배경으로 '북방의 홍콩', '북해의 진주'로 불리면서 중국에서 유명한 피서지이자 매력적인 관광지로 각광을 받고 있다. 다롄의 아름다운 백사장과 광활한 녹지는 한 폭의 그림과도 같으며 다채로운 축제와 특색있는 관광코스, 그리고 매혹적인 야경과 특색있는 해산물 요리는 지구촌 관광객들의 발길을 끌고 있다.

　다롄은 중국에서 최초의 '우수 관광도시', '가장 깨끗한 도시', '가장 살기 좋은 도시', '패션의 도시', '하이테크산업 시범도시' 등으로 유명하다. 2001년에는 유엔으로부터 중국에서 처음으로, 아세아에서 두번째로 되는 '세계환경 500 톱' 상을 수여 받았으며, 유네스코로부터 '가장 살기 좋은 세계 100대 도시'의 하나로 뽑히기도 하였다.

　다롄은 또 중국에서 제일 큰 소프트웨어 개발중심지로서 세계적으로도 유명하다. HP, IBM, GE, DELL 등과 같은 세계에서 유명한 소프트웨어기업은 대부분 다롄에 분사를 두고 있다. Intel 회사가 다롄에 공장을 건설하면서 다롄은 곧바로 칩셋 생산기지로 거듭나게 된다. 현재 다롄에 공장을 두고 있는 세계적 유명 회사로는 Canon, TDK, 마쯔시다, 아얼파이 등이 있다. 다롄은 또한 복장에 관한 OEM, 대리가공 생산기지다. 다롄은 조선업도 매우 발달했다. 현재 많은 한국 조선업체가 다롄에 분사를 두고 있으며, STX의 다롄 조선해양 종합생산기지는 벌크선과 자동차 운반선 등의 수주영업을 본격 개시하였다.

[范文 3] 东方威尼斯——苏州

### 동양의 베니스—수조우(蘇州)

　'하늘에는 천당이 있고 땅에는 수항이 있다'(上有天堂, 下有蘇杭)는 말이 있을 정도로 수조우(蘇州)는 항조우(杭州)와 함께 중국에서 자연 경관이 아름다운 곳으로 손꼽히는 곳이다. 양쯔강(揚子江) 삼각주 평원에 자리잡고 있으며 '동양의 베니스'라는 별칭을 가지고 있는 유명한 물의 도시이다. 정원(庭園)과 물로 대변되는 중국 남방의 대표적인 도시이기도 하다.

　수조우는 기온이 온난습윤하고 토질이 좋아 자원이 풍부하며 교통도 매우 발달되어 있다. 전체 면적은 8,488 ㎢이며 평원이 4,654 ㎢를 차지한다. 총인구는 571만 명이며 그 중 시내 거주 인구는 약 105 만 명이다.

수조우는 중국의 역사문화도시로서 기원전 514 년에 이루어졌으며 현재까지 2,500 여 년의 역사를 자랑한다. 서한(西漢) 초기에는 동남부의 가장 큰 도시로 발전하여 '絲綢之府'(비단의 도시), '魚米之鄕'(살기 좋은 곳), '園林之都'(정원의 도시)로 칭해졌다.

송(宋) 때에 이르러 더욱 번성했으며 비단의 생산지로도 명성을 날렸다. 그 당시 탑들이 많이 세워졌는데 지금도 수조우에는 송 때 탑이 가장 많이 남아있다. 수조우의 자랑인 정원도 송 때부터 많이 건축되었다. 명(明), 청(淸) 때에 이르러서도 수조우는 유리한 지리적인 위치와 발달한 견직물 산업을 배경으로 부유한 상업도시로 번영을 거듭했다.

도시의 번영과 더불어 수조우의 정원도 유명해지게 되었으며 '천하의 원림은 강남에 있고, 그중에서도 소주의 정원이 가장 으뜸이다' 라는 시구를 탄생시켰다. 소주의 정원은 정교함과 우아함으로 중국 남방 고전원림 건축예술의 정화라고 할 수 있다. 송 때부터 이어진 정원은 200 여개에 이르며 지금은 10 개 정도 복원되어 관광객들에게 개방되고 있다. 그 중에서 송의 창랑정(滄浪亭), 원의 사자림(獅子林), 명의 졸정원(拙政園)과 유원(留園)이 강남의 가장 대표적인 원림작품으로 꼽히고 있다.

2) 名山介绍

[范文 1] 雪岳山

설악산(雪嶽山)

설악산은 한국 강원도 속초시, 양양군, 고성군, 인제군 4 개의 시, 군에 걸쳐 있다. 한라산, 지리산에 이어서 한국에서 3 번째로 높은 설악산은 주봉인 대청봉(1,708m)을 비롯하여 700 여 개의 봉우리들로 이루어져 있다. 설악산은 수많은 고개와 산줄기, 계곡들이 어우러져 한국을 대표하는 산악미(山岳美)의 극치를 이루고 있으며, 한국 국립공원(1970 년) 및 유네스코의 생물권 보존지역으로 지정(1982 년) 되었다. 설악산은 추석 무렵부터 눈이 내리기 시작하며 여름이 되어야 녹는 까닭으로 이렇게 이름 지었다 한다.

설악산은 보통 외설악과 내설악으로 구분하는데, 오색지구를 추가하여 남설악을 덧붙이기도 한다. 한계령과 미시령을 경계선으로 동해쪽은 외설악, 서쪽은 내설악이라 한다. 외설악은 설악산에서 가장 높은 대청봉, 관모산, 천불동 계곡, 울산바위, 권금성, 금강굴, 비룡폭포, 토왕성폭포 등 기암절벽과 큰 폭포들이 있어 사람들의 발길이 잦다. 내설악은 백담계곡, 수렴동계곡, 백운동계곡, 가야동계곡, 와룡, 유달, 쌍폭, 대승 등 폭포, 백담사, 봉정암 등의 사찰들이 있으며 계곡이 아름답고 산세가 빼어나다.

가을에는 대청봉 단풍이 9 월 하순부터 물들기 시작한다. 대청, 중청, 소청봉을 필두로 화채봉, 한계령, 대승령, 공룡능선이 그 다음으로 타오르다가 용아장성, 천불동계곡으로 내려온뒤 장수대와 옥녀탕까지 빠른 속도로 붉게 물들인다.

　이중에서 공룡능선은 설악단풍산행의 으뜸으로 꼽히는 곳이다. 외설악의 암릉미가 동해와 화채릉의 짙푸른 사면과 어우러진데다 서쪽의 용아장성과 기암도 장관이다.

　설악산의 오색단풍 중 붉은 색은 단풍나무를 비롯하여 벚나무, 붉나무, 개박달, 박달나무 등이 만들어 내는 장관이다. 또 노란색은 물푸레나무, 피나무, 엄나무, 층층나무가, 주황색은 옻나무, 신갈나무, 굴참나무, 떡갈나무 등이 엮어낸다. 여기에 기암괴석이 어우러져 최고의 절경을 만들어 낸다.

　설악산은 겨울에 아름다운 산이다. 겨울의 설악산은 겨울산행과 겨울바다의 운치, 상쾌한 온천욕을 한꺼번에 즐길 수 있는 1석 3조의 명소로 꼽힌다. 산행은 보통 오색이나 한계령에서 사작하여 대청을 올라 천불동계곡으로 하산한다.

　주변에 척산온천, 설악워터피아, 오색온천이 있어 산행 후 온천을 즐길 수 있다. 척산온천은 외설악의 초입인 설악동에서 불과 2㎞ 거리 밖에 안된다. 한화리조트의 워터피아는 파도풀장, 슬라이더풀장, 야외 수영장 등을 갖추고 있고, 오색온천은 점봉산 오색약수에서 한계령쪽으로 4㎞쯤 떨어진 온정골에 있다.

　설악산은 이밖에도 백담사(百潭寺), 봉정암(鳳頂菴), 신흥사(新興寺), 계조암(繼祖菴), 오세암(五歲庵), 흔들바위, 토왕성폭포, 대승폭포 등이 유명하고, 인근에 낙산사, 하조대, 주전골 등 명승지가 많다.

[范文 2] 韩国灵山——汉拿山

한국의 영산(靈山)—한라산(漢拏山)

　한라산은 한국 3대 영산(靈山)의 하나로 꼽힌다. "한라"라는 이름은 하늘의 은하수를 잡아당길 만큼 높다 해서 붙여진 것이다. 한라산은 해발 1,950m로 한국 최고봉이면서도 사람들을 가까이하여 친숙함을 느끼게 하는 산이다.

　사계절이 뚜렷한 변화를 보이는 가운데 하루에 봄, 여름, 가을, 겨울 사계를 보이기도 하는 신비로운 산으로서, 갖가지 레저를 즐길 수 있는 최상의 조건을 갖고 있으면서도 아직도 순수한 자연의 모습을 그대로 간직하고 있는 명산이 바로 한라산이다.

　산마루에는 화산 분화구였던 백록담(白鹿潭)이 있으며 고산식물의 보고로서 식물의 종류도 무려 1,800여 종이나 되어 울창한 자연림과 더불어 광대한 초원이 장관을 이룬다. 뿐만 아니라 높은 절벽과 깎아지른 듯한 비탈, 눈 덮힌 백록담과 백록담을 둘러싼 화구벽, 왕관능의 위엄, 계곡 깊숙히 숨겨진 폭포들, 설문대할망과 오백장군의 전설이 깃든 영실, 이렇듯 오묘한 모습들이 한라산을 이루는 명소들이다.

　정상부근의 진달래 군락과 구상나무군도 한라산의 유명 경관으로 꼽는다. 계절별 경관으로는 봄의 철쭉, 가을의 단풍, 겨울의 설경이 유명하며, 특히 500~1,300 미터에 이르는 지역에서의 수빙현상(樹氷現象)과 1300 미터 이상의 구상나무 숲에서 볼 수 있는 겨울철 한라산 경관은 보는 이들의 탄성을 자아내기에 충분하다. 그리고 백록담, 곰보바위 등의 빙판과 Y 계곡, 탐라계곡 등의 빙폭(氷瀑) 또한 장관을 이룬다.
　　한라산의 겨울은 아름답다. 고사(枯死)된 지 오래된 구상나뭇가지에 피어난 눈꽃들의 기묘함을 감상하며 드넓은 설원을 걷다보면 눈 속에 잠겨오는 겨울의 한라는 그야말로 절경 중의 절경이다.

[范文 3] 五岳之首——泰山

오악지존—타이산(泰山)

　　중국 5 대명산 오악(五岳)의 제일산인 타이산은 산동반도 중앙에 위치해 동악(東岳), 즉 동쪽에 있는 산으로 불린다. 중국에서 동쪽은 만물이 교체되고 새로운 것이 태어나는 곳으로 인정되어 타이산은 오악의 제일산, 오악의 최고 산으로 불린다. 1987년, 유네스코에 의하여 세계문화유산과 세계자연유산으로 지정되었다.
　　유구하고 수려하며, 아늑하고 기묘한 타이산에는 명소가 수도 없이 많다. 고건물 20여 곳, 역사문화 유적 2,000여 곳이 있으며 역대 명인들이 남긴 시문과 비문은 헤아릴 수 없이 많다. 그 중 남천문(南天門), 대관봉(大觀峰), 도화원(桃花源), 월관봉(月觀峰), 천가(天街), 일관봉(日觀峰), 옥황정(玉皇頂), 벽하사(碧霞祠) 등 명소는 자연 경관과 인문경관이 어울리어 비경을 자랑하는 명소들이다. 특히 정상에 위치한 천가는 이름 그대로 하늘의 거리로서 정교한 건물과 기이한 자연이 어울리어 장관이다. 또한 타이산의 그 어디서나 볼수 있는 명물은 석각이다.
　　태산은 자연경관이 웅장하여 '자연 형성된 산악공원'으로 불리운다. 바위가 웅장한 태산에는 소나무도 많고 폭포도 많아 수려한 경치를 마음껏 자랑한다. 태산에서는 일출과 구름, 석양, 황하가 네 가지 절묘한 경관을 펼친다. 그중 태산일출이 최고의 장관을 보여주는데 새벽에 태산 정상에 서서 동쪽을 바라보면 아침빛이 어두운 데로부터 연한 황색으로 되었다가 다시 짙은 황색으로 변하면서 점점 수평선이 온통 붉게 되어 태양이 떠오르고 그 찬란한 햇살이 뭇산봉을 비추는 그 과정은 참으로 감탄스럽다.
　　태산의 구름 또한 변화무쌍하다. 산 바람에 구름이 번개같이 날려가기도 하고 혹은 온 천지를 자욱한 운무속에 들게도 하며 혹은 구름의 바다를 형성하기도 한다. 태산의 정상에 서서 내려다 보면 검은 구름이 뭉게뭉게 피어오르다가 어느새 흰 구름의 바다를 만들어 뭇산봉들이 바다속 섬으로 변하고 또 어느새 점점의 구름이 산봉사이를 날아다닌다.
　　태산을 여행하면서는 꼭 태산 등반을 하는 것이 좋다. 태산 등반코스 중 동쪽의 홍문(紅門)에서 옥황정까지는 6,566 개 계단이 있는데 등반에 소요되는 시간은 약 4 시간이다. 이 코스에서는 많은 절과 비석, 고목을 볼수 있으며 그 속에 깃든 역사전설도 들을수 있다. 이런 절과 비문, 전설들은 태산관광의 중요한 인문적 요소로서 태산의 웅장함과 방대함을 잘 보여준다.
　　태산 관광에서 꼭 봐야 할 명소는 바로 중국 4 대 고건물군락의 하나인 대묘(岱廟)

이다. 태산에 세워진 대묘는 역대의 제왕들이 산신에 제사를 지내던 곳이다. 진한(秦漢)때 세워진 대묘는 당송(唐宋)때 최고봉을 이루어 방이 800여 칸에 달했으며 그 뒤에도 보수와 확장을 계속해 사당건물 중 최고의 레벨을 자랑하는 제왕궁전식으로 되어 있다. 대묘는 태안(泰安)시 중심선의 연장선상에 위치해 있는데 남북길이는 406m, 동서너비는 236m 이며 건물은 동쪽과 서쪽, 중심선 세 갈래로 분포되어 있다. 중심선에는 정양문(正陽門)과 요삼정(遙蔘亭), 침궁(寢宮)이 있고 종루(鐘樓)와 한백원(漢柏院), 동어(東御)가 동쪽에 있으며 고루(鼓樓)와 도사원(道舍院)이 서쪽에 위치해 있다.

## 3) 景点介绍

[范文1] 人间仙境——九寨沟

### 인간 선경—구채구(九寨溝)

중국에 '황산을 보고 나면 다른 산을 보지 않고, 구채구의 물을 보고 나면 다른 물을 보지 않는다'는 말이 있다. 중국 최고 절경이라 할수 있는 구채구는 중국뿐만 아니라 세계가 극찬한 명지다. '세계자연유산' '세계생물권보호구' 라는 타이틀만으로 구채구의 놀라운 자연을 형용할 수 없다. 눈앞에 두고도 믿을 수 없을 만큼 신비로운 자연, 구채구만이 가진 매력이다.

구채구는 쓰촨(四川) 절경의 백미(白眉)로 손꼽히는 곳이다. 아홉개의 티벳 부족이 이주해 와 살았다고 해서 붙여진 지명이다. 쓰촨 주도(主都) 청두에서 자동차로 11~13시간이나 소요되고, 평균 해발 2020m에 이르는 오지이기도 하다. 그럼에도 불구하고 일년 내내 구채구를 보려는 사람들은 이 험한 길을 기꺼이 감수하며 여정에 오르고 있다.

단풍으로 물든 산, 겨울의 설산, 폭포, 호수, 그리고 티벳 거주지의 풍경을 구채구의 5경(五景)이라 일컫는다. 특히 봄과 늦가을은 이 경치들을 한꺼번에 아우를 수 있는 적기(適期)로 손꼽는다. 하지만 구채구 여행은 단연 '물'이 최고로 손꼽힌다. 114개의 호수와 17개의 폭포가 이루는 장관(壯觀)은 그 스케일부터가 다르다. 주변의 산세를 그대로 투영한 탓에 호수들은 제각각의 물빛을 띠고 그에 걸맞는 이름 하나씩을 가지고 있다. 주요 관광지는 Y자 모양으로 가지처럼 갈라진 계곡 지대다. 이곳에서 가장 큰 호수는 왼쪽 가지 끝에 위치한 장해(長海)다. 수심 40m에 끝없이 펼쳐진 호수는 바다로 불려도 좋을 정도다.

오른쪽 골짜기에는 경해(鏡海)가 있다. 장해와는 달리 작고 아담한 호수이며 산과 하늘이 마치 거울처럼 수면에 비친다해서 붙여진 이름이다. 구채구에서 가장 아름답다는 호수다. 여기서 사진을 찍으면 영원한 사랑을 얻는다는 속설 때문에 연인들이 즐겨 찾는다.

경해에서 조금 더 올라가면 공작이 꼬리를 활짝 펼친 듯 아름답다고 하는 공작해(孔

雀海), 팬더곰이 나온다는 팬더해, 팬더가 가장 좋아한다는 죽순이 많이 자라는 죽순해(竹筍海) 등이 경이로움을 이어간다. 장해 아래편에 위치한 오채지(五彩池)는 환상적인 빛깔이 으뜸인 곳으로 알려져있다. 호수라 보기에 믿기지 않을 정도로 에머랄드빛이 감도는데 남태평양이나 인도양의 환상적인 바다에 뒤지지 않는다. 이 호수의 영어 명칭이 'Multi-colour'로 소개될 만큼 다양한 색을 뿜어내고 있다. 아무리 기온이 떨어져도 얼지 않는 이유는 아직 밝혀지지 않아 신비로움이 감도는 곳이기도 하다.

일일이 그 아름다움을 다 짚어내기가 불가능할 정도의 호수와 산세를 지닌 덕분에 구채구는 1990년에 중국정부로부터 첫번째로 중국여행 명승지로 선정됐다. 1992년에는 유엔세계자연유산위원회(WHC)로부터 '세계자연유산', 1997년에는 '세계생물권보호구'로 지정되었다. 이미 세계가 주목하고 보존에 나설 만큼 검증된 절경이 구채구에 있는 셈이다.

[范文2] 景福宮

경복궁

한국 명승고적 중 하나인 경복궁은 서울 종로구 세종로의 북단에 있으며, 1394년 조선왕조의 태조 이성계(李成桂) 국왕이 명령을 내려 건설했다. 그것은 조선왕조에서 최대 규모이며 역사적으로 가장 오래된 궁전으로서 조선 왕조 500년이 넘는 기간 동안 정치의 중심이었다. 궁내는 매우 아름답고도 그 배치가 정교하다.

궁전의 점유면적은 약 41만 5천 평방미터이다. 1592년 일본에 의해 소실될 때까지 대략 200년간 줄곧 이곳을 정궁(正宮)으로 삼았었다. 경복궁이 소실된 후 상당기간을 보내고서야, 고종(高宗) 황제 때에 이르러 다시 복원하였다. 경복궁 안에서 가장 웅장한 건축물은 국왕 즉위식(卽位式)과 정식대례(正式大禮)를 거행하던 "근정전(勤政殿)"과 영빈관(迎賓館)으로 사용하던 2층건축물 "경회루(慶會樓)"이다.

근정전은 국왕의 아침조회 업무와 외국 사신을 접견하는 정전이다. 경회루는 연화못 가운데 있고 연회를 하거나 사절단을 접대하는 장소이다. 특히 이 궁전 북쪽에는 북악산과 인왕산이 있고, 남쪽으로는 정부청사가 있으며, 뒤쪽에는 대통령 관저인 청와대가 있다. 궁내 산석화초와 누각 정자는 모두 물을 싸안고 있으며, 그 아름다움이 사람을 감동케 하기에 즐겨 감상할만한 가치가 충분한 여행지이다.

명칭은《시경》의 '군자만년 개이경복(君子萬年 介爾景福)'이란 글귀에서 따서 경복궁이라 하였다.

4) 节日介绍

[范文1] 韩国四大传统节日

한국의 4대 전통 명절

　한국의 4대 명절에는 설, 추석, 단오, 한식이 있다.
　설은 묵은 1년이 지나가고 새로운 1년이 시작되는 날이다. 설날 아침에는 일찍 일어나서 세수를 하고 미리 마련해 둔 새 옷으로 갈아입는데 이 새 옷을 설빔이라 한다. 아침에는 가족 및 친척들이 모여 차례(茶禮)를 지내고 차례가 끝나면 어른들께 세배(歲拜)를 올린다. 이때 어른들은 아이들에게 세뱃돈을 주며 덕담을 나누고 한 해의 운수대통(運數大通)을 축원해 준다. 아침에는 떡국으로 마련한 설 음식을 먹고 윷놀이, 널뛰기, 연날리기 같은 세시(歲時) 민속놀이를 하며 하루를 보낸다.
　추석(秋夕)은 중추절(仲秋節), 가배(嘉俳), 가위, 한가위라고도 한다. 한 해의 농사를 끝내고 오곡을 수확하는 시기이므로 명절 중에서 가장 풍성한 때이다. 다양한 음식을 선보이며 추절시식(秋節時食)이라 하여 햅쌀로 술을 빚고 송편을 만들며 무나 호박을 넣은 시루떡도 만든다.
　단오(端午)는 음력 5월 5일로 수릿날, 천중절(天中節), 중오절(重午節), 단양(端陽) 등의 다양한 이름이 있다. 농경 사회에서 파종(播種)을 하고 모를 낸 후 약간의 휴식을 취하는 날로 이날 하루 마음껏 놀이를 즐긴다. 약초를 캐고 창포(菖蒲)를 문에 꽂아두기도 하며 창포물에 머리를 감기도 하고, 창포주나 약주를 마셔 액(厄)을 예방했다. 수리취를 넣어 둥근 절편도 만들어 먹었으며 그네뛰기, 씨름, 탈춤 등 여러 가지 민속놀이를 즐겼다.
　한식(寒食)은 음력으로는 대개 2월이 되고 간혹 3월에 드는 수도 있다. 양력으로는 4월 5, 6일경이다. 한식이라는 명칭이 붙은 까닭은 이 날만큼은 불을 피우지 않고 찬 음식을 먹는다는 옛 습관에서 나온 것이다. 한식은 불에 타죽고 만 중국 진나라의 충신 개자추를 애도하여 찬밥을 먹는 풍속에서 생겨났다고 한다. 나라에서는 종묘(宗廟)와 각 능원(陵園)에 제향(祭享)하고, 민간에서는 차례를 지내고 성묘(省墓)를 한다.
　한국의 명절은 달과 농사와 긴밀한 관계가 있음을 알 수 있다. 또한 가족뿐 아니라 마을 전체가 즐기는 즐거운 날이었다. 오늘날까지 이러한 명절의 전통은 계속 이어져 내려오고 있다.

[范文2] 中国传统节日——春节

중국의 전통 명절—춘지에(春節)

　'춘지에(春節)'는 음력 1월 1일로 중국 명절 중에서 가장 중요하고 성대한 명절이며 그 풍습 또한 다양하고 이채롭다. 예를 들면 '츠지아오즈(吃餃子)'(만두 빚어 먹기), '쩡니앤까오(蒸年糕)'(설 떡 찌기), '시에뚜이리앤(寫對聯)'(종이나 천 등에 대구(對句)로 한 쌍의 글을 써서, 설날에 대문이나 기둥에 붙이는 글귀)', '꽈니앤화(掛年畵)'(실내에 붙이는 그림)', '팡삐앤파오(放鞭炮)'(폭죽 터뜨리기) 등 중요하고 재미있는 풍습이 많다.

    중국에서 가장 큰 전통 명절인 춘지에는 말 그대로 봄(春)의 계절(季節)이 되었음을 알리는 날이자 새로운 한해를 시작하는 날이다. 춘지에가 되면 웅장한 폭죽 소리와 함께 참다운 새해를 맞이할 수 있는데, 폭죽 소리가 가장 크고 요란해질 때가 바로 춘지에 하루 전날인 섣달 그믐날 밤 12시쯤이다. 한 해의 모든 액운(厄運)을 한 방에 날려 보내려는 중국 사람들의 마음이 가장 잘 드러나 있는 것이 바로 '팡삐앤파오' 풍습이다.

    춘지에는 각자의 생업(生業)을 위해 흩어졌던 가족들이 '투안위앤(團圓)'을 위해서 한자리에 모여 '니앤예판(年夜飯)'(섣달 그믐날 온 가족이 함께 모여 새해를 축하하며 먹는 음식)을 먹으며 가족들 간의 화목(和睦)과 복을 비는 날이기도 하다. 또한 전통 관습을 중요시 하는 집들에서는 조상에게 차례를 지내기도 한다. 가족들은 손수 '지아오즈(餃子)'를 빚어 '니앤예판(年夜飯)'의 즐거운 시간을 갖는다.

    한 가지 중요한 설날 풍습으로 '빠이니앤(拜年)'(세배)이라고 하여 가까운 친지나 어른들을 찾아뵙고, 새해 덕담(德談)과 함께 세배를 드리는데 이 때 연장자(年長者)는 아랫사람에게 '야쑤이치앤(壓歲錢)'(세뱃돈)을 주기도 한다.

    그리고 '미아오후이(廟會)'라는 풍습이 있는데 이는 일종의 종교 활동으로, 현재는 오락성이 가미(加味)된 민속 장터의 성격이 강한 축제로 변모하였다. 미아오후이의 유래를 살펴보면 다음과 같다. 동한(東漢) 시기 처음으로 중국에 불교(佛敎)가 들어왔고, 같은 시기에 도교(道敎)도 점차 흥성하게 되었다. 이 두 종교는 서로 치열한 생존 경쟁을 벌이면서 당송(唐宋) 시기에 이르게 되는데, 이때 두 종교는 가장 왕성한 시기를 맞이하게 되고, 각지에 寺廟(사찰)와 道觀(도장)의 건립(建立), 신도(信徒)의 모집에 있어 더욱 치열한 경쟁을 벌이게 된다. 이로 인해 사람들의 이목을 더욱 집중시키기 위한 노력 중의 하나로 종교의식에 다양한 오락 활동을 가미하게 되고, 훗날 종교적 색채는 많이 퇴색되어 오락성과 민속 장터의 성격이 강한 오늘날의 '미아오후이'로 발전하게 되었다.

    이러한 미아오후이는 일반적으로 춘지에 연휴기간에 전국 곳곳에서 열리며, 각 지역마다 그 특색을 자랑하기도 한다.

5) 饮食介绍

[范文1] 鸡龙山韩方清炖鸡

계룡산 한방 백숙

    '여름철 보양식'에서 백숙을 빼 놓고 이야기하면 보양식의 큰 자리가 비워진 듯한 느낌이다. 백숙은 어느 곳에서 먹어도 먹고 나면 뱃속뿐만 아니라 마음까지 든든하다. 특히 충청남도 계룡산에서 먹는 백숙은 진한 한방약재의 맛이 백숙 깊이 스며들어 계룡산 정기가 진국 속에 녹아 있는 듯하다. 계룡산에 인접한 식당들의 한방백숙은 조금 더 특별하다. 계룡산은 그 전체 능선의 모양이 닭볏을 쓴 용의 형상을 닮았다고 하여 붙여진 이름이다. 직접 기른 토종닭으로 손님들에게 대접을 한다. 토종닭은 육질 자체가 탱탱하고 쫄깃쫄깃해 우선 씹는 맛에 감탄한다. 또한 인삼 몇 뿌리, 대추 몇 알만 들어있는 보통 백숙과 달리 녹각,·녹두, 느릅나무, 오가피 등을 넣는데 국물에 한방약재의 맛이 백숙 깊숙이 스며들어 있어 또 한 번 놀란다. 백숙 진국 속에 스며든 계룡산 정기를 마시고 몸과 맘에 기운을 팍팍 밀어주는 것은 어떨까?

[范文 2] 中国传统饮食——饺子

중국 전통 음식 - 교자(餃子)

중국은 음식에 있어서 남북의 지역차가 크다. 날씨가 따뜻하고 토지가 비옥한 남방에서는 쌀을 주식으로 먹는 반면, 척박하고 추운 기후의 북방에서는 밀로 만든 국수나 만두, 교자를 즐겨 먹었다. 하지만 '지아오즈'(餃子 : 교자)는 지역에 상관없이 즐기는 전통음식이다.

중국인들은 춘절(설날)에 가족끼리 교자를 빚고 쪄 먹으며 새해를 맞는다. 또 집에서 손님을 접대할 때나 부담 없는 친구들의 모임에도 교자가 빠지지 않는다.

교자란 한국에서 만두라고 부르는 음식이고, 정작 중국에서 만두는 속에 아무 것도 넣지 않은 밀가루 빵을 말한다. 중국인이 명절에 만두를 만들어 이웃에 돌리는 것은 밀가루의 반죽이 부풀어 오르는 것처럼 일이 잘 풀리고 복을 함께 나누기를 기원하는 의미이다.

중국에서는 설날 전날 밤 12시에 제사와 함께 교자를 먹는다. 속에는 땅콩, 대추, 사탕, 밤, 돈을 넣는데 재물, 복, 건강 등의 의미를 담고 있다. 재물을 특히 중시하는 중국인들에게 있어서 이 음식은 각별한 의미가 있다. 반달형의 모습이 옛날 돈의 모습과 닮았기 때문이다. 고대부터 돈을 좋아하던 중국인들이 음식을 돈의 모양처럼 만들어 먹었다는 것이다. 실제로 설날에 교자를 가족끼리 만들어 먹으면서 일부러 동전을 몇 개 넣어 두는데, 그 동전을 깨무는 사람에게 돈복이 온다고 믿는다.

교자의 기원에 대해서는 재미있는 이야기가 전해 온다. 제갈량이 남만(南蠻)을 평정하고 돌아오는데 바다에서 심한 풍랑을 만나게 되었다. 이때 한 신하가 제갈량에게 '남만의 풍속에 따르면 풍랑을 가라앉히려면 사람의 머리 49개를 바다의 신에게 바치고 고사를 지내야 합니다.' 라고 고해 올렸다. 제갈량은 풍랑을 가라앉히기 위해 49명의 인명을 빼앗는다는 것이 야만적이라 생각해 밤낮을 고민하다가 결국 밀가루 반죽으로 사람의 머리 모양을 반죽하여 그 숫자만큼 바다에 던지고 제사를 올렸다. 곧 풍랑이 잦아들고 제갈량의 대군은 무사하게 귀환할 수 있었다고 한다. 이때부터 교자는 신에게 올리는 제사음식으로 받아 들여졌다는 이야기다.

6) 专业介绍

[范文1] 国语国文（语文）专业介绍

국어국문학과 소개

　　우리말은 우리 민족의 삶의 제반 영역을 일구는 도구였으며, 문학으로 형상화된 민족의 정서와 사상은 우리 삶의 내용과 본질을 이룬다. 국어국문학과는 우리 민족의 삶과 정서와 사상이 녹아있는 우리말을 연구하고 우리 민족이 이루어낸 고전에서 현대까지의 문학 작품들을 학문적으로 감상하고 비평함으로써 민족의 정체성을 확인하는 학과이다.

　　이를 통하여 미래의 국어국문학을 창조적으로 계승·발전시키고 지역 문화 및 더 나아가 민족 문화의 창달에 능동적으로 기여하는 한편 한국학의 세계화에도 일익을 담당할 수 있는 인재를 양성하는 것을 목표로 한다.

　　국어국문학과의 세부 전공은 국어학과 고전문학, 현대문학의 세 분야로 나뉜다.

　　저학년 때에는 개론 과목을 통하여 포괄적인 전공 기초를 닦지만 고학년 과정에서는 세부 전공에 따른 심화 교과목을 이수하게 된다. 국어학 분야에서는 국어의 역사적 변화를 살펴보고, 현대국어의 소리와 문장 등의 여러 측면을 고찰한다. 고전문학 분야에서는 한문과 한글로 이루어진 우리의 옛 문헌을 정확하게 해석하여 문학적 전통을 이해하며, 현대문학 분야에서는 근대 이후 현재에 이르기까지의 문학 작품을 바르게 감상하고 비평할 수 있게 하는 한편 창작의 기초로 삼게 한다.

　　졸업 후에는 대학원에 진학하여 학문 연마를 더 하거나 작가가 될 수 있으며, 그밖에 언론사, 방송계, 출판계, 광고기획사 등 직간접적으로 국어를 필요로 하는 곳이면 어디나 취업할 수 있다.

[范文2] 韩国语系介绍

한국어학과 소개

　　경희대학교는 한국 언어와 문화의 연구 및 교육 분야에 오랜 전통을 가지고 있다. 한국어학과는 1999년 국내 대학 최초로 외국어대학 내에 개설되었으며, 한국의 언어와 문화를 세계에 알리는 전문가 양성을 목표로 한다.

　　경희대학교 한국어학과의 교육과정은 외국어로서의 한국어교육과 외국문화로서의 한국문화로 구성되어 있다. 외국어로서의 한국어교육 과정은 한국어학과 한국어 교육학의 두 과정으로 나뉘어 있다. 한국어학은 음운론, 문법론, 화용론 등을 포함하며, 한국어교육학은 문법교육, 담화교육, 한국어교수법 등으로 구성된다. 외국문화로서의 한국문화 과정은 한국문화 내용학과 한국문화 교육학으로 나뉘며, 한국문화 내용학에는 전통문화, 현대문화, 한국문학 등이 포함되며 한국문화교육학에는 문화교육, 문학교육 등이 포함된다.

이 과정 이수를 통해 학생들은 한국어와 한국문화에 관심이 있는 외국인들을 교육할 수 있는 능력을 배양한다. 특히 경희대학교 한국어학과는 언어와 문화가 서로 불가분의 관계라는 점에 주안점을 두고 언어와 문화의 교육과 연구 분야에 있어서 이상적인 조화를 지향한다. 한국 언어와 문화에 관심이 있는 외국인 학생들에게도 경희대학교 한국어학과는 문호를 활짝 개방해 두고 있다.

[范文 3] 旅游学专业介绍

관광학과 소개

　　관광업은 '굴뚝 없는 무공해 산업'으로 21세기 유망한 고부가가치 산업이다. 특히, 주 5일 근무제와 국민소득 향상에 따른 관관의 대중화로 관광사업 수요 급증이 예상된다. 관광학은 이처럼 사람들의 여가와 관광에 대해 체계적으로 연구하는 학문이다. 관광학은 실용학문적인 성격이 강하므로 실무 적응력을 높이기 위한 현장실습과 외국어 교육이 큰 비중을 차지한다.

　　관광학의 연구분야를 살펴보면, 호텔, 여행사, 리조트, 테마파크, 컨벤션, 카지노, 등 관광산업을 구성하는 구체적인 업종별 경영 및 개발, 관리이론 및 기술적 내용부터 관광정책, 관광자원 및 상품개발, 국제관광진흥, 관광법규, 관광경제학, 여가부문 등 관광 전반에 걸친 다양한 분야를 연구한다.

　　사람들을 만나고 사귀는 것을 좋아하는 외향적인 성격의 사람에게 적합하며, 세계의 다양한 문화와 삶 등에 관심이 많고, 영어, 일어, 중국어 등 외국어에 대한 흥미가 있으면 유리하다. 여행을 좋아하고 관광안내 등에 관심이 있는 학생은 보다 흥미롭게 학과공부를 해 나갈 수 있을 것이다.

　　관광학과의 주요 교과목으로 경영학원론, 관광학원론, 관광규범론, 관광조사방법론, 호텔경영학개론, 관광학개론, 국제서비스예절, 항공업무개론, 여행사업론, 교양영어, 관광영어 등이 있다.

[范文 4] 信息工程专业介绍

정보통신공학과 소개

　　정보통신 서비스가 고품질화되고 멀티미디어화 됨에 따라 이를 실현하는 정보통신 기술이 눈부시게 발전하고 있다. 국내외적으로 멀티미디어 휴대단말(CDMA, PDA 등) 기술과 이를 이용한 모바일 정보통신 소프트웨어 및 모바일 프로그래밍 기술은 고부가가치의 전략 품목으로 인식되고 있다. 최근 무선 LAN과 블루투스, IMT-2000 서비스 등의 초고속 무선인프라 구축을 위한 기술의 수요가 급증하고 있으며, 정부에서도 이러한 분야에서 필요로 하는 전문 인력 양성을 위해 IT839 및 10대 신성장 동력산업을 통하여 핵심 전문 인력양성에 노력하고 있다.

　본 정보통신공학과에서는 정보통신 및 모바일 프로그래밍분야의 국제적인 감각과 실무 능력을 겸비한 창의적인 전문 인재 양성을 위하여 특성화된 교육시스템과 실무 중심의 교육과정을 마련하고 이를 교육하기 위한 첨단 실험, 실습 장비를 확충하였다. 특히, 현장 적응력이 우수한 인재 양성을 위하여 산업체 인턴쉽 과정을 모범적으로 실시하고 있으며 다양한 산·학·연 협력 교육 프로그램을 개발하여 운영하고 있다.

　정보통신공학 전공에서는 특성화된 인재양성프로그램을 통하여 차세대 이동통신 전문가, 임베디드 시스템 전문가, 차세대 인터넷 S/W 전문가, 모바일 프로그래밍 전문가를 양성하는 것을 목표로 하며, 멀티미디어 정보의 저장, 처리, 유통을 종합적으로 연구하는 학문분야로 유·무선을 포함한 초고속 기간통신망 기술과 이동통신 기술 및 Internet을 기반으로 한 컴퓨터통신 기술을 비롯하여 멀티미디어 통신과 다양한 정보통신 서비스 및 모바일 프로그래밍 기술 등에 대한 기반 기술과 이를 응용한 다양한 실용 기술을 포함한 학문 영역을 연구한다.

7) 图书介绍

[范文 1] 人的本性

<인간의 본성>

　이 책(『Human natures: Genes, Cultures, and the Human Prospect』, 폴 에얼릭 지음, 전방욱 옮김)은 궁극적인 의문으로 시작한다. 인간은 왜, 어떻게 지금 같은 형태로 진화한 것일까? 물음은 끝이 없다. 미치광이 범죄자와 남을 위해 자신을 희생하는 선인 가운데 어떤 것이 인간의 본 모습인가? 공통점도 많지만 차이도 뚜렷한 인간에게 본성은 하나인가, 아니면 여럿인가?

　지은이는 언어, 사고, 예술, 성, 권력, 폭력, 전쟁, 집단학살 등 인간세상의 다양한 요소를 하나하나 살펴본다. 그리고 인간은 오랜 시간에 걸쳐 복잡하게 이뤄진 유전과 문화의 공진화(共進化: 서로 다른 종이 서로 영향을 주면서 진화하는 것)의 산물이라는 결론에 이른다. 유전과 문화의 점진적 변화로 지금 같은 인간이 탄생했다는 것이다.

　그는 "진화는 문화를 포함하는 모든 생물학적인 현상을 무리 없이 설명할 수 있다"며 "인간의 본성은 확실히 생물학적인 영역에 속한다"라고 주장한다. 그러면서도 극단적인 유전적 결정론, 즉 인간의 행동이 유전자의 조종을 받고 있다는 주장은 배격한다. 생물학은 문화라는 정황을 고려할 때 비로소 의미가 있으며, 문화는 진화과정을 통해 변화한다는 생각이다.

　예로, 정부가 전쟁을 일으키는 것이 공격적 유전자 때문은 아니지만 자신의 이익을 좇는 유전적 성향이 전쟁의 생물학적인 근원이라고 이해한다. 그러면서 십자군 전쟁의 원인을 인구와 환경 모두에서 찾는다. 인문학과 사회과학, 자연과학 전반에 대한 해박하면서도 깊이 있는 지식을 바탕으로 인간진화를 살펴보는 과정이 흥미롭다.

이렇게 방대한 작업을 한 이유는 인간의 역사와 진화를 파악해야 미래사회의 복지방안을 보다 효율적으로 개발할 수 있을 것이라는 믿음에서이다. 그는 환경보존, 정의롭고 지속 가능한 사회에 대한 해답을 이 과정에서 찾는다. 환경을 통제하는 인간의 능력은 증가하고 있지만, 그 힘을 합리적으로 사용하는 윤리적 능력은 개선되지 않았다는 문제의식이다.

지은이는 미국 진화생물학자이자 환경학자로 스탠퍼드대 생명과학부 인구학 교수다. 1968년에 펴낸 <인구 폭탄>에서 자원고갈, 환경파괴 등을 경고했고 생물다양성과 환경윤리를 역설해왔다. 이 책도 그러한 활동의 연장선이다.

[范文2] 携手同行

< 멀리 가려면 함께 가라 >

사람이 힘이라고 했던가! 앞만 보고 질주하는 이들에게 사람의 소중함과 함께하는 성공을 이야기하는 이 책은 <따뜻한 카리스마>의 저자 이종선이 바라본 세상과 사람들에 대한 이야기다. 이 책에 소개하는 '성공한 사람들'이란 단순히 돈이 많거나 높은 위치에 있는 사람들이 아니다. 그들은 자신의 일에 열정을 쏟을 줄 알고 작은 것에 행복을 느끼며, 무엇보다 사람을 귀하게 여길 줄 아는 사람들이다.

이 책은 다른 자기계발서와 달리 성공의 비법이나 기술을 소개하는 데 중점을 두지 않는다. 저자가 생활하면서 만난 빵집 아르바이트 직원부터 회사 CEO까지 그들의 삶과 열정을 담담하게 들려줄 뿐이다.

사람에게 기운 얻고, 사람에게 길을 인도받고, 바로 사람 덕에 성장하는 세상이야기인 것이다. <따뜻한 카리스마>에서 자신의 겉모습을 관리하는 노하우가 담겨 있다면, 이 책은 남에게 드러나지 않는 자신의 내면을 관리하는 노하우가 담겨 있다.

나도 누군가에게 기쁨이 되는 하루의 시작이었으면 하는 바람을 갖게 하는 이 책은 세상을 내 편으로 만든 사람들의 비밀부터 그들에게 배운 교훈, 그리고 삶의 기술까지 일목요연하게 정리되어 있다.

이 모든 것은 한 사람인 자신을 올바르게 바라보는 것을 시작으로 사람들에게 건네는 진심어린 미소, 칭찬, 배려를 통해 진정한 행복과 가치 있는 성공으로 발돋움한다. '진정한 성공은 함께할 때에만 가능하다'는 저자의 깨달음을 책 곳곳에서 발견할 수 있다.

[范文3] 梦之梦

< 꿈 너머 꿈 >

우리는 세상이 재미없다고 생각하며 살아가고는 한다. 매일 가야 하는 학교와 회사

에서 의욕 없이 떠돌고 있다. 그러한 우리 중에는 꿈을 이루기 위해 노력 중인 사람들도 있을 것이고, 꿈을 이룬 사람들도 있을 것이다.

 꿈쟁이인 저자 고도원은 꿈을 잃어버린 사람들과 꿈을 이루었는데도 불행한 사람들에게 "지금 당신에게는 꿈 너머 꿈이 있나요?"라고 묻는다. 그리고 꿈은 언제나 현재진행형이며, 어느 순간 끝나버리는 것이 아니라고 강조한다. 저자가 말하는 '꿈 너머 꿈'이란, '꿈을 이룬 다음의 꿈'이다.

 이 책은 꿈의 진화를 보여준다. 인생의 진정한 의미를 찾아줄 '꿈 너머 꿈'의 세계를 보여주는 것이다. 저자는 우리가 꿈을 가지고 있다면 행복할 것이라고 말한다. 하지만 꿈 너머 꿈을 가지고 있다면 우리의 인생이 훌륭해질 것임을 강조한다. 꿈을 이룸으로써 인생이 완성되었다고 생각하는 것이 아니라, 더 진화된 꿈을 만들어내어 한 걸음, 한 걸음 발전된 인생으로 나아가게 되기 때문이다.

## 8) 自我介绍

[范文1] 外语是我的强项

외국어에 자신있습니다

 저는 졸업 예정자입니다. 고향은 요녕성 대련시, 아버지는 어느 중소 기업의 간부이며 어머니는 가정 주부입니다. 제 아래에 지금 고등학교 1학년을 다니는 남동생이 하나 있습니다. 집안 살림은 그다지 넉넉한 편은 못되나 그런 대로 살림을 하는 데는 불편하지 않습니다.

 그러나 아버지도 정년이 가까워 오고 있으며 자상하신 어머니도 요즘은 자주 자리에 눕는 수가 많습니다. 우리 집은 곧 어떤 전환점이 올 것으로 생각되고 있습니다. 그런 속에서 저는 이제 대학을 마치고 사회인으로서 직장의 문을 두드리려 합니다.

 저의 성격은 낙천적인 편입니다. 성장하여 집안의 형편을 살펴보니 아무리 낙천적인 저로서도 일말의 불안을 금할 수가 없는 것이 사실입니다. 그러나 전환기를 맞을 우리 집의 주역으로서 저는 가족의 미래를 짊어지고 가족을 지켜갈 것입니다.

 저는 대학에서 한국어를 주전공, 일본어를 부전공으로 하였습니다. 한국어능력시험(TOPIK) 6급을 통과하고 일본어능력시험(JLPT) 1급을 통과했습니다. 한국어 웅변대회와 글짓기 대회에서 여러 차례 상을 받은 적이 있습니다. 그리고 대학영어 4급(CET-4)에도 합격하였습니다. 저는 외국어에 대해서 특별히 자신을 가지고 있습니다.

 성격이 낙천적이므로 일에 임해서는 처음부터 '안 될 것'이라는 생각보다는 '되는 쪽'으로 사실에 입각해 끝까지 노력하는 형이라 할 수 있습니다. 낙천성이라 하여 일을 아무렇게나 해치우는 그런 천박한 낙천성이 아닙니다.

 저는 번역·통역에 큰 관심을 가지고 있습니다. 저의 포부는 장차 유능한 번역·통역가로 되어 이 분야에서 발자취를 남기는 것입니다. 번역·통역가는 앉아서 되는 것이

第八章 传达信息类文章

아닙니다. 끊임없는 노력과 연구를 통해서만 가능할 것입니다. 저는 기필코 그것을 성취할 것이며 성취에 대한 보람을 자신의 것으로 할 것입니다.

우리의 시대는 불확실성의 시대라고 하지만 하나의 확실성은 자신의 길에 확고한 자신을 가져야 한다는 것입니다. 모든 일에 자신이 없으면 아무 진전도 있을 수가 없을 것입니다. 자신을 기르는 것이 하루 아침에 얻어지는 것이 아님을 저는 잘 알고 있습니다.

제가 만약 다행히 저의 적성에 맞고 저의 포부를 실현할 수 있는 회사에 입사하게 된다면 우선 업무 수행에 만전을 기할 것입니다. 자신의 능력을 믿고 자신의 재능을 충분히 발휘하여 기업에서 지불하는 월급을 능가하는 직장인이 될 것을 다짐합니다. 저에게 기회를 주십시오. 드디어 성인이 되어 독립하려고 하는 저에게 용기와 힘을 주시기 바랍니다.

[范文 2] 现实的我和理想的我

### 현실적인 자아와 이상적인 자아의 성격

현대인 누구나 다 그러하듯이 나도 이중의 자아를 거느리고 있다. 하나는 외형적인 현실적인 자아이고 다른 하나는 내면적이고도 이상적인 자아이다.

부득이 나를 소개하기 위해서는 이 두 자아를 적나라하게 말할 수밖에 없을 것 같다. 단 추호의 과장이나 미화가 아닌 스스로의 모습 그대로를 소개하고 싶을 따름이다.

외형적이고 현실적인 실체로서의 나는 1988년 생으로서 키 178㎝, 체중 58㎏, DY대 한국어과 졸업생이다. 종교는 없고 외유 내강의 성격 소유자이다.

이에 반해 내면적이고 이상적인 자아는 그 모습을 달리하고 있다.

첫째, 나이에 비해 다소 어른스럽다 할 만큼 침착, 신중, 섬세하며 키나 체중답지 않게 거인의 꿈을 지니고 있다.

둘째, 꿈은 한때 학자가 되어 대학 교수가 되고 싶었으나 가정 형편이 이를 뒷받침해 주지 못한다는 판단이 앞서 소박한 이상인으로 축소하기로 결심했고 이에 따라 꿈의 진로를 수정했다.

셋째, 이상을 실현하기 위해서 우선 현실적인 여건을 개척하고 직업인이 되어 한 계단 한 계단 꿈을 실천해 가는 길을 설계하였으며, 어느 곳에 종사하건 그 정상에 오를 때까지 한눈 팔지 않고 정진할 것을 스스로에 다짐해 놓고 있다.

넷째, 이상과 함께 현실적인 삶을 중시하며 도덕적인 인간이 되어 성실하고 근면하며, 한편으로는 학문도 지속하고 싶은 욕망을 드러내지 않는 내면성으로 추구하고자 한다.

다섯째, 진취와 보수의 양면성을 절충하고 중용지도를 삶의 좌표로 삼고 과격하지 않으나 적극적 삶을 추구하고 이타적(利他的)인 휴머니티를 정신 본질로 하는 인간다움을 추구 지향하는 인간상을 지니고자 한다.

이상의 다섯 측면으로 제시한 모습이 나의 내면적이고 이상적인 자아라고 감히 소개하고 싶다. 그러나 이러한 자신의 양면성 외에도 또 다른 모습의 측면들이 있다.

첫째, 혈액형은 O형이고 운동으로는 배드민턴을 좋아하며, 대학 시절에 교대표 선수 생활을 했던 경력이 있다.

둘째, 취미로는 시를 좋아하며, 한국 현대시를 몇 편 번역하기도 했다. 지금에도 시 창작 공부를 계속하고 있다. 음주량은 맥주 두 병 정도이고 담배는 피우지 않는다.

셋째, 가족 관계로는 아버지와 어머니, 그리고 아래에 대학 2학년에 다니는 여동생이 하나 있다. 소박하나 행복한 편인 가정이다.

넷째, 대학 생활은 학생 활동에 적극 참여치 않았으나 성적은 늘 상위권이어서 줄곧 장학 혜택을 받았다.

대충 정리해 본 나의 전모는 이러하다.

인생을 살아가는 데에는 크고 먼 목표가 있어야 하지만 가깝고 작은 목표 또한 소홀히 하지 말아야 할 것이다. 나를 선정해 주는 회사가 있다면 나는 몸과 마음을 바쳐 봉사할 것이다. 나에게 그럴 정열도 있으며 자신도 있다.

[范文 3] 女大学生的自我介绍

### 여대생의 자기소개서

안녕하세요. 장지원이라고 합니다.

저는 태어나 지금까지 살아오는 동안 어려움이 무엇인가를 별로 모르고 유복한 가정에서 살아 왔습니다.

아버지는 작은 회사를 경영하고 계시며 초등학교 교사이셨던 어머니는 고등학교에 들어간 동생의 대학시험 뒷바라지를 위해 경력 15년을 채우시고 퇴직하셨습니다.

아버지는 무척 가난한 집안에서 갖가지 고생을 겪으시며 자랐다고 합니다. 그래서 '옛날에는……' '시골에서는 지금도……' '내가 어렸을 적에는……' 이라는 서두로 시작되는 교훈적 회고담을 거의 외울 수 있을 만큼 자주 하십니다.

따라서 저의 가정은 생활 수칙이 엄격하며 최선을 다하여 절제하는 훈련을 시행하고 있습니다.

전기, 수돗물, 휴지를 아껴 쓰고 고급 학용품은 쓰지 않기로 하며 실속없이 값만 비싼 옷은 입지 않습니다. 그러나 아버지는 시골의 고향 어른들께는 헌신적입니다. 경로당의 필요한 물건은 으레 아버지가 부담하시고, 아버지 모교에 장학금도 계속 보내십니다. 그리고 시골에 어려운 일이 생기거나 취직 부탁을 하려면 아버지께 연락들을 합니다.

저희 집은 언제나 손님들로 들끓어서 가족끼리의 오붓한 시간을 갖기가 어렵습니다. 저는 어렸을 때 그러한 아버지가 실속이 없어 보이고 원망스러운 적도 있었습니다만 지금은 오히려 존경스럽고 자랑스럽습니다.

　　저는 S 외국어 대학교의 한국어 학과를 졸업하였습니다. 집에서는 계속해서 대학원에 진학할 것을 희망하고 계시지만 제 자신의 포부나 확신이 분명하지 않으면서 무작정 학력만 높인다는 것은 무의미한 일이라고 생각되어 취직하기로 결심했습니다.

　　저는 재학 시절 사진반에서 활동하여 교내외의 사진전에 여러번 출품하였고 입선 경력도 많이 있습니다. 손재주가 있는 편이어서 꾸미기, 정리하기, 뜯어 고치기를 잘하며 동네에서는 제가 응용 미술과나 공예과 학생인 줄 아는 사람들이 많습니다.

　　저는 대학 4년을 늘 수석 장학금으로 졸업했습니다. 성격은 소탈하다는 평을 받습니다. 얼굴 생김은 평범하고 약간 뚱뚱한 편입니다. 키는 여성의 보통키보다 작은 편입니다만 건강하고, 하는 일이 다부지다고 어른들은 제가 하는 일이라면 무조건 믿어 주는 편입니다.

　　취직을 해도 맡은 일을 백퍼센트 해내는 성실한 일꾼이 될 수 있을 것입니다. 사회의 첫발을 딛기 위해 자기 소개문을 쓰는 지금 저는 마치 새로운 세계를 창조하는 사람이 느끼게 될 것 같은 감격과 흥분을 느낍니다. 드디어 사회인으로 변신하려는 저에게 용기와 힘을 주십시오.

### 8.3.4. 学生作文点评

**[学生作文 1]　山东省省会——济南**

산동성 성도－제남

　　제남은 산동성 성도로 2,600 여 년의 유구한 역사를 지닌 역사문화도시이며 산동성의 정치와 경제의 중심이다. 제남은 태산의 북쪽, 황하강의 남쪽 연안에 위치하고 있으며 총 인구는 597 만여 명이다.

　　제남은 샘물로 유명한 도시로서 '샘물성'(泉城)이라고 불르기도 한다. 72 개의 샘물 줄기는 도시 중심에 분포되어 옛날에는 집집에서 샘물을 마실 수 있었다고 한다.

　　제남의 삼대 명승지는 표돌천(趵突泉), 대명호(大明湖), 천불산(千佛山)이다. 이 세 곳은 제남에 온 관광객들이 꼭 한 곳이다. 그 중에서의 표돌천은 옛날부터 천하 제일의 샘으로 불렸었던 곳이다. 그리고 또 대명호는 중국에서 크게 인기를 받던 드라마인 환주공주(還珠格格)에서 건용(乾隆)과 하우하(夏雨荷)가 만난 장소로 널리 알려져 전국에서 이름을 날렸다.

　　모든 사람들이 다 다시피 산동성은 공자와 맹자의 고향이다. 유교의 예의의 발원지이자 중국 고대철학사상의 발상지이다. 제남은 산동의 문화중심지로 유교 문화 및 공자와 맹자의 철학사상을 지금도 중요시한다.

　　제남은 오래된 도시라서 발전 속도는 비교적으로 느리지만 2000 년 이후왜 정치, 경제, 문화 등 제 영역에서 큰 발전을 전국에게 보여주고 있었다. 금년에 전국체육대회도 제남시에서 개최되었는데 대단한 성공을 얻었다. 특별히 이번 전국체육대회의 개막식은 2008 년의 베이징올림픽대회의 개막식에 버금가는 효과로 관객들의 열띤 호응을 받았다.

21세기에 들어오면서 중국의 경제성장과 글러벌화는 더욱더 발전을 가속하고 있다. 제남은 그 발전에서 제일 눈에 띄는 경쟁력 있는 도시로 발돋움하고 있다. （司婧人）

### 作文点评

这是一篇介绍城市的文章。因为是课堂作文，所以作者力求对自己的家乡济南市的主要特点做简要的介绍。文章段落结构清楚，语言比较简洁流畅。但因受篇幅和时间的限制，介绍的重点不够突出，内容显得散漫。语法方面，定语形语法形态用得过多，有些不自然。

[学生作文2] 四物游戏

사물놀이

한국의 사물놀이란 북, 장구, 꽹과리, 징 네 가지 민속악기로 연주되는 음악, 또는 그 음악에 의한 놀이를 말한다.

중국의 농촌에서 명절이나 같이 일을 할 때, 분위기를 높이거나 좋은 현장을 만들기 위해 음악을 만들어 연주하는 것처럼 한국에도 마찬가지이다. 이때의 음악을 농악이라고 한다. 주로 나발, 태평소, 북, 장구, 꽹과리, 징 따위를 치면서 춤을 추거나 노래를 한다. 이 사물놀이는 바로 그 중에 대표적 농악이다.

'사물'이란 말은 말 그대로 네 가지 물건이라는 뜻이다. 구체적으로 말하면 북, 장구, 꽹과리, 징 네 가지 타악기이다. 본래는 불교 의식에 쓰이는 네 가지 의물이었다고 한다. '놀이'란 말은 게임을 이르는 말이다. 사람들이 즐거움을 목적으로 하는 활동을 말한다. 그래서 사물놀이는 네 사람이 각기 꽹과리, 징, 북, 장구 네 가지 타악기로 연주하는 민속음악, 또는 그것을 즐긴 놀이이다.

사물놀이는 앉아서 연주한다. 흔히 꽹과리는 천둥과 벼락에 비유되고 장구는 빗소리에 비유되며, 북은 비에 비유되고 징은 바람에 비유된다. 사물놀이는 네 가지 타악기의 장약과 고저, 장단 및 조화로 음악이 이루어지니까 슬프고 풀이주는 감각이 적고 떠들썩하고 희망에 넘치는 감각을 받는다.

사물놀이는 지금은 농촌뿐만 아니라 도시의 극장이나 노천광장에도 관람할 수 있다. 사물놀이는 한국뿐만 아니라 전세계에서도 인기를 얻고 있어서 한국 전통문화를 널리 알리는데 훌륭한 작용을 하고 있다. （陈卓）

### 作文点评

本文介绍韩国民俗音乐四物游戏，先是言简意赅地阐明四物游戏的概念，继而具体介绍"四物"和"游戏"的含义，以及小锣、锣、长鼓、鼓的象征意义，再说明四物游戏的表演特点和效果，最后提及四物游戏在传播韩国传统文化中的意义。

# 练习(十四)

1. 소개문 쓰기의 주의사항에 대해 이야기해 보시오.

2. 현재 다니고 있는 대학교를 소개하는 글을 써 보시오. (600자 내외)

3. 가장 인상에 남는 드라마를 소개하는 글을 써 보시오. (800자 내외)

4. 자기의 가족을 소개하는 글을 한 편 쓰시오. (600자 내외)

5. 자기의 취미를 소개하는 글을 써 보시오. (600자 내외)

# 第九章

# 表达主张类文章

## 9.1. 议论文（논설문）

### 9.1.1. 议论文的概念和特点

议论文也称论说文，是以议论或者说理的方式直接表达自己的见解和主张的文章。议论文通过摆事实、讲道理、辨是非，以确定其观点正确或错误，肯定或否定某种主张。议论文应该观点明确、论据充分、论证合理、语言精练、逻辑严密。议论文可根据撰写目的与方法的不同分为论证型议论文与说理型议论文。

论证型议论文是指为揭示某观点或问题的对错而举出多种客观论据，使对与错变得明了的文章。论证型议论文通过逻辑系统地论证个人观点，提供客观论据，使读者作出正确的判断往往使用客观的指示性的语言。研究特殊领域的学术论文，对他人的理论或是思想进行评论等的文章都属于论证型议论文。

说理型议论文是指将个人意见或见解清楚、分明、有条理地论述给他人并获得他人的赞同与支持的文章。说理型议论文是为获得他人的同感并唤起他人对自身所主张的建议或信念的主观感情，因此可以使用比喻和含蓄的语言。新闻机构发表的针对时事问题的立场或建议的社论，讨论时事问题的短篇时事评论，以对艺术的一般评论为中心的艺术评论等都属于这个范畴。

议论文有如下几个特点：第一，议论文是为说服对方而写的文章，因此应包含鲜明的个人主张或见解。第二，议论文的主张应新颖，有创见，给人以启发。第三，议论文的主张应有真实、典型、充分的论据。第四，议论文不仅要表达自己的见解并批判对方的主张，且能分析现实生活中的问题并指出有效解决方法。

议论文有论点、论据和论证三个要素。论点就是文章中要加以阐述和说明的基本观点，在议论文中要解决的是"证明什么"的问题。在一篇议论文中，论点是文章的价值所在。论据就是用来论证论点的根据，是议论的基础，解决的是"用什么证明"的问题。论据有事实论据和事理论据两种。论证就是用论据来证明论点的过程和方法，它解决的是"怎样证明"的问题。议论的目的在于使别人同意并接受作者的观点，这除了要看作者的观点是否"有理"，还取决于作者是否会"说理"。只有说理充分，分析透彻，论证周密，议论才会有说服力。

**议论文和说明文的比较**

|  | 议论文 | 说明文 |
|---|---|---|
|  | 对某种问题以议论或说理的方式表达自己的主张 | 解说事物、阐明事理而给人们提供信息或知识 |
| 特点 | 主观性：提出自己的见解<br>合理性：揭示充分的论据 | 客观性：传达客观事实<br>通俗性：以理解为目的 |
| 结构 | 绪论—本论—结论 | 开头—正文—结尾 |
| 方法 | 论证、例证、引用、比喻等 | 定义、例示、比较、分类等 |

### 9.1.2. 议论文的结构

议论文一般由绪论、本论、结论三段构成。有时根据情况也可以用"起、承、转、结"四段构成撰写。四段构成是在本论部分设定一个转换论旨的转换段落以充分论述反对意见的撰写方式。各段的具体内容如下：

**三段构成**

| 绪论 | 提示主题，动机与意图，问题的背景与现况，预告论题 |
|---|---|
| 本论 | 展开主题，论述见解，阐述论据、解决方案，进行合理的反驳 |
| 结论 | 整理本论，概括主题，强调主张，敦促行动，展望前景 |

**四段构成**

| 起 | 导入部分：提出问题，唤起注意 |
|---|---|
| 承 | 发展部分：展开论旨，说明论旨 |
| 转 | 转换部分：转换论旨，补充论旨 |
| 结 | 整理部分：总结论旨，整理概括 |

### 9.1.3. 议论文范文

[范文1] 汉字并用论争——赞同韩字汉字并用

한자병용 방침 논란 – 이래서 찬성
"정확한 의사전달 도움"

고려대 한문학교수 심경호

우리가 의식하든 의식하지 않든 한자어는 한글과 결합하여 말뭉치를 이루어 오랜 세월 사용되어 그 기능성이 역사적으로 검증되었고 지금도 우리는 고유의 조어법에 따라 우리식 한자어를 만들어 쓰고 있다. 한자어는 '순수한' 고유어나 마찬가지로 '우리말'인 것이다. 비록 일본식 한자어가 일부 수입되어 무분별하게 사용되는 예가 있지만 그

것은 오히려 우리 한자어 및 한자어에 대한 교육이나 반성이 부족해서, 말하자면 언어 체계의 저항력이 감퇴되었기 때문에 있게 된 결과라고 생각한다.

　우리가 한자어와 한자를 돌보지 않은 사이에 '선택사양'이란 말이 버젓이 사용되고 '할애'란 말이 배정한다든가 내준다는 의미로 통용되고 있다. 또한 한자와 한글의 상생(相生) 관계를 되돌아보지 않게 된 이 즈음, 불행하게도 우리의 우수한 문자인 한글은 외국어 표기부호로 전락할 위기에 놓이게 되었다.

　전통적으로 사용해 왔고 현재의 언어생활에서 큰 구실을 하는 우리의 한자어는 언어대중이 일정한 한도 내에서 원래의 한자를 환기할 수 있을 때, 그 변별적 효율성이 극대화될 수 있다. 한자는 동음이의어가 많기 때문에 더욱 그렇다. 일상생활이나 교육현장에서 필요한 만큼의 한자를 접하고 자연스럽게 습득할 수 있다면 언어대중은 우리 언어체계에 용해되어 있는 한자어의 원뜻을 올바로 추상하여 우리말을 더 정확히 구사하게 될 것이다. 적어도 '횡단보도'를 '행당보도'로 표기하거나 '여론'을 '여당'의 견해로 오해하는 일은 막을 수 있으리라고 본다.

　어떤 분들은 한자병용이 일반인에게 부담을 주리라고 우려할지 모른다. 하지만 그간 학교교육과 대중교육이 질적으로 향상되고 또 양적으로 확대되어 전체 국민의 교양수준이 높아졌다. 이제 일상생활에서 한자를 접할 수 있는 기회가 많아진다면 한자의 인지와 변별도 자연스레 크게 향상되리라 본다. 더구나 한자병용이지, 국한문 혼용이 아니다. 필요한 범위에 한정하여 한자를 병용하는 것은 오히려 언어문자 생활을 풍부하게 할 것이다.

[范文2]　韩字汉字并用论争——反对韩字汉字并用

한자병용 방침 논란 - 이래서 반대<br>
"효과 적어 불편만 줄 것"

서울대 언어학교수 이현복

　공용문서와 도로명을 한문글자로 병기하겠다는 정부의 방침은 한마디로 잘못된 일이며 시의에 맞지 않는 발상이다. 경제난국이다 아이엠에프다 하여 온 국민이 신음하고 있는 이 판국에 한자타령이나 하고 있으니 답답하고 한심하기 이를 데 없다.

　이 시점에서 한글과 한자를 병기하겠다는 논리는 두 가지로 요약된다. 첫째는 전통문화의 계승이고, 둘째는 동양문화권의 유대이다.

　우선 한자를 써야 전통문화가 계승된다는 논리는 허구일 뿐이다. 전통문화는 한문글자를 쓰지 않더라도 얼마든지 잘 계승될 수 있기 때문이다.

　셰익스피어의 문학작품은 옛날 영어로 씌어 있어 현대 영국인이 쉽게 읽을 수는 없지만 오늘날 그의 작품은 현대 영어로 번역되어 영국인은 물론 전 세계인이 애독하고 있다.

　마찬가지로 한자로 쓰인 조선왕조실록은 남북한 모두 번역하여 내놓았고 시디롬으로 제작하여 컴퓨터로도 편리하게 볼 수 있게 되었다.

　도로명에 한자를 병기하는 것도 불필요한 군더더기이다. 도대체 누구를 위하여 도로

명에 한자를 병기하겠다는 것인가? 중국인과 일본인 관광객을 유치하는 데 도움이 되면 관광수입도 늘릴 수 있지 않겠는가 하는 계산이 있는지 모르나 실제는 그렇지 않다.

중국과 일본은 모두 간소화된 한자를 쓰는데 우리는 전통적인 정자를 쓰고 있으니 병기를 해 주어도 읽을 수가 없다. 게다가 중국과 일본의 약자가 서로 형태가 다르니 혼란스럽기 짝이 없다.

진정으로 일본과 중국을 상대로 관광수입을 올리려면 관광객이 몰리는 지역이나 상가에 일본어와 중국어로 자세한 정보를 제공하는 것이 더욱 효과적이다.

끝으로 정부 당국의 이 문제 처리 방법이 심히 유감스럽다. 최근에 열린 문화 관광부의 국어정책 자문기구회의에서는 이 문제에 대한 찬성 결정을 한 바가 없는 것으로 알고 있다. 그럼에도 불구하고 당국은 이를 국무회의에 상정하여 기습 처리하는 졸속 행정을 과시하였다.

※ 为了发展韩国的传统文化，促进与东亚汉字文化圈国家的积极交流和推动韩国观光事业的大力发展，韩国文化观光部于1999年2月提出了《推动汉字并用方案》。对此，当时正反双方展开了激烈的论争。

韩文（韩国文字）专用是以韩国政府于1948年制定的"关于韩文专用的法律"为依据的。根据1972年发布的国务总理令，韩国的公文完全使用韩文。韩文专用和汉字并用问题在韩国的国语教育中具有很重要的意义。

以上的两篇文章以事实为据，分别阐述了汉字并用有助于"正确的意思表达"的肯定观点和汉字并用"不仅效果不好，而且带来很多不便"的反对主张。两篇文章都是以三段构成法展开，观点明确，论据充分，论证合理。

[范文3] 校服的必要性

교복의 필요성

오늘날 중학교와 고등학교 학생들의 대부분은 교복을 입는다. 교복을 입은 학생들을 보면 어딘지 모르게 깔끔한 인상을 받는다. 그 이유는 무엇일까?

우선 통일성이 있다는 점을 들 수 있겠다. 전교생이 똑 같은 제복을 입고 운동장에 정렬해 있는 모습은 깔끔해서 보기가 좋다.

그 다음은 단정함에 있다. 대부분의 학생들이 교복을 갖추어 입음으로써 교복에 맞는 단정한 복장을 갖추게 된다. 단정한 머리, 단정한 양말 및 단정한 옷매무새 등이 장점이다.

교복을 입지 않고 사복을 입은 채 학교생활을 하는 경우, 처음에는 괜찮을지 몰라도 점차 빈부의 격차가 드러나게 되고 그로 인한 친구들간의 위화감도 조성될 것이다. 그러는 사이에 자연히 학급분위기가 흐트러지고 나아가서는 학교 전체의 분위기 또한 소란스러워질지도 모른다.

중고등학교 교복 중 여학생복의 하의는 대부분 치마이다. 요즘같이 편리함이 추구되는 현대산업사회에서 여학생들이 치마를 입는 경우가 얼마나 될까? 아마 교복을 제외한다면 거의 없을 것이다. 그나마 교복치마를 입음으로써 치마에 익숙해져 치마 입는 데 따른 알맞은 몸가짐을 갖게 한다.

흔히 교복을 일제시대의 잔재라고 한다. 그렇지만 지금껏 우리는 이 일제의 잔재물을 별다른 이의 없이 우리의 것으로 소화하여 애용해왔다. 교복을 입는 나라는 우리나라 외에도 동서양 어디에나 존재한다. 이들은 이들 나름대로 교복의 필요성을 깨닫고 그 장점을 최대한 활용해왔다고 할 수 있다. 규율이 엄격하고 까다롭고 특수교육이 철저한 사립학교의 경우 더욱 그러하다고 한다.

또한 교복을 입을 경우 각자의 개성 개발이 저하된다고 한다. 자유분방하고 사고가 개방적인 요즘 젊은 세대가 교복 때문에 개성을 발휘하지 못한다고 감히 말할 수 있겠는가? 개성이란 단순히 옷차림으로만 나타낼 수 있는 것이라고는 생각하지 않는다. 자기의 의지에 따라 어떤 식으로든 개성을 돌출시킬 수 있다고 본다.

이것으로 볼 때 교복은 청소년 시기의 개성을 죽이는 획일적인 제복으로서의 문제점만을 지닌 것이 아님은 확실하다.

그러므로 우리는 교복의 단점만을 내세워 배척하는 일이 있어서는 안 된다고 생각한다.

[范文4] 打小抄的危害

### '커닝'의 위해

새학기가 되었다. 그러나 걱정되는 일이 있다. '커닝'이라는 부정행위이다. 많은 사람들이 심증을 갖고 있으면서도 누구 한 사람 문제 삼으려 하지 않는다.

그러나 커닝은 무엇보다 학생 자신을 망가뜨린다. 사람은 선이나 악을 행할 때 가슴이 두근거리거나 얼굴이 달아오른다. 이는 호르몬이 빚어내는 신비한 생리 현상이다. 인간이 스스로 깨닫도록 하는 마음속의 나침반인 셈이다. 선을 행할 때는 좋은 호르몬이 분비되어 생기를 안겨주는데 악을 행할 때는 고약한 호르몬이 나와 여러 가지 해독을 끼친다. 그런데 고약한 냄새도 계속 맡으면 무디어지듯이 나쁜 쪽의 호르몬도 되풀이 분비되면 죄의식은 둔해지고 심신은 황폐화된다.

다음은 바르게 살려는 다수에게 박탈감을 안겨준다는 사실이다. 비커닝자의 입장에서 보면 직접 제지하기도 어렵고 그렇다고 고자질할 수도 없는 노릇이다. 거기다 죽어라고 노력한 자신이 바보처럼 느껴질 수도 있다.

셋째로 커닝하는 사람이 비록 처음에는 장난기로 시작했을지 모르지만 사회에 나가서는 행여 소를 몰고 가는 큰 도둑이 되지 말라는 보장도 없다. 세 살 적 버릇 여든까지 간다는 속담이 있다. 체질적으로 굳어진 버릇은 고치기 어렵다는 말이다.

배운다는 것, 깨친다는 것이 무엇인가? 공공의 윤리 규범을 찾아 사회적 혼란을 치유하자는 것이 공자의 가르침으로 알고 있다. 젊은 양심, 때묻지 않은 지성이 떨쳐나서야 이 사회가 바로 서게 된다고 본다. 주변부터 정화해 나가자. 커닝이라는 독초를 과단성 있게 잘라버리자. 후련해지지 않겠는가. 그제서야 잠들었던 듬직한 자존심이 제 모습을 갖출 것이다. 더 미룰 시간이 없다.

[범문 5] 学究热和教育热

학구열과 교육열

통계에 따르면 한국은 세계에서 박사학위 소유자가 가장 많은 나라라고 한다. 교육을 최우선시하는 한국의 풍토를 생각한다면 이 같은 사실은 그다지 놀랄 만한 일은 아니다.

내가 사는 동네만 해도 영어부터 피아노, 미술에 이르기까지 다양한 과목을 가르쳐 준다는 학원 게시물이나 광고를 얼마든지 찾아볼 수 있다. 한국의 어머니들은 그들의 자식들이 가장 좋은 학원에서 교육을 받고 있는지에 대해 지나칠 정도로 관심을 갖고 있는데, 그것은 아직까지 한국 사회에서는 이른바 일류대 입학이 안정적 삶을 보장받는 길이기 때문이다.

많은 이들은 이처럼 병적이기까지 한 교육열을 한국이 지난 세기에 이룬 고속성장의 중요한 동력이라고 생각한다. 나 역시 한국의 교육열이 그 같은 역할을 했다는 점은 인정한다. 하지만 그렇다고 해도 한국의 교육열은 어느 정도 강박증적인 측면이 있다.

나는 주변에서 많은 어린 학생들이 강제적인 주입식 교육을 받거나 심한 경우에는 스스로 무슨 뜻인지조차 모르는 말들을 중얼거리는 모습을 보곤 한다. 그들에게는 그같은 공부를 위해 좁은 학원 교실에 밤 늦은 시간까지 남아있는 것이 당연한 일상이다. 결국 한국 학생들에게는 공부는 어떤 지식을 완전하게 자신의 것으로 만든다는 의미의 배움이기보다는 '암기'의 동의어인 셈이다.

그러다 보니 한국 학생들에게는 학교조차도 정신적 성숙을 포함한 배움의 장이 아니라 암기를 위한 장소일 뿐이다. 그런 태도는 성년이 된 후에도 이어진다. 내가 이 주제를 꺼낸 이유는 미국에서 대학원을 다니는 한 한국인 친구의 이야기 때문이다.

그녀는 "암기에 중점을 둔 한국식 교육에 익숙해진 까닭에 이해와 깨달음을 요구하는 진짜 공부를 하는 것이 어렵더라"고 했다. 지도교수는 그녀에게 수업 내용에 대해 끊임없이 질문을 던지고 더 깊은 분석을 요구하는데, 그것이 진정한 공부가 어떤 건지 경험해보지 못한 그녀에게는 어렵게만 느껴졌던 것이다.

내가 다닌 초등학교에서는 수업시간에 지식을 주입식으로 가르치기보다는 학생 스스로가 다양한 경험을 통해 공부하고자 하는 의욕을 갖도록 유도했다. 인형을 만든다거나 다양한 종류의 박물관을 견학했고 심지어는 바다생물에 대해 공부하기 위해 여행을 하기도 했다.

이런 수업 방식은 학생들에게 배우는 일의 즐거움을 느끼게 해주는 까닭에 지금도 미국의 대부분 공립학교에서 이루어지고 있다. 개인적으로도 그런 방식의 수업은 공부의 즐거움을 체득한 좋은 경험이었다.

최근 한국학생들 사이에 영어를 배우기 위한 조기유학 열풍이 일고 있다는 소식을 들었을 때, 나는 그 학생들이 영어는 물론 호기심과 열정을 가지고 하는 진짜 공부를 경험하기를 바랐다. 배움에 대한 열정은 한국의 교육열과는 다른 것이기 때문이다. 한국의 교육체제에도 변화가 일어나서 한국인들이 그 둘 사이의 차이를 알게 됐으면 한다.

[范文6] 对坦率的误解

솔직(率直)함에 대한 오해

'솔직하다'는 말의 뜻은 무엇일까? 흔히 솔직하다고 할 때, 우리는 그것을 '있는 그대로를 드러냄'이라는 말과 같은 뜻으로 이해하곤 한다. 그리고 이러한 솔직함은 거짓, 꾸밈의 반대로서 긍정적인 평가를 받는다. 그래서 최근에 약간의 논란이 있었던 모 여자 탤런트의 '성 고백서'가 결국 솔직한 이야기로 (부정적이지 않은) 평가를 받았다.

그러나 나는 솔직함에 대한 이러한 해석에 전적으로 동의하기 힘든 경우를 발견한다. '있는 그대로를 드러내는 것'이 솔직함이라면 더운 여름에 옷을 모두 벗고 알몸을 노출시키는 것이 솔직함일까? 더위에도 불구하고 최소한이나마 옷을 입고 있는 것은 가식(假飾)일까? 내가 알고 있는 주위 가족이나 친구들의 약점이나 비밀을 있는 그대로 누설하는 것이 솔직함일까?

사물이나 사건뿐만 아니라 우리의 생각·감정까지도 있는 그대로 드러내는 것이 솔직함이라면, 살아가는 순간순간 느끼는 모든 증오·분노·질투의 감정들도 숨기지 말고 표현해야 하는 것일까? 이러한 것들이 자신을 향해 표출되었을 때 솔직하다고 인정하고 기꺼이 받아들일 수 있는 사람이 얼마나 될까? 오히려 상대방에게 화를 내고 그를 미워하게 되지 않을까? 그리고 화를 내는 것이 오히려 '솔직한' 것이지 않을까? 그렇다면 '솔직함'이란 사람 사이에 분란을 가져오는 것으로서 더 이상 미덕(美德)으로 칭송될 수 없는 것이 아닐까?

'솔직함'과 '드러냄'은 같은 것이 아니다. 결국 '솔직함'이란 미덕이 아니거나 그 의미가 앞서의 것과는 달라야 한다. 솔직(率直)이란 '바르고 곧음'을 의미한다. '거짓으로 꾸미지 않는 것'이 솔직함이다. 솔직함을 '바르고 곧음'으로 이해하는 것과 앞서의 해석의 중요한 차이점은 '솔직함'이 곧바로 '드러냄'을 뜻하지는 않는다는 것이다. 솔직함이란 '사실 그대로'를 의미하는 것이지 '드러냄'을 말하는 것이 아니다. 이렇게 '솔직함'과 '드러냄'을 별개의 것으로 구분하는 것은 인간적인 요청이기도 하다.

인간은 동물과 신의 심연 사이에 놓여진 줄 위에서 줄타기하는 존재라고 한다. 인간의 동물적 측면을 인정하는 것은 솔직한 것이지만, 동물적 측면만을 강조하는 것은 편견이요, 인간됨을 포기하는 것이다. 인간이 인간됨을 포기하는 순간 인간으로서 누릴 수 있는 권리마저도 사라진다. 그것이 옳고 그렇기에 지켜져야 한다는 '당위적 주장'이 존재할 수 없기 때문이다. 동물은 '존재의 자연 법칙'에 지배된다. 그러나 인간은 '당위의 윤리 법칙'을 따른다.

'옳고 그름을 구분하는' 가치 의식이 사라지고, 염치를 잃으면 더 이상 인간이 아니다. '염치를 아는 절제'야말로 인간으로서의 마땅한 자세이다. 그것을 위선이라고 보는 것은 가치관의 혼란이다. '솔직함'이라는 미명 아래 선정주의가 판을 치는 것은 사기(詐欺)다.

인간으로서의 솔직함은 '사실 그대로 드러내는' 것이 아니라 '드러내져야 하는 것'을 '바르게' 드러내는 것이다. 무엇이 드러내져야 하는 것이고 또 무엇이 그렇지 않은 것인가 하는 것은 보다 정교한 원칙과 함께 구체적 상황의 고려가 필요할 것이다.

그러나 최소한 '솔직함'을 '드러냄'과 동일시하지 않아야 한다는 것과, 그로부터 몰가치적인 폭로나 노출·선정주의는 솔직함과 별개의 것이라는 사실을 확실히 해야 한다. 내 생각에 솔직함이란 자신의 무지, 과오, 부족함 등의 인정을 뜻하며, 탐욕의 충족을 위한 거짓과 외부의 부당한 압력에 의한 굽힘이 없는 것을 의미하는 것이다. 절제하지 않음을 '솔직함'이라고 하여 말을 욕되게 하지 않았으면 한다.

[范文7] 课外辅导是否有必要

과외수업 필요한가

　전과는 달리 요즘은 아이들이 과외수업 받는 것을 감추지 않는다. 아마도 '과외금지 위헌 판결'이라는 것이 나와서 그런 것 같다. 내가 사는 지역만 해도 중학교에서 괜찮은 성적이 나와야만 좋은 고등학교에 갈 수 있다. 대학은 말 할 필요도 없을 것이다. 그렇기 때문에 예전에 학교나 정부에서 말릴 때도 학생들은 보습 학원이나 개인 과외지도를 받았다.

　그런데 지금까지도 과외수업에 대해 논란이 되는 부분은 아마도 고액과외에 대한 것인 듯하다. 이것은 아마도 가장 해결하기 어려운 문제가 아닌가 한다. 나 역시 과외 수업을 받아봤는데 부정적인 면보다는 긍정적인 면이 더 많았다. 과외수업을 받으면 나에게 부족한 학습을 보충할 수 있다. 학교에서는 50 여명이나 되는 학생들이 수업을 받기 때문에 자신이 부족하다 해도 그걸 다 채우기는 어렵다. 한 두 번은 모르는 부분을 질문할 수 있지만 워낙 학생 수가 많기에 다른 아이들을 생각해서 물어보기가 어렵다. 내가 뭔가 질문을 하면 할수록 수업 진도가 느려지기 때문에 애들이 눈총을 주기도 한다.

　하지만 과외만 믿고 자신이 노력하지 않는다면 좋은 결과는 나오지 않는다. 그래서 어른들은 "공부는 자신이 할 탓"이라고 한다. 과외수업을 받더라도 자기 나름대로 열심히 해야 더 좋은 성과를 거둘 수가 있다.

　요번 중간고사를 보고 성적이 나왔는데 보니까 또 다시 과외수업의 필요성을 느끼게 됐다. 학교 수업만으로 충당이 안되는 까닭을 생각해보니 공부시간에 아이들이 많아서 자꾸 떠드니까 집중이 안된다. 또한 사람마다 차이가 있지만 선생님이 싫으면 그 과목 공부가 안된다. 또한 학교에서 배우는 것과 시험 문제가 좀 다르다. 학교에서 배운 것 이상의 문제가 나와 따로 더욱 공부하지 않으면 좋은 점수를 받기가 어렵다.

　이처럼 국가나 학교에서 과외수업을 해라 말아라 하는 것은 쓸데없는 일이고 필요한 사람은 과외수업을 받는 게 바람직하다고 생각한다. 고액과외의 경우 학교에서 교육이 제대로 이루어지면 저절로 해결될 거라고 생각한다. 학교에서 모든 게 이루어지는데 굳이 비싼 돈을 내고 과외를 할 사람은 없을 것이라고 본다. 그러므로 학교에서는 좀더 교육의 질을 높여야 한다고 생각한다.

### 9.1.4. 学生作文点评

**[学生作文 1]** 家庭幸福就是我的幸福

가족의 행복은 나의 행복

　　최근에 사업의 성공을 위해 모든 것을 잊는 사람들이 많아 진 다. 취미도, 친구도, 가족도… 혹시 사업 성공하고 가족 행복 중에서 꼭 하나를 선택해야 한다면 내가 무엇을 선택할까? 나는 주저없이 가족의 행복을 선택하겠다. 왜냐하면 혈육으로 이어지고, 희노애락을 같이 나눌 수 있는 가족을 떠나서 인간의 행복이란 있을 수 없다고 생각하기 때문이다.

　　나는 어렸을 때 장난 치다가 다쳐서 입원한 때가 있는데, 그때 가장 놀랐고 가슴 아프며 밤새워 돌봐주는 사람이 아버지와 어머니와 가족이었다. 고등학교 때 공부가 너무 힘들어 대학을 포기하고 어두운 밤 홀로 길거리를 헤매는 나를 잡아주고 위로해주고 힘을 준 사람이 어머니와 아버지었다. 대입 합격 통지를 받았을 때 같이 기뻐하고 축복해 준 사람 역시 부모 형제와 가족이었다.

　　대학을 다녀서 3년 반이란 세월, 즐겁기도 했지만 힘들고 슬픈 일도 많았다. 그 때마다 가족들의 웃는 얼굴와 떠오르며 힘을 얻었다. 가족이 있는한 나는 외롭지 않았다. 가족은 힘의 원동력이고 버팀목이다. 마음의 항구이고 영혼의 귀착점이다.

　　가족은 평소에는 공기와 같은 존재이다. 그래서 흔히 사람들이 그것을 소홀 하는 때가 많다. 소중한 것와 잃은 다음에야 그것이 얼마나 소중한지 알게 되는 때가 많다. 가족을 버리고 재물과 권력과 명예를 얻었다 하자. 그런데 그 기쁨을 같이 나눌 수 있는 가족이 없고 사랑이 없다면 무슨 의미가 있겠는가. 가족을 소홀하면서 얻을 수 있는 행복이란 있을 수 없다. 그러므로 나에게는 가족이 첫째이고 가족이 있은 그 다음에 사업이다. 가족은 이 세상 무엇으로도 대신할 수 없다.

　　'성공한 남자의 뒤에 현명한 여자가 있다'는 말이 있다. 사실은 성공한 여자의 뒤에도 현명한 남자가 있는 법이다. 그러니까 '성공한 사람들의 뒤에는 행복한 가족이 있다'라고 하는 것이 옳을 것이다. 우리는 사업을 위해 가족을 버리는 것이 아니라 가족에게 행복을 주기 위해 사업을 선택하는 것이고 가족이 있기에 사업에서 성공하는 것이다. 행복한 가정은 사업을 성공하는 밑천이 된다. 현재 미국의 이혼율은 50% 육박할 정도로 가정 파괴 현상이 심각하지만 미국을 대표하는 톱 CEO 50명 중 43명은 행복한 가정을 이루고 있다는 조사가 있다. 성공자의 주요 소질인 포용력, 인내심, 협조정신, 상상력, 정직성은 건강하고 행복한 가족을 통해 만들어지기 때문이다.

　　가족은 나의 고독과 외로움을 녹여주는 햇살이다. 아픔과 슬픔을 씻어 주는 샘물이다. 가족은 나에게 용기와 희망을 심어주는 터전이다. 사랑과 희열을 선물해 주는 천당이다. 그래서 사업과 가족 중에서 꼭 하나를 택하는 기로에 섰을 때 나는 서슴없게 가족을 선택할 것이다. 가족의 행복은 곧 나의 행복이다.

(王琪, 付瑶)

## 作文点评

　　这是一篇就家庭和事业的选择表明自己观点和态度的议论文。作者主张当家庭和事业冲突时应选择家庭，家庭是一生最重要的东西。文章论点鲜明，论据真实，层次较清楚，说理也较透辟，是一篇写得较好的作文。但是该文章表现形式上比较轻灵自如，抒发个人感情较多，作为议论文给人形式不够严谨的感觉。

[学生作文2] 梦想不能放弃

　　　　　　　　　꿈은 포기하지 못한다

　　인생은 끊임없이 선택한 과정이며, 우리는 끊임없어 선택한 과정에 성숙되어 간다. 가족과 자기의 꿈(사업) 중에서 반드시 한개를 선택해야 하는 기로에 처해 있다면 당신은 어느 쪽을 선택할 것인가? 나는 자신의 꿈을 선택한다. 단 한 번뿐인 인생을 꿈이 없이 살아간다는 것은 너무나 슬픈 일이다.

　　'꿈을 먹고 산다'라는 말이 있다. 꿈이야 말로 생존하기 위한 에너지이기 때문이다. 꿈이 있는 사람은 어떠한 역경에도 굴복하지 않고 어떤 실패에도 포기하지 않으며 어떤 장애에도 넘을 수 있다. 꿈이 있는 사람은 고독하지 않으며 꿈이 있는 사와 인생은 생기 있고 즐겁다. 우리는 성공하지 않아서 살 수 있다. 그러나 꿈과 희망이 없는 인생은 더 이상 살 수 없다. 꿈이 없는 인생은 간고한 노동일 뿐이다. 꿈이 없는 인생은 죽음이다.

　　어떤 사람은 '꿈은 꿈일 뿐이다'라고 말했다. 자기의 꿈만을 생각하는 인생은 이기적인 인생이라고 말했다. 그러나 설령 꿈이 도중에 깨어졌다 하더라도 꿈을 가졌던 인생은 꿈이 없는 인생보다 훨씬 충실한 인생이다. 자기의 꿈을 추구하는 인생은 이기적인 것이 아니라 용기있는 인생이며 낭만의 인생이다.

　　어떤 사람은 가족을 위해서 자기의 꿈을 포기한다고 말한다. 그러나 이렇게 말한 사람들은 대개 가족이 더 중요해서가 아니라 가족이 꿈보다 더 현실적이기 때문에 가족을 선택한다. 꿈은 그냥 꿈일 뿐이라고 생각하기 때문에 꿈을 만들지 않거나 꿈을 포기하는 것이다. 내과 보기엔 이러한 인생은 고상하고 현명한 인생이 아니라 오히려 소극적이고 타협적인 인생이라고 하는 것이 맞겠다.

　　동방 유교 문화권의 여러 나라들에서는 아직도 가족을 위해 자신을 희생하는 것을 '여자의 도리'로 생각하는 도덕관과 가치관의 영향이 심각하다. 여성들이 자립하여 자신의 인생을 개척하려 할 때 부모나 남편과의 결별을 각오해야 하는 경우가 많은 것이다. 그래서 수많은 여성들이 자신의 꿈을 버린다. 그러나 남편을 위해, 가족을 위해 자신의 꿈을 깨어버리는 인생을 행복한 인생이라고 할 수 있자?

　　나는 인간의 행복이란 자아실현에 있다고 생각한다. 그리고 서로가 자아실현을 위해 협력하고 도와주며 같이 노력하는 것이 부부이고 가족 이라고 생각한다. 그러기에 나는 자신의 꿈을 인정해 주지 않는 결혼은 하고 싶지 않다. 반대로 독신으로 있으면서도 자기의 꿈을 좇아가고 싶다. 내 인생은 내가 결정하는 것이다. （苏雨格，卜心思，黄璐思）

180

### 作文点评

　　该文章也是就家庭和事业的选择表明自己观点和态度的议论文。同前一篇文章相反，作者主张没有事业的人生是空白的，家庭当然重要，但人应以事业为重。文章观点新颖、鲜明、积极向上，语言自然、流畅。但是论据不够充分，结构也不够严谨。

　　1. 논설문이란 어떤 글입니까? 논설문의 3 요소에 대해 말해 보시오.

　　2. 논설문과 설명문의 차이점에 대해 설명해 보시오.

　　3. 한국어를 공부하는 중국인 학생으로서 한자병용 논란과 관련하여 자신의 입장을 주장하는 글을 쓴다면 어떻게 논지를 전개하는 것이 좋을지 생각해 보고, [예문 1]과 [예문 2]를 참조하여 자기의 견해가 들어가도록 글을 써 보시오. 글을 쓴 다음 아래의 점검표에 따라 스스로 점검해 보고 고쳐 써 보시오.

| 자기 점검표 |
| --- |
| 1. 문제점, 논쟁거리를 제대로 제시하였는가? |
| 2. 서론, 본론, 결론이 적당한 분량으로 잘 짜여 있는가? |
| 3. 문단을 구성하여 썼는가? 중심문장과 보조문장으로 잘 짜였는가? |
| 4. 문제점, 논쟁의 원인을 제대로 파악했는가? |
| 5. 주장에 대한 근거가 적절한 것인가? |
| 6. 주제(문제점)에 대한 원인, 주장, 근거, 실천 방안이 제시되었는가? |
| 7. 서술어가 일관성 있게 쓰여졌는가? |
| 8. 맞춤법과 띄어쓰기에 맞게 썼는가? |

　　4. 친구에게 연락할 때, (가) 메일로 하는 것이 좋다는 의견과 (나) 전화를 하는 것이 좋다는 의견이 있습니다. 다음의 개요를 참고로 (가)와 (나) 중의 하나를 선택하고 찬동하는 이유를 글로 써 보시오.

| 쓰기 전 준비 | | |
| --- | --- | --- |
| ◇ 자기의 주장 | □(가) | □(나) |
| ◇ 이유(장점) | | |

> \<메일\> ▲ 비용이 적게 든다
> ▲ 때와 장소의 제약이 없이 보내고 받을 수 있다
> ▲ 직접 말하기 거북한 것을 전달하기에 편리하다
> ▲ 약속과 같은 것을 직접 눈으로 확인할 수 있다
> \<전화\> ▲ 신속하다
> ▲ 직접 상대방의 목소리를 들을 수 있다
> ▲ 상대방의 감정을 알 수 있다 등

5. 아래의 화제들에서 상반되는 주장 중의 하나를 선택하고, [ 보기 ]와 같이 개요를 작성한 다음 찬동하는 이유를 글로 써 보시오.

> [ 보기 ]　　　　쓰기전 준비
> ◇ 자기 주장　　　□ ( 가 )　　　□ ( 나 )
> ◇ 이유 ( 장점 )
> 　　▲
> 　　▲
> 　　▲
> 　　▲
> 　　▲
> ◇ 반대 의견의 장점
> 　　▲
> 　　▲
> 　　▲
> 　　▲

[ 화제 ]
(1) 초급 ( 쓰기 좀 쉬운 화제 )
· 아이는 ( 가 ) < 자유롭게 키우는 것이 좋다 >, ( 나 ) < 엄하게 단속하는 것이 좋다 >
· 결혼식은 ( 가 ) < 화려하게 치르는 것이 좋다 >, ( 나 ) < 검소하게 하는 것이 좋다 >
· 보고싶은 책은 ( 가 ) < 꼭 사서 본다 >, ( 나 ) < 도서관에서 빌려 본다 >
· 영화는 ( 가 ) 영화관에서 보는 것이 좋다 >, ( 나 ) < 비디오로 보는 것이 좋다 >
· 거짓말은 ( 가 ) < 적당히 하는 것이 필요하다 >, ( 나 ) < 어떤 경우에도 해서는 안된다 >

(2) 중급 ( 쓰기 좀 어려운 화제 )
· 세계에는 언어가 ( 가 ) < 하나만 있어야 한다 >, ( 나 ) < 여러 언어가 공존해야 한다 >

- 자기 주장은 ( 나 ) < 강력하게 주장해야 한다 >, ( 나 ) < 주위 사람들과 협조해야 한다 >
- 예뻐지기 위해서 미용 수술을 하는 것은 ( 가 ) < 괜찮다 >, ( 나 ) < 바람직하지 않다 >
- 인생은 ( 가 ) < 자기를 위해 살아야 한다 >, ( 나 ) < 사랑하는 사람을 위해 살아야 한다 >
- 행복하려면 ( 가 ) < 꼭 결혼해야 한다 >, ( 나 ) < 독신으로 보내는 것이 더 좋다 >

(3) 고급 ( 학술적인 화제 )

- 평화 유지를 위해서는 ( 가 ) < 군사력이 필요하다 >, ( 나 ) < 군사력이 필요하지 않다 >
- 남자와 여자는 ( 가 ) < 모든 면에서 평등해야 한다 >, ( 나 ) < 모두 평등할 수 없다 >
- 정보는 반드시 모두 ( 가 ) < 공개되어야 한다 >, ( 나 ) < 통제되어야 한다 >
- '안락사 ( 安樂死 )' 는 ( 가 ) < 인정되어야 한다 >, ( 나 ) < 절대로 허용할 수 없다 >
- 사형은 ( 가 ) < 완전히 폐지되어야 한다 >, ( 나 ) < 존속해야 한다 >

## 9.2. 演说词 ( 연설문 )

### 9.2.1. 演说词的概念和特点

为说服他人进行演说时提前撰写的文稿称之为演说词。演说是在听众面前陈述个人的观点，无论是在公共场所或是私人聚会上，发表个人观点的文章都属于此范畴。演说词依据不同目的和场景分为法庭演说词、政治演说词、仪式演说词、宗教演说词、辩论演说词等。

法庭演说词是指在法庭上提起诉讼的人表明其正当性或为个人观点辩护的文章。政治演说词是指政治领导人主张某一政策，或候选人号召大众支持自己的竞选等的文章。宗教演说词是指以宗教说教与传道为目的的演说文稿。仪式演说词是指在举行某一仪式时根据仪式进行程序朗读的文章。仪式演说词一般分为两大类：一类是为庆贺某件事的祝词（庆贺典礼、开业典礼、入学典礼、颁奖典礼、落成典礼、结婚典礼等），另一类是与悼念典礼有关的悼词（告别仪式、永诀仪式、葬礼、追悼会等）。辩论演说词是指在听众面前将自己的观点陈述给听众，从而感动、说服听众的文章。演说词还可根据演说的目的与内容的不同分为说明演说词与说理演说词。

演说词有如下几个特点：第一，演说词中演说者的意见或主张应鲜明、突出，支持该主张的证据明确、充分。演说的目的是说服听众，因此演说词多使用与主题相关的例证。第二，讲述个人观点是演说词与议论文共同之处。但是议论文是以提出某一问题及解决方案为目的阐述个人想法、观点的文章，而演说词是在听众面前直接讲述自己观点的文章。因此，演说词受听众的年龄、兴趣、演说时间、场所等条件的影响。第三，一般演说词和辩论演说词略有不同。一般演说是说理性的，而辩论具有鼓动性的特点。一般演说通过沉稳的态度号召群众，采用间接、含蓄的方法表达内容，而辩论演说通过强烈的态度说服群众，直接表达观点，使观点显而易见。辩论演说常用以培养语言表达能力与提高自信心。

### 9.2.2. 演说词的写作要求

第一，为写好演说词首先要明确主题，并考虑听众、演说时间、场所等因素选定演说内容。主题不明确，就缺乏说服力，就失去演说的作用。第二，演说词大体可分为序论、本论、结论三部分。序论部分提出问题，并表明演说主题及其展开方向。本论部分阐述演说者的主张内容以及其根据，应明确、具体。结论部分再次强调演说者主张，并揭示寄予的希望以及前景，最后以简单的问候语结束。第三，演说要让听众听懂，其目的在于说服听众。因此演说词的语言要力求做到简单明了、通俗易懂、证据明确、充分。第四，演说以听众为对象，因此演说词的语言要口语化，而且要使用敬语为宜。由于演说稿是作者写出来的，受书面语言的束缚较大，因此，就要冲破这种束缚，使演讲稿的语言口语化。

### 9.2.3. 演说词范文

[范文1] 音乐会祝词

#### 음악회 축사

학생 여러분! 자모 여러분!

오늘 음학회를 맞이해서 축하의 말씀을 드리게 된 것을 기쁘게 생각합니다. 음악은 모든 사람의 마음을 즐겁게 하고 기쁨과 환희, 희망의 의욕을 불어 넣어주는 마음의 양식이라고 합니다. 그렇기 때문에 예로부터 모든 사람들은 음악을 좋아하고 음악을 사랑하고 있는 것입니다.

음악이 없는 세상! 음악이 없는 사회! 여기에는 기쁨도 희망도 행복도 있을 수 없습니다. 그러나 음악의 가장 중요한 요소는 그 음악 속에 사랑의 정신이 깃들어 있어야 한다는 것입니다. 아픔 속에서의 사랑! 괴로움 속에서의 사랑! 기쁨 속에서의 사랑! 이러한 사랑의 정신이 음률을 타고 전파될 때 음악의 진지가 있다고 생각합니다.

먼 옛날, 깊은 산 통나무집에 노인 한 분이 살고 있었습니다. 하얀 수염이 무릎까지 내려온 이 노인은 세상의 온갖 지혜를 다 지닌 분이었습니다. 그래서 노인이 어쩌다 마을에 내려 오면 온 마을 사람들이 그의 말을 들으려고 몰려 왔습니다.

어느 날 노인은 마을 사람들에게 행복의 비밀을 가르쳐 주겠다고 약속을 했습니다. 그러나 이 비밀을 들을 만한 가치가 있는 한 사람에게만 말해 주겠다는 것이었습니다. 사람들은 오랫동안 의논한 끝에 아름다움이야말로 세상에서 가장 값진 것이라 생각하고 마을에서 가장 예쁜 소녀를 보내기로 하였습니다. 그러나 노인은 그 소녀를 돌려보냈습니다.

사람들은 다시 의논한 끝에 가장 돈이 많은 사람을 보내기로 하였습니다. 풍부한 재산이야말로 이 세상에서 가장 소중한 것이라고 생각하였기 때문입니다. 하지만 이번에도 노인은 입을 열지 않았습니다.

노인은 슬펐습니다. 고작 그런 생각밖에 하지 못하는 사람들에게 실망했기 때문입니다. 그런데 마침 작은 새를 가슴에 안고 울고 있는 소녀를 만났습니다. 노인이 다가가서 물으니 다친 새가 불쌍해서 울고 있다는 대답이었습니다. 노인은 기뻐했습니다. 이

제야 행복의 비밀을 말해줄 사람을 만났기 때문입니다. 애야! 지금 네가 울고 있는 그 울음소리야말로 이 세상에서 가장 훌륭한 음악이란다. 남을 사랑하지 않고는 결코 행복을 맛볼 수 없는 것이라고 말했습니다.

그렇습니다! 우리가 사는 세상도 이런 행복의 비결을 깨달을 때 밝고 명랑해질 수 있는 것입니다!

저는 오늘 이 음악회야말로 가장 소중한 행복의 비밀을 전해주는 축제라고 생각할 때, 그 의의가 자못 깊다고 아니할 수 없으며 따라서 음악을 통한 사랑의 정신이 이 자리에 모이신 여러분과 전 국민의 가슴속에 전파되어 온 국민이 행복을 마음껏 맛보며 살 수 있는 계기가 되어 주시기를 빌면서 축사에 대신하겠습니다.

여러분 즐거운 시간이 되시길 바랍니다.

[范文 2] 摄影作品展谢词

창작 사진전 인사

여러분! 안녕하세요?

어느덧 무더위도 고개 숙여 결실의 계절이 다가왔습니다. 파인더를 들여다볼 때의 가슴 떨림과 숨죽임, 셔터를 누르는 순간 순간들 속에서 어느덧 일 년이라는 길고도 짧은 시간이 흘러 저희가 수료를 하고 창작 전시회를 열게 되었습니다.

사진을 배우면서 세상을 다른 시각으로 볼 수 있게 되었고 그로 인해 자연을 알고 마음의 여유를 느끼고 자유로움과 생활의 활력을 얻을 수 있었습니다. 잃어버린 시간들과 순간의 모습을 찍는다는 설렘에 마음속의 작은 행복을 담을 수 있었습니다.

갓난아이가 걸음을 배우고 앞으로 달려나갈 수 있도록 보살펴 주시는 부모님처럼 훌륭하신 교수님들의 열정적인 지도와 가르침으로 아직은 미숙하지만 이만큼 성장하여 아홉 번째 창작 전시회를 개최하게 되었습니다.

정열과 사랑으로 격려와 채찍을 해 주신다면 중앙인으로서의 자부심과 긍지를 갖고 앞으로의 창작활동에서 최선을 다하겠습니다. 오직 사진이 좋아서 모였고 많은 사람들이 함께 보고 느끼면서 따뜻한 대화를 나눌 수 있는 마음의 풍요를 이번 전시회를 통해 보여 드리겠습니다.

교수님들의 노고에 고개 숙여 감사를 드리며, 조교님들께 고마운 마음을 전합니다. 산업교육원 원장님과 임직원 여러분께도 깊은 감사 드립니다. 물심 양면으로 도와주신 여러분들께 깊은 감사를 드립니다. 중앙사진 아카데미의 무궁한 발전과 온 가정에 건강과 행복이 늘 함께하시길 기원합니다.

감사합니다.

[范文 3] 新员工欢迎词

### 신입사원 환영 연설

오늘은 친목회를 겸한 신입 사원의 환영회입니다.

이번에 입사한 여러분은 학업과 인격이 다같이 뛰어난 분들로서 출신 학교의 추천과 취직시험에 의해 입사하게 되었습니다. 모두가 전도 유망한 분들입니다.

그런데 신입 사원들은 이제부터 지금까지의 세계와 전혀 다른 세계에 뛰어든 것입니다. 많은 일들이 기대한 것과 사정이 달라, 당분간은 우왕좌왕할는지 모릅니다. 참석하신 선배 여러분의 지도와 애정이 필요할 것이므로, 잘 부탁 드리는 바입니다. 신입 사원은 되도록 빨리 회사의 분위기에 익숙해져서 일을 익히는 것이 중요하며, 참석하신 선배 여러분은 신입 사원을 잘 이끌어 주기를 바라는 마음입니다.

"참고 견디면 복이 온다"는 말이 있듯이 만사에 있어서 인내가 중요합니다. 조그마한 일에 화를 내거나 맡은 일을 게을리 해서는 성장할 수 없습니다. 또한 회사에게도 이러한 사람은 손실을 가져다 줍니다. 새 사원 여러분들은 모두 우수한 인재임을 믿는 바, 저는 그러한 걱정은 하지 않겠습니다. 이러한 기대를 어긋나게 하지 말아 주기 바랍니다.

이상으로써 신입 사원에 대한 인사말을 마치고, 오늘의 간친회와 신입 사원 환영회의 성공을 기원합니다.

[范文 4] 明天的希望

### 내일의 희망

여러분!

내일이 있다는 걸 모르고 하루밖에 살지 못하는 하루살이가 있습니다. 하루살이에게는 내일에 대한 희망이 있을 수가 없습니다.

그러나 우리에게는 내일이 있기 때문에 희망을 가지고 살아갑니다. 우리들은 '내일은 성적이 더 좋아질 수가 있겠지'라는 희망을 가지고 공부를 합니다. 우리의 가정도 '내일은 더 잘 사는 가정이 되겠지'라는 희망으로 살아갑니다.

그런데 안타깝게도 IMF 체제의 매서운 한파는 많은 사람들에게서 희망을 빼앗아 가고 말았습니다. 기업이 쓰러지고, 직장인들은 직장을 잃고 길거리를 헤매고 있습니다. 철없는 어린아이들이 부모의 품을 떠나 고아원에서 눈물을 흘리며 잠들어야 합니다. 우리 학생들 중에도 경제적인 어려움 때문에 고통을 겪는 친구들이 많아지고 있습니다.

그러나 여러분! 이럴 때일수록 절대 희망을 잃지 말아야 합니다. 우리에게는 내일이 있기 때문에 희망을 잃지 말고 다시 한 번 일어서야 한다고 큰 소리로 외칩니다.

여러분! 우린 아프리카의 난민들에게 도움을 주면서 살았습니다. 굶주림에 허덕이다가 죽어 가는 북한(조선) 어린이들에게도 식량을 보내 주었습니다.
　　그런 우리가 어쩌다가 IMF의 도움을 받으면서 살게 되었습니까? 그것은 어느 한 사람의 잘못만이 아닙니다. 훗날 어려움에 처할 수도 있다는 생각을 미리 해 보았더라면 사전에 대비할 수가 있었을 텐데, 우리 학생들 중에는 사치스러운 생활을 즐긴 학생은 없습니까? 어른들뿐만 아니라 우리 청소년들이 사치와 낭비를 해왔던 것도 나라 살림을 어렵게 만든 원인이었기에 우리 모두 반성하는 마음을 가져야겠다고 큰 소리로 외칩니다.
　　이제 우리 내일을 바라보며 살아갑시다. 아버지 어머니들이 겪는 고통을 생각해서라도 우리는 절약하는 새로운 생활 자세를 가지고 오늘의 고통을 참고 견뎌야 하겠습니다. 그리고 우리 주위의 불우한 친구들을 살피고 도와주는 자세를 가지고 따뜻한 사랑의 말 한 마디라도 주고받는 친구가 됩시다.
　　기쁨은 나누면 배로 커지고, 슬픔은 나누면 절반으로 줄어든다고 했습니다. 우리 모두가 어려움을 참고 견디면서 절약할 때 경제는 살아날 것이요, 서로가 도우면서 생활할 때 보다 더 잘사는 내일을 맞을 것이라고 이 연사는 힘차게 외칩니다.

[范文5] 公害百货店

공해 백화점

　　여러분! 휘영청 달이 뜨고, 은하수가 흐르며, 별빛이 영롱하게 빛나는 하늘을 보신 적이 있습니까?
　　산업의 발달은 우리 인간 사회를 편리하고 풍요롭게 만들었지만, 쾌적하고 아름다운 자연 환경은 찾아볼 수가 없게 되었습니다.
　　언젠가 산업 포스터 전시회에서 공장 굴뚝의 연기를 그려 놓고, '잘 살아보세'라는 표어가 쓰인 포스터를 본 적이 있습니다. 물론 이 포스터는 30여 년 전의 것이지만, 잘 살아보기 위해서 공장의 매연이 하늘을 덮더니, 급기야는 우리가 살고 있는 도시를 공해 백화점으로 만들어 버리고 말았습니다.
　　도시의 하늘은 먼지와 매연, 그리고 아황산가스와 질소산화물로 가득 차고 말았습니다. 밤하늘의 달도 별도 찾아 볼 수가 없으며, 공기 오염에 따른 세탁비 지출이 시골의 세 배요, 공해 감기에 걸리는 사람들이 많아지고 있다니, 과학의 발달이나 산업의 발전 때문에, 편리하고 풍요로운 생활을 누리려고, 우리의 도시를 공해 백화점으로 만들어야 하느냐고 이 연사는 미래를 예측하지 못하는 우리 인간 사회에 강력한 경고를 보냅니다.
　　여러분! 공해 없는 환경 속에서 살겠다는 꿈은 이 지구상에 없는 유토피아일 뿐입니다. 대기 오염에 못지 않게 수질 오염도 심각한 현실입니다. 우리가 마시는 수돗물에서 세균이 검출되었다고 하여 정수기를 사용하지 않은 가정이 없으며, 심지어 야유회를 가는데도 휴대용 정수기를 가지고 다닌다고 합니다.

이 뿐만이 아닙니다. 앞으로 25년 후에는 지구의 온난화 현상에 따라 육지의 5%가 물에 잠길 것이라고 하며, 천연자원은 이미 30%가 고갈되었고, 물 부족에 따라 적어도 1억 명의 환경 난민이 발생할 것이라고 합니다. 이대로 간다면, 머지 않아 지구 전체가 공해 백화점이 될 것이며, 결국에는 지구의 종말이 오고야 말 것입니다.

편리한 생활도 좋고, 풍요로운 생활도 좋은 것입니다. 그러나 진정으로 우리가 행복하게 살기 위해서는 자연 환경을 지켜야 합니다. 공기와 물을 맑게 해야 하며, 천연자원을 지키는 것, 이것이 진정으로 행복한 생활을 보장해 주는 길이라고 이 연사는 자신있게 외칩니다.

[范文6] 传统礼节的意义和必要性

### 전통 예절의 뜻과 필요성

우리 민족은 과거 독특한 풍습과 생활 양식 속에서 항상 마음과 몸가짐을 겸손히 하고, 어른을 존경하며 이웃과는 상부상조의 생활을 영위하여 왔다. 우리 나라는 예의가 바른 나라로 알려져 왔다. 중국의 역사책 "위지"를 보면 우리 나라를 '동방 예의지국'이라 하여 우리 나라의 예의바름을 칭송하였고, 공자가 일찍이 "논어"에서 '배를 타고 동쪽에 있는 군자의 나라에 가서 살고 싶다'라고 한 말은 우리 나라를 두고 한 말이 틀림없다. 이러한 것들은 중국에서 유교가 전래되기 전부터 우리 나라가 예절이 바른 나라였다는 것을 잘 보여주는 예라고 할 수 있다.

오늘날 우리 사회는 가치관의 혼돈 내지는 예절이 혼미한 사회라고 말하기도 한다. 이는 서양 문화가 갑자기 이 땅에 몰려 들어오면서 우리의 전통 문화와 혼용되어 이에 따라 전통 예절까지도 심한 동요를 일으킨 까닭이라고 생각된다.

사실 현대와 같은 문화와 사회 여건으로 볼 때, 전통 예절만을 고집하는 것도 올바른 태도라고 볼 수 없다. 그러나 한국적인 고유한 미풍 양속을 하루아침에 버리고 외래 사조에서 헤어나지 못하는 것은 5천년의 역사를 가진 문화 민족으로서 있을 수 없는 일이다. 따라서, 우리에게 전통 예절의 좋은 점은 계승 발전시키고 시대에 맞지 않는 것은 현실에 맞게 고쳐 나가는 슬기로운 지혜가 필요하다. 개방되고 다양한 국제 사회에서 생활하기 위해서 외래의 예절을 받아들이는 것이 불가피하나 우리의 전통적인 미풍 양속을 해치지 않도록 취사선택하여 우리 실정에 맞는 바른 예절을 정립하는 자세가 필요하다.

우리의 전통 예절을 잘 들여다 보면 타인을 공경하고 겸손한 행동을 통해서 화목한 인간 관계가 이루어지도록 노력한 우리 조상들의 슬기로움을 발견할 수 있다. 우리는 이러한 정신을 바탕으로 현대에 알맞은 예절 생활을 해야 할 것이다.

[范文7] 竞选学生会长演说词

학생회장선거 연설문

안녕하십니까?

이번에 학생회장으로 출마한 한국어학과 09학번 3반의 장효천입니다. 먼저 연설을 시작하기 전에 제가 이 자리에 설 수 있게 용기를 준 왕수연을 비롯한 저희 반 여러 친구들에게 진심으로 감사드립니다.

저는 보다시피 평범한 학생입니다. "학생을 대표하는 학생회장은 특출한 학생보다 평범한 학생이 제격이다. 학교 같은 순수한 곳에서조차 소수의 특별한 사람들 중에서 대표를 뽑는다면 다수의 보통 사람들 중에서는 언제 어디서 대표가 나오겠니? 용기를 가지고 선거에 나가라, 우리가 화끈하게 밀어 줄 테니까." 저는 친구들의 격려를 들으면서 힘이 솟았습니다. 여러분과 함께 뒹굴며 울고, 웃는 친숙한 학생회장이 될 수 있다는 자신감이 생겼습니다. 요란한 공약을 남발하는 화려한 겉치레 회장이 아닌, 큰 귀와 빠른 다리를 가진 참다운 일꾼이 될 수 있다는 확고부동한 신념을 가지게 되었습니다. 함께 어울리며 단결하고, 서로 북돋우며, 노력하고, 서로 도와주며 우의를 중히 여기는 그런 학생회장이 되고자 하는 불타는 열의를 갖게 되었습니다. 지금 저는 제 자신의 내부에서 용솟음치는 참다운 용기를 느낍니다. 그것은 "나도 잘할 수 있다!"라는 것입니다.

학생회는 특별한 조직입니다만 학생회장은 특별한 존재가 아니라고 생각합니다. 앞서 말한 바와 같이 여러분과 가장 많이 닮은 사람, 가장 비슷한 사람, 어쩌면 여러분과 똑같은 사람을 회장으로 뽑아야 합니다. 저는 이 조건에 가장 잘 맞는 후보입니다.

학생회는 우리들의 꽃마차입니다. 따라서 학생회장 선거는 꽃마차의 바퀴를 갈아 끼우는 절차라고 볼 수 있습니다. 무사히 임무를 마친 헌 바퀴를 새로운 바퀴로 교체하는 것입니다. 여러분께서는 앞으로 1년 동안 새롭게 단장한 꽃마차를 타고 행복한 마음으로 학교생활을 보내게 될 것입니다. 아름다운 꽃마차가 우리들의 꿈과 우정을 싣고, 신나게 잘 달리는 모습을 상상해 보십시오. 여러분! 이 장효천 후보야말로 믿을 수 있는 품질 좋은 바퀴입니다.

여러분, 우리는 곧잘 무심코 학교에 대해 불평을 늘어놓으면서도 다른 학교의 학생들이 우리의 모교를 나쁘게 말하고, 욕하면 참지 못하고 대듭니다. ○○대학이야말로 우리들의 보금자리이기 때문입니다. 우리는 겨우 4년 동안 대학교의 품에 안겨 여기에 머물게 되겠지만 우리 모교는 평생 동안 우리들의 가슴속 깊이 자리하게 될 것입니다. 꿈 많은 대학시절의 모든 행복과 슬픔과 한숨이 여기에 다 녹아 있습니다. 우리는 헌신과 높은 이상으로 새롭고, 우람하고, 정감이 넘치는 우리의 배움터를 만들기 위해 더 힘을 모으고 더 땀 흘려야 합니다. 저는 선배님으로부터 물려받은 우리 대학의 빛나는 전통을 잘 보전하고, 잘 가꾸고, 융성시켜 후배에게 전승시키겠다는 굳은 약속을 드립니다.

여러분, 우리는 놀아서는 안 될 학교와, 놀기에 너무 좋은 사회의 틈바구니에서 방황하면서 자유롭기를 바랍니다. 모든 속박으로부터의 해방을 날마다 꿈꿉니다. 공부와 성적으로부터의 해방, 부모님의 간섭으로부터의 해방, 선생님의 채찍질로부터의 해방!

저 역시 이런 해방을 꿈꾸기는 마찬가지입니다. 게임에 열광하고, 드라마를 즐기고, 노래방에도 갑니다. 때론 정신없이 몸을 흔들며 춤을 추기도 합니다. 우리는 같은 생각을 하고, 같은 꿈을 꾸고, 같은 고통을 겪는 또래라는 독특한 인간의 결합입니다. 저라고 해서 예외일 수가 있겠습니까? 우리의 이러한 실상을 이 세상 모든 분들이 잘 알게 만드는 것이 우리의 의무라고 생각합니다.

우리 모두 공감하는 것입니다만 공부를 게을리 할 수 없음이 우리 앞에 놓여 있는 엄연한 현실입니다. 그러나 우리는 외치고 싶습니다. 우리는 결코 공부만 하는 기계가 아니라고 말입니다. 친구와 밤새 이야기를 하고 싶고, 선생님과 인생을 논하고 싶고, 화려한 옷을 입고, 멀리 낯선 곳으로 여행을 떠나고도 싶습니다. 수업을 팽개치고 하루 종일 잠만 자고도 싶습니다. 우리는 우리를 모르는 모든 사람들에게 우리의 이러한 솔직한 심정을 털어 놓아야 합니다. 그리고 그들로 하여금 우리들의 이런 뜻을 충분히 이해할 수 있도록 만들어야 합니다. 저에게는 비밀스럽게 가지고 있는 고유한 노림이 한 가지 있습니다. 다름 아니고, 한 점의 목표를 향해 나아가면서 일사불란하게 집중하는 것입니다. 그 것은 올바른 사람이 되겠다는 한결같은 정신입니다. 여러분도 저와 같을 것이라고 믿어 의심치 않습니다.

존경하는 상급생 선배님, 다정한 동급생 친구들, 그리고 하급생 후배 여러분! 꼭 제게 힘을 주십시오. 친구와 친구 사이, 반과 반 사이, 학년과 학년 사이, 학생과 학교 사이에 믿음과 사랑의 정신이 깃들도록 저의 온 힘을 다 하겠습니다. 우리들의 마음과 학생회의 정신과 학교의 의지가 한마음으로 뭉칠 수 있도록 열과 성을 다 하여 자랑스러운 ○○대학이 되도록 최선을 다하겠습니다. 제가 드리는 소박한 마음의 약속 외에 간단한 몇 가지 실질적인 공약사항을 말씀드리겠습니다.

첫째, 우리학교는 여러 번에 걸쳐 메스컴에 올라 우리들의 긍지를 높이고 애교심을 고취하였습니다. 앞으로 학교의 명예를 선양하기 위한 더 많은 행사를 기획하여 세상에 우리 모교를 더 널리 알리도록 하겠습니다.

둘째, 학교의 신문고라고 할 수 있는 건의함을 활성화 하겠습니다. 여러분의 건의를 수렴하고 반영하는 일을 학생회의 주된 자양분으로 삼겠습니다.

셋째, 각종 교내 서클의 활성화를 위하여 힘쓰겠습니다. 자율적 분위기에서 마음껏 공통의 관심사항에 몰두할 수 있는 바탕을 조성하겠습니다.

넷째, 교내 매점의 불합리한 점을 개선하여 좋은 물건을 싸게 파는 전통을 확립 하겠습니다. 매점의 제반환경이 나아지도록 앞장서겠습니다.

제가 이러한 공약을 충실하게 지킬 수 있도록 여러분께서 힘껏 밀어주시기를 간곡히 바랍니다. 장진걸 후보는 여러 면에서 훌륭한 자질을 갖춘 우리 학교의 자랑입니다. 우리가 선거기간 동안 서로 경쟁하는 것은 좋은 학생회를 만들어 보겠다는 선의에서 비롯된 것입니다. 이 선거가 끝나면 우리는 또다시 함께 웃고, 함께 우는 예전의 친구 사이를 회복하게 될 것입니다. 아무쪼록 장진걸 후보의 연설도 경청하시고 성원해주시기 바랍니다. 그렇다고 해서 제게 표를 몰아주시는 것을 잊지는 말아 주십시오.

여러분! 기호 1번 장효천을 믿으십시오. 저 또한 존경하는 여러분을 철석처럼 믿습니다. 대단히 감사합니다.

### 9.2.4. 学生作文点评

[学生作文1] 竞选文艺部长演说词

문예부장 선거 연설

여러분, 안녕하세요?

문예부장 선거에 나온 왕요요입니다. 평소 같이 공부하고 같이 놀면서 매일 보는 여러분들을 이런 자리에서 보니 떨리는군요. 우선 항상 저를 격려해주고 또 용기를 줘 이 자리에 설 수 있도록 한 저희 반 학우들에게 깊이 감사합니다.

제가 문예부장 선거에 나오게 된 이유는 여러분에게 늘 들꽃 같은 존재가 되어주고 싶어서입니다.

여러분와 길을 가다가 길가에나 들판에 여러가지 들꽃이 피어 나는 것을 보신 적이 있으시죠. 농부의 밭에 들꽃이 나면 냉대를 받기가 십상입니다. 그러나 길가에랑 들판에 피어났는 들꽃은 요염하지는 못하지만, 길가던 사람의 발길을 멈추게 하며 사람들한테 신선한 즐거움을 선사해 줍니다.

저는 여성같은 날씬한 몸도 예쁜 얼굴도 아닙니다. 공부 성적이 뛰어나지 않습니다. 그런 제가 여기 자리에 서게 된 것은 저의 쾌활함과 부지런함으로 여러분에게 웃음을 줄 수 있고 힘을 줄 수 있다는 자신감 때문입니다. 들꽃처럼 제가 필요한 자리에 서서 여러분을 방조하고 싶습니다.

저는 문예부장 직책이 저에게 알맞은 장소라고 생각합니다. 공부에 지친 여러분을 조용히 위로하면서 바라보기도 하고, 다양한 문예활동을 조직하여 힘들어하는 여러분께 들꽃의 향기를 선사해 드리겠습니다. 특히 여러분들이 함께 참석할 수 있는 활동을 많이 조직하여 단순한 학업과 대학생활에 기쁨과 낭만이 꽃피게 하겠습니다. 여러분의 대학시절에 잊을 수 없는 즐거운 추억을 만들어 드리기 위해 힘을 다하겠습니다.

여러분들에게 제가 필요할 때 여러분의 손발이 되어 열심히 뛰어보고자 합니다. 여러분, 저를 믿어 주시겠습니까? 여러분의 들꽃이 되어드리겠습니다.

마지막으로 감사합니다. (刘晶)

### 作文点评

这是一篇竞选文艺部长演说词，感情真挚、语言朴素、比喻生动是该演说稿的特点。尤其是开头真实地表达自己紧张和兴奋的心情，朴素而不俗，起到引起听众注意的效果。但是文中没有充分展示自己的长处，提出的工作目标不够具体。

[学生作文2] 学生会主席演说

학생회장 당선 인사 연설

여러분, 반갑습니다.

한국어학과 제11차 회장으로 당선되는 주건화 여러분께 인사 올리겠습니다.

지난해, 그리고 지금 이 시간까지 수고하고 계시는 제 10차 회장 심천양 씨, 집행부 임원 여러분, 저를 믿어주시고 투표해 주신 모든 학우 여러분들에게 감사 또 감사 드립니다.

한국어학과의 학생회장으로 첫발을 내딛는 저의 가슴은 격동과 긴장으로 두근거리고 있습니다. 여러분의 믿음과 격려에 대해 다시 한번 감사를 드리면서 학생회장으로 지금부터 우선 하는 몇가지 문제를 말씀 드리겠습니다.

첫번째, 학생들이 편한 일상 생활을 보내기 위해 최선을 다하겠습니다. 지금 우리 캠퍼스에서는 아침과 저녁에만 뜨거운 물을 재공하고 있습니다. 저는 학생들에게 24 시간 뜨거운 물을 공급할 수 있도록 학교 당국과 학생지원센터에 건의하고 협상에 빨리 나가겠습니다. 그리고 현재 학교식당의 메뉴와 가격 문제, 주말 버스량 증가 문제, 저녁 기숙사 단전 문제 등과 관련하여 학생들의 의견을 수집하고 파악하여 해결하는과 힘쓰겠습니다.

둘번째, 학생들이 다양한 여가생활 즐길 수 있도록 최선을 다하겠습니다. 현재 캠퍼스는 생활기반 시설이 제대로 갖추지 못하고 학생들에 여가를 즐길만한 여건이 마련되지 않습니다. 학생들의 여가 생활이 막막하는 실정입니다. 그래서 현재에 개방하고 있는 학교 체육관을 효율적으로 이용하는 한편, 다양한 오락활동과 동아리 활동을 개발하여 학생들의 생활을 다채롭게 꾸며가겠습니다.

세번째, 좋은 공부 환경 마련하기 위해 최선을 다하겠습니다. 도서관은 우리 대학생들의 가장 중요한 학습 공간입니다. 그런데 아직도 도서관은 오전 9 시에 개관하여 오후 4 시 30 분에 폐관합니다. 토일에는 개관하지 않습니다. 저는 가급적 빠른 시간내에 도서관 개방 시간과 도서대출 시간을 연장할 수 있도록 도서관 당국과 협상하겠습니다. 한마디로 해서, 저는 우리 한국어학과를 활기와 웃음이 넘치는 학과, 사랑과 믿음이 충만한 학과, 조화되고 소통하는 학과로 만들어 나가기 위해서 이 한몸 온전히 내어놓을 각오를 하겠습니다. 여러분과 제가 학과에 대한 주인공 의식을 가지고 학과 일에 적극적으로 참여하면 더욱더 좋은 환경을 조성할 수 있고 훌륭하신 교수님들 밑에서 훌륭한 대학생이 될 수 있을 것입니다.

우리 모두가 자주의 대학생, 창조의 대학생, 정직의 대학생이 되도록 노력합니다. 학우 여러분들의 많은 관심 부탁 드립니다. 감사합니다. (马赞)

## 作文点评

这是一篇新一届学生会主席的演说稿。作者表明了自己的工作目标和工作态度，阐述自己的工作思路。开头表达自己此时此刻的心情以及对支持者表示谢意，态度恳切自然，给人以良好的印象和感受。结尾号召全系学生同心同德、群策群力，共同建设成和谐民主的韩国语系，具有强烈的凝聚力和号召力。

1. 연설문이란 어떤 문체의 글입니까? 연설문의 특징에 대하여 말해 보시오.

2. 연설문과 논설문의 공통점과 차이점을 설명해 보시오.

3. 대학 신입생을 환영하는 연설문을 써 보시오. (600자 내외)

4. 예문을 모방하여 반장선거 연설문을 써 보시오. (600자 내외)

## 9.3. 建议书 (건의문)

### 9.3.1. 建议书的概念和特点

建议书是个人、团体对某一问题或情况向领导、机关或他人陈述自己的看法，提出某种积极有益的主张或合理化建议时使用的一种文体。建议书一般是积极地提出自己对某一问题或情况的意见和建议，希望对方采纳自己的建议，但并没有强迫对方去做的意思。

建议书的形式是多种多样的，没有固定统一的格式。一般说来，建议书由标题、称谓、正文、结尾、日期和署名等部分组成。标题可写"건의문"，也可以直接写主题句。一般写在第一行的中间。称谓是建议书的开头，是接受建议书一方的名称。正文就是建议的内容，包括建议事项、建议原因或理由、解决方案等三个部分。写清这一点便于接受建议的一方联系实际情况，考虑建议的可行性和价值如何。根据内容多少决定是否分条列出。内容要具体，以便接受者考虑是否采纳，只要表达出自己的愿望就行。结尾写上希望采纳自己的建议的语句，以及表示敬意或称颂的话。最后右下角写上日期，署名要写提建议者的姓名或团体机关的名称，写在日期下方。

### 9.3.2. 建议书的写作要求

首先，建议书的内容应当具体明确。写建议书时不管是分条开列，还是不列条款，都应当把建议的内容写得具体、清楚，使人一目了然。其次，建议书要从实际出发，要针对具体问题，结合实际需要和可能的条件，提出具体的方法和措施，而不能凭空想像，不切实际地提出建议。再次，建议书的内容应当比较准确、合理，现实条件下切实可行，不应该提出过分的要求。所提意见和建议要有分寸，不应该说过头话，也不要用过激言词。最后，建议书的语言要精炼。即用简洁的文字把意思表达清楚，做到言简意赅。切忌拖泥带水，废话连篇，东拉西扯，不得要领。

### 9.3.3. 建议书范文

[范文 1] 关于语言教育政策的建议

언어 교육 정책 건의문

최근 제 17 대 대통령직 인수위원회 ( 이하 인수위 ) 에서 밝힌 새 정부의 영어 교육 정책과 관련한 찬반 논의가 활발하다. 인수위에서는 새 정부의 영어 교육 목표가 고등학교를 졸업하면 누구나 기본 생활 영어로 대화할 수 있고 영어 사교육 없이도 대학에 갈 수 있도록 하는 것이라고 밝힌 바 있다.

우리는 국가 발전을 가로막는 편협한 민족주의와 국수주의를 경계하면서, 요즈음과 같은 세계화 다문화 시대에 여러 언어를 사용할 줄 아는 국민들이 늘어나도록 한다는 것을 환영한다. 또한 초등학교에서부터 영어 수업을 영어로 진행하여 학생들의 영어 실력을 크게 향상시키겠다는 의도 역시 찬성한다.

그러나 바른 영어 교육을 위해 몇 가지 선행되어야 할 일들이 인수위의 안에는 빠져 있어 많은 국민들이 크게 불안해하고 있는 것 또한 사실이다. 언론의 보도도 있었지만, 벌써부터 사교육 시장이 들썩거리고 있고, 인수위에서 개최한 영어 교육 관련 공청회가 각계의 다양한 의견을 널리 모으지 못했다는 사실 역시 이러한 불안감을 부채질하고 있다. 실제로 인수위의 영어 교육 정책은 매우 우려할 만한 문제점을 가지고 있기에, 이에 대한 우리의 입장을 밝히고자 한다.

첫째, 언어 정책의 우선은 자국민의 자국어 교육에 관한 것이어야 한다.

현재 우리 국민의 국어 능력 부실이 매우 큰 문제로 지적되고 있다. 국민들의 국어 사용 능력이 계속 낮아지고 있어 학교와 기업은 물론, 사회 곳곳에서 직무 수행에 필요한 정상적인 의사소통의 어려움을 토로하고 있는데 이는 대단히 심각한 문제이다. 경제를 살리고 문화를 창조하기 위해, 또한 다른 언어를 학습하기 위해 가장 먼저 필요한 것은 자국어로 하는 사고능력과 소통능력이다. 현재 국민들의 낮은 국어 능력은 장차 나라의 발전을 가로막는 큰 걸림돌이 될 것이다. 그렇기 때문에 미국, 영국, 일본 등 유수의 선진국에서는 최근 자국인의 자국어 사용 능력 신장을 위한 교육 정책을 강력하게 추진하고 있다. 이에 발맞추어 우리나라에서도 수년 전 국어기본법을 통과시키고 전국에 '국어 상담소'를 설치하여 국민의 국어 사용 능력 신장을 위해 노력하고 있다. 이러한 시점에서 지나치게 영어 교육만을 앞세우는 인수위의 교육 정책은 반드시 시정되어야 한다. 진정한 영어 사용 능력의 신장을 위해서라도 먼저 국어 교육을 강화하여야 한다.

둘째, 한국어의 세계화 정책 방안이 제기되어야 하고 다양한 외국어 교육 진흥 정책도 있어야 한다.

세계화를 위하여 우리가 다른 언어를 사용할 줄 아는 것은 중요하다. 그러나 진정한 세계화는 우리가 국제어를 사용하는 것뿐만 아니라, 외국인이 우리의 한국어를 즐겁게 배울 수 있도록 하는 것을 포함한다. 외국인이 우리를 알게 하려면 한국어 교육 강화 지원 정책은 물론, 경제 문화 외교의 일환으로 아시아 및 아프리카의 개발도상국 학생들을 우리나라에 불러 우리의 선진 학문을 제공하고 미래의 친구로 만드는 세계화 정책이 우선 되어야 한다. 아울러 다양한 나라들의 외국어와 그 언어문화를 폭넓게 배우고 익히는 노력도 병행되어야 한다. 그렇게 하기 위해서 인수위에서는 영어 일변도의 외국어 정책에서 벗어나, 다른 여러 외국어 교육의 진흥 정책도 반드시 함께 제시하여야 한다.

　　셋째, 영어는 정식 교원 양성 기관에서 배출된 교사에 의해 교육되어야 한다.

　　공교육의 질은 교사의 질을 뛰어넘을 수 없다. 따라서 질 좋은 영어 교육을 위해서는 영어 교사에 대한 연수와 교육대 사범대에 대한 전폭적인 지원이 필요하다. 그런데도 불구하고 교육대 사범대 등 정규 양성 기관에서 배출된 영어 교사들을 무시하고, 갑자기 현행 영어 교육과정과 관련한 전문성이 검증되지 않은 국내외 TESOL 양성기관 출신자 및 영어 관련 외국 대학 학위자 등을 학교 현장에 무분별하게 투입하겠다고 함은 잘못이다. '영어 사용 능력'과 '영어 교육 능력'은 다르다는 점을 명심하여야 한다.

　　교육 정책은 한 국가의 흥망을 좌우할 수 있는 일이다. 따라서 교육 정책을 만들 때에는 철학과 역사의식, 사회 현실을 총제적으로 고려하여야만 한다. 어문정책 역시 전문가들의 의견을 충분히 듣고 결정해야 한다. 그러나 현재 인수위는 마치 온 국민이 영어만 잘하면 된다는 식의 언어 교육 정책을 제시하는 것으로 비치어 안타깝다. 나라의 미래를 선도하는 인수위는 '자국어 능력이 외국어 능력의 기초'이며 '국민의 자국어 능력이 곧 국가 경쟁력의 기초'라는 사실을 직시하고, 현재의 국민 국어 능력의 문제점과 국어 교육에 대한 문제점을 진단하며 이의 해결을 위한 대책부터 모색하여 국민의 자국어 능력 향상을 위한 대책부터 제시하여야 한다.

　　앞으로의 교육은 수많은 일자리를 창출할 창의적 지식 산업의 인재를 육성하는 방향으로 나아가야 한다. 이것이 가능하기 위해서는 영어뿐만이 아닌 전 과목의 공교육을 정상화할 수 있는 근본적인 해결책이 반드시 제시되어야 한다. 새 정부에서는 교육은 백년지대계라는 말을 깊이 새겨서, 보다 긴 호흡과 철학적인 안목으로 올바른 언어교육 정책을 수립하여 시행해 주기를 기대한다.

2008년 2월 20일<br/>(한국 국어교육학회 등 국어관련 16개 단체 공동 건의문)

※ 在政治、经济、科技、文化日趋全球化的当今世界，英语教育固然很重要，但并不等于英语教育可以超越一切。在韩国实际上英语教育已经远远超越并凌驾于其他学科甚至语文教育之上了。对韩国政府的语言教育政策令许多韩国有识之士感到疑惑甚至担忧。于是韩国国语教育学会等16个韩国语教育和研究团体共同拟写了敦促韩国政府树立正确的语言教育政策的建议书。文中呼吁国际化时代韩国语文教育的重要性和多种语言教育的必要性，并建议政府停止偏激的惟英语教育政策，在多元文化时代，探索加强国语教育和推广的对策。文章内容具体清楚，建议明确合理，语言简洁精练。

[범문 2] 为民众健康而致政府的禁烟建议书
건강한 대한민국을 위한 대정부 금연 건의문

　정부는 2005년 발표한 국민건강증진종합계획(Health Plan 2010)을 통해 성인 남성 흡연율을 2010년까지 30%로 감소시키겠다고 약속한 바 있습니다.
　정부는 담뱃갑에 흡연경고 그림을 삽입하고 금연 구역을 확대하는 등 다양한 금연 정책을 추진할 계획이라고 했으나, 아직 구체적인 실천방안은 불분명한 상황입니다. 특히 우리나라의 경우 흡연으로 인해 발생하는 사회경제적 비용이 연간 8조 9,205억원에 달합니다. 이처럼 국민건강을 심각히 저해하고 사회경제적 손실을 초래하는 흡연문제를 해결하기 위해, 보다 획기적인 조치가 필요합니다.
　이에 대한의사협회는 정부가 니코틴에 중독된 흡연 환자를 위해 직접 발벗고 나서줄 것을 강력히 촉구하면서 다음과 같이 건의하는 바입니다.
　첫째, 국민들이 흡연의 심각성과 폐해를 알 수 있도록 보다 효율적인 대국민 홍보활동을 지속적으로 펼쳐주기 바랍니다.
　둘째, 공공장소뿐 아니라 사람이 모이는 모든 장소와 건물에 금연구역을 지정하는 등 금연운동에 적극적으로 앞장서주기 바랍니다.
　셋째, 날로 증가하는 청소년 및 여성 흡연인구 억제를 위해 교과과정에 흡연에 대한 경각심을 불어넣는 교육프로그램을 포함시키는 등 계몽 및 홍보에 적극 나서주기 바랍니다.
　넷째, 흡연으로 인한 질병과 사망 등에 대한 현황을 정확하게 파악할 수 있도록 국가 차원의 대규모 역학 조사를 진행해 주기 바랍니다.
　대한의사협회는 흡연자들의 금연 성공을 위해 최선을 다할 것이며, 대한민국의 흡연율을 낮추기 위해 정부 및 관련 단체와 긴밀히 협력해나갈 것입니다.

2008년 5월 26일
대한의사협회

[범문 3] 关于交通政策的一点建议
교통정책에 관한 한 가지 제언

　오늘의 현실에서 자동차는 이미 우리의 일상에서 뗄 수 없는 중요한 교통수단으로 되었습니다. 그런데, 자동차가 폭발적으로 늘어나는 만큼 교통사고도 증가의 일로를 달리고 있습니다. 지금 이 시각도 어딘가에서 어느 무고한 생명이 교통사고의 희생자로 되고 있을지도 모릅니다.
　조사에 의하면 교차로와 횡단보도에서의 사고가 전체 교통사고의 30%를 차지한다고 하는데, 많은 경우 운전자가 신호위반을 하거나 과속운전을 하여 일어나는 사고라고 합니다. 다른 사람의 목숨을 초개와 같이 여기는 용감무쌍한 운전자들이 차량수의 증가와 비례하는 것 같습니다.
　그래서 작은 생각입니다만, 횡단보도의 턱을 높이는 방안은 어떨까 하는 제안을 드려봅니다. 삼·사거리 혹은 그 이상의 신호등 주변에 보행자 턱을 높이는 방법 말입니다. 인도와 같은 높이로 해서 보도블록을 깔 수도 있고, 신소재를 펼 수도 있을 것입니다. 전국의 모든 일반국도 및 고속도로에 보면 위험한 곳에 감속을 위해 마련한 장치들을 쉽게 대할 수 있습니다. 톨게이트나 인터체인지에도 바닥에 홈을 파거나 도톰한 쇠붙이 등을 박아 감속을 유도하고 있는데, 실상 보행자를 위한 것으로는 이렇다하게 짚히는 것이 없습니다. 과문한 탓인지 모르겠지만, 외곽 마을 주변에 과속방지 턱을 만든 정도 외엔 찾아지는 게 없는 줄 압니다.

보행자 턱을 높여 그 위로 걷게 한다면 황색 점멸등에 굳이 과속으로 달려드는 차량이나, 보행자 선을 반 이상 가려 버리는 차량의 수는 적어지지 않겠는가 하는 아둔한 계산도 해 봅니다. 특히 어린이나, 노약자들이 많이 지나다니는 곳일수록 보행자의 높은 턱은 더 나은 효과를 보일 것입니다.

물류계통에서 일하시는 분들이나, 출발지연에 따른 에너지 손실 등을 걱정하시는 분들도 있을 줄 압니다. 하지만 심야에 과속에 의한 횡단보도 뺑소니 사고 등을 비롯한 숱한 사고로부터 사상자의 숫자를 줄이고 억울하게 죽거나 다친 사람들을 적게 할 수 있다면 과히 손실은 아니리라 여겨집니다. 전국 모든 교차로 및 횡단보도의 턱을 일시에 높이는 것이 어렵다면 일부 사고다발 지역과 학교 근처부터 시행하여 결과를 측정해 보고 넓혀 가는 것도 한 방법이겠지요.

새로운 천년에는 구호와 최소한의 강제규범으로서의 법으로부터 보호받지 못하는 생명을 위해, '빨리빨리' 병으로부터 '인간을 위한 문명의 혜택'으로 제자리를 찾아가는 사회를 위해 실효성 있는 조치들이 나오기를 기대합니다.

[范文 4] 建议书

건 의 문

한국어과 학과장님께

안녕하세요? 저는 한국어과 09 학번 2 반의 이강이라고 합니다. 오늘은 대학 생활중 겪게 된 불이익 한가지를 없애주십사고 이같이 건의문을 올립니다.

1년동안 대학생활을 해오면서 일부 교수님들이 학생들의 가치를 그 학생의 성적으로 판단하는 경우가 늘어나고 있다고 느끼게 되었습니다. 똑같은 상황에서 성적이 좋은 학생이 그렇지 않은 학생보다 유리한 대우를 받는 경우가 늘어나고 있다는 것입니다. 성적만으로 학생을 평가하는 것은 평등하지 않다고 생각합니다.

학과장님께서 그런 점을 개선해주셨으면 하고 이렇게 건의를 드리게 되었습니다. 교무회의 시간에 조금만이라도 교수님들께 말씀해 주신다면, 많은 교수님들이 학생의 가치와 인격 존중에 대해 새로운 시각을 갖게 될 것이라고 믿습니다.

성적으로만 돌아가는 학교 생활을 이제 그만할 수 있을 것이라는 희망을 품고 이 글을 마무리합니다.

건의문을 읽어주신 학과장님께 감사드리고, 진정으로 교수님들의 학생에 대한 대우가 바뀐다면 저희들은 더욱 즐거운 대학 생활을 할 수 있을 것입니다.

감사합니다.

2010년 7월 25일
09 학번 2 반 이강 올림

[范文5] 建议书

### 건 의 문

안녕하세요, 선생님!

저희는 한국어과 촬영 동아리 'Green alga'입니다. 존경하는 선생님의 도움을 얻고자 저희들의 뜻을 모아 건의문을 올리게 되었습니다.

저희들의 간절한 소망은 우리 학과 게시판 중의 한 면을 할애 받아 저희 동아리들의 작품사진을 게시할 수 있도록 선생님의 허락을 받는 것입니다.

저희들은 얼마전에 선생님께서 "앞으로 학생들의 끼와 재능을 충분히 발휘할 수 있도록 내가 적극 도와 주겠다."라는 훈화 말씀을 듣고 거듭 의논한 끝에 용기를 내어 이렇게 건의를 드리게 된 것입니다. 저희 동아리 중에는 공부도 열심히 하면서 또한 사진 찍는 끼와 재능이 풍부한 학생들이 많습니다.

선생님께서 한국어과 게시판의 한 면을 할애해 주시면 저희들은 학생들의 교육적 가치와 정서 순화에 크게 도움이 되는 아름다운 사진 작품들을 게시하여 학교 환경도 깨끗이 하고 우리 학과 이름도 높일 수 있도록 열과 성을 다할 것을 다짐 드립니다.

언제나 저희들이 착하고 지혜로운 청년으로 성장할 수 있도록 노심초사 하시는 선생님께 뜨거운 감사를 드리며 부디 저희들의 소망에 귀 기울여 주실 것을 간절히 바랍니다.

사진부 'Green alga' 일동

[范文6] 致市长的建议书

### 서울 시장께 보내는 건의문

이명박 서울 시장께서는 '서울'이란 이름에 중국 글자 이름을 새로 지어 붙이는 일을 그만두시기 바랍니다.

1. 나라 사이에서 오가는 우편물에는 반드시 받을 나라의 말과 글자로 주소를 써야 합니다. 우리나라에서 미국으로 보낼 때에는 영어로 쓰고, 미국에서 우리나라로 보낼 때는 한글로 쓰는 것이 옳습니다. 어느 나라나 마찬가지입니다.

2. 우리가 중국에 보내는 편지에는 중국 글자로 주소를 써야 하고, 중국에서 오는 편지에는 한글로 주소를 써야 합니다. 그런데 중국에서 중국 글자로 써서 보내기 때문에 서울대학교에 갈 편지가 한성대학교로 가는 것입니다. 한글로 쓴다면 이런 일은 일어나지 않습니다.

3. 서울을 중국에서 한성(漢城)이라 하는 것은 바로잡도록 해야 합니다. 독립 국가의 서울 이름을 마음대로 바꾸는 일은 있을 수 없습니다. 이 일은 정부와 서울시에서 할 일을 제대로 하지 않은 탓입니다. 진작 했어야 할 일이지만 이제라도 '서울'로 부르라고 해야 합니다.

4. '서울'을 중국 글자로 어떻게 만들어 쓰느냐 하는 것은 우리가 할 일이 아닙니다. 나라마다 그 나름대로 이름짓는 법이 있는데 중국에는 중국 나름대로 그렇게 이름을 지어 씁니다. 이 일은 중국에서 할 일이지 우리가 할 수 있는 일이 아닙니다.

5. 서울로 보내는 우편물의 주소에 중국에서 쓰는 '한성'(漢城)과 일본에서 쓰는 '경

성'(京城)을 한꺼번에 바로잡겠다는 생각에서 국제적으로 두루 쓸 수 있는 중국글자로 이름을 짓겠다고 하지만 주소는 한글로 써야 하고 한글로 쓰면 이런 걱정은 할 것이 없습니다.

6. 중국과 일본은 여러 가지로 우리와 이어져 있습니다. 물건을 팔고 사고 구경꾼들이 오고 가고 하는데 친절을 베푼다는 뜻도 있겠으나 친절도 지나치면 아부가 됩니다. 또, 지금 이 일을 바로잡지 않으면 앞으로 세 나라가 손잡고 일하는 데뿐만 아니라 우리 문화를 펴나가는 데도 두고두고 큰 걸림돌이 됩니다. 우리의 '번체자'와 중국의 '간체자', 일본의 '약자'를 함께 쓰는 일을 생각해 보십시오.

7. 중국에서 서울을 중국 글자로 지어 부르는 것과 우리나라에서 중국 글자로 짓는 것은 아주 다릅니다. 중국에서 제 나름대로 지어서 쓰는 것은 우리에게 아무런 힘도 미치지 않지만, 우리가 지어 쓴다면 '서울'이 중국 글자 이름으로 바뀌고 맙니다. 그렇게 되는 것은 불을 보듯 뻔합니다. '서울'이 죽어버린다는 것을 알아야 합니다.

8. 서울시장께서는 '서울'을 중국 글자 이름으로 짓는 일을 거두어들이십시오. 그리고 정부와 힘을 모아 중국에 말하십시오. '우리나라로 보내는 우편물 주소는 반드시 한글로 써야 한다'고. 이렇게 하는 것이 주권 국가로서 마땅히 해야 할 일입니다.

2004년 3월 16일
이대로

[ 首尔市长回信 ]

이대로님, 안녕하세요?

이대로님의 건승과 평안을 기원하며, 서울의 중국어표기 개선에 관한 의견을 주신데 대하여 감사드립니다.

우리 시의 서울의 중국어표기(漢城)의 개선 추진은 서울의 한자표기를 새로이 정하자는 것이 아니라, 중국어문화권내에서 서울을 한성으로 표기함에 따라 발생하는 여러 가지 혼란을 방지하고, 우리 고유의 수도 이름이면서, 국제적으로도 호칭되고 있는 '서울' 이름 그대로 부를 수 있게 하기 위해서 입니다.

이러한 우리 시의 입장을 양지해주시고 앞으로도 서울의 중국어 표기 개선이 원활하게 진행될 수 있도록 이대로님의 많은 이해와 협조 부탁드립니다.

감사합니다.

2004. 3. 23
서울특별시장 이명박 드림

[ 范文 7 ] 关于改善食堂管理的建议

학교 식당 개선에 관한 건의문

전교 학생들의 의견을 모아 학교 식당 개선에 관한 건의를 드립니다.

1. 따뜻한 반찬

지금은 반찬을 미리 식판에 담아 두는데 식어서 맛이 반감됩니다. 먹을 때 바로 담아서 먹으면 좋을 것입니다.
  2. 배식
  배식도 자율 배식으로 하여 특별한 반찬을 제외하고는 본인이 직접 자기의 식사량과 식성에 맞게 담도록 하였으면 좋을 것 같습니다. 그러함으로 잔반도 줄이고 식사량에 대한 불만도 줄어들 것이며, 나아가 학생들의 자율성과 책임감도 키워질 것입니다.
  3. 국그릇
  현재는 국그릇이 없어 식사 말미에 식판을 긁는 소리가 많이 납니다. 심한 경우에는 식판째로 들고 마시는 학생도 있습니다. 국그릇을 사용하면 잔국물도 줄일 수 있고 품위 있는 식사가 될 것 같습니다.
  4. 따끈한 밥
  밥을 미리 퍼두어 식은 밥이 되기 십상입니다. 가급적이면 학생들이 식사하기 직전에 밥을 푸면 따뜻한 밥을 먹을 수 있을 것 같습니다.
  5. 식당 3층 학생 사용
  학생식당과 교사식당을 분리하므로 인하여 학생들로부터 필요 없는 오해와 불신을 불러 올 수도 있습니다. 식당 3층 남쪽 구역을 학생들도 이용할 수 있도록 하면 사제지간에 같이 식사를 하면서 대화를 나눌 수 있어서 좋을 것 같습니다.
  6. 스팀 분출구 우회
  식당 2층에서 바깥 1층으로 내려가는 계단 중간에 스팀 분출구가 있는데 밥물이 섞여 나오는 경우가 있습니다. 분출구를 우회하면 학생들이 역한 냄새와 옷을 버리는 염려가 없을 것 같습니다.
  7. 식사 후 나가는 통로 확보
  계단을 내려오면 갑자기 길이 좁아지고 화단이 앞을 막습니다. 현재의 구조로는 학생들이 화단으로 지나도록 되어있어 개선이 요구됩니다.
  이상과 같이 건의하오니 개선될 수 있도록 노력하여 주시면 감사하겠습니다.
                                                              2009. 7. 16
                                                              학생회 생활부

### 9.3.4. 学生作文点评

[学生作文1] 关于医务室改善业务的建议

의무실 업무 개선에 대한 건의

의무실 담당 선생님:

안녕하십니까, 저는 한국어학과 학생 왕위봉이라고 합니다.
다름이 아니라 우리 대학 의무실의 사무 내용 및 질 개선과 관련하여 동창들의 견회를 전달하고자 합니다.
대학의 의무실은 학생 화고 선생님들의 건강관리와 질병의 방자 및 건강증진을 위해 존재한다고

第九章 表达主张类文章

생각합니다. 그런데 우리 대학 의무실은 학생들이 갖고 있는 건강상의 고민과 꽤 멀리 있는 것 같습니다.

의무실은 대학 기숙사에서 살고 있는 학생들에게 얼마나 중요한 존재인지 모릅니다. 교통이 불편해 시내 병원에 쉽게 나갈 수 없으니까요. 그런데 우리과 현재 대학 의무실의 형편에 좀 실망합니다. 의무실 선생님들이 능력도 경험도 부족하며, 또 설비나 약품이 부족해 일단 학생이 아픈다는 말을 들으면 그냥 시내 병원에 가 달라고 합니다. 원래 캠퍼스부터 시내까지 거리가 꽤 멉니다. 게다가 교통이 불편합니다. 보잘것는 병의 의료판 먼 길을 걸어서 오히려 병세가 더 심할 가능도 많습니다. 만 여명의 학생들이 공부하는 대학의 의무실에서 포도당 점적 주사조차 놓을 수 없는 것이 도저히 이해할 수 없습니다. 병으로 고통스러운 학생들이 버스로 2,3시간 먼길을 달려야 주사를 받는 것이 좀 슬프게 보입니다.

그래서 저희들은 다음과 같이 건의합니다.

우선, 의무실은 급성병의 응급처치에 필요한 의료 시설과 설비를 보충하고 흔히 볼 수 있는 환자의 치료에 필요한 약품들을 마련해야 합니다. 다음, 능력 있고 경험이 있는 의사를 선발하여 좀 경한 환자의 경우 적당한 처치와 치방이 가능하도록 해야 합니다. 세번째, 좀 중한 환자의 경우 시내 병원에 진료 의뢰가 가능하게 지원해야 합니다.

이상은 저희들의 의무실에 관한 건의입니다. 이렇게 하지 않으면 학생들 건강을 지킬 수 없게 마련입니다. 참고해 주시기 바랍니다.

감사합니다.

한국어학과 4학년 학생 왕위봉 드림

(王伟锋)

### 作文点评

这是一篇给学校医务室负责人写的建议书。开头先交代大学生活中医务室的重要意义，紧接着说明目前学生利用学校医务室实际存在的问题，最后提出为保护好学生健康的三点建议。提出的建议具体、合理、切实可行，是一篇较好的建议书。语言使用方面，如果把最后三点建议中的"－야 합니다"改为"－으면 좋겠습니다"更好一些。

[学生作文2] 关于图书馆周末开馆的建议

도서관 주말 개관에 대한 건의

도서관 관장님께,

안녕하세요. 저는 외국어학원 한국어학과 4학년 학생 왕욱기라고 합니다. 일단, 관장님께서 바쁘실텐데도 꽤의 편지를 읽어주셔서 감사합니다.

이렇게 편지를 드리는 것은, 다름이 아니라 도서관 주말 개관에 대한 학생들의 의견을 전달하기 위해서입니다.

> 아시다시피, 우리 캠퍼스의 새 도서관은 옛 도서관보다 아주 좋습니다. 환경도 좋고 설비도 아주 선진화고 책 수량도 많습니다. 하지만 도서관이 월요일부터 금요일까지만 열기 때문에 학생들은 제대로 잘 이용하지 못해서 정말 아쉽다고 생각합니다. 이런 좋은 도서관은 주말에도 개관하여 학생들에게 학습할 만한 기회를 제공했으면 좋겠습니다. 사실 평소에 학생들은 수업이 많은데다가 학생회 활동, 동아리 활동이란 것도 많습니다. 그렇기 때문에 평소에는 도서관에 가서 책 읽고 공부하는 시간이 별로 없습니다. 그래서 가능하다면 주말에도 도서관의 개관하기를 바랍니다.
> 
> 도서관에 갈 때 항상 책을 정리하느라고 고생하는 도서관 직원들을 봤습니다. 그들의 덕분에 우리가 편하게 도서관을 이용할 수 있는 것을 잘 압니다. 항상 감사하는 마음을 갖고 있습니다. 주말에 개관한다면 직원들도 일해야 하는 점에서 도서관측에서 어려움이 있겠죠. 그런데, 제가 보기에는 주말에 개관한다면 도서관 직원 말고 학생들을 고용하는 것도 좋을 것 같습니다. 그렇게 하면 도서관 직원들에게 부담이 되지 않고 학생들에게 알바 하는 기회도 제공할 수 있습니다. 그리고 전교 학생들은 주말이라도 도서관에 가서 자기가 원하는 책을 읽고 원하는 공부를 할 수 있지 않겠습니까. 도서관의 가치도 잘 드러냅니다.
> 
> 학생들이 더 편하게 도서관을 이용하기 위하여 저희들의 의견을 잘 고려했으면 좋겠습니다.
> 
> 감사합니다.
> 
> 한국어학과 4학년 학생 왕욱기 드림
> 
> （王昱祺）

## 作文点评

本文用书信形式向校图书馆领导提出周末开放图书馆的建议。先说明周末关闭图书馆所带来的不便和弊端，然后提出为方便学生周末开放图书馆的要求，并提出针对图书馆管理人员不足的状况，周末可以录用勤工助学生来帮助管理员整理图书和管理秩序的方案。不足的是因采用书信的方式，所以文章的结构不够紧凑，有些部分可以省略。

1. 건의문이란 어떤 글입니까? 건의문은 몇 개 부분으로 구성됩니까?

2. 건의문쓰기의 요구사항에 대하여 설명해 보시오.

3. 건의문 [학생작문 1]과 [학생작문 2]를 고쳐 써 보시오.

4. 대학생활과 관련된 건의문을 한 편 써 보시오. (600자 내외)

# 附　录

<附录1> 口语与书面语

| | 口语 | 书面语 |
|---|---|---|
| 语法方面 | * 常常省略助词。<br>* 使用"(이)랑, 하고, -아/어요, -더라, -더라고요, -대요"以及"-으니까, -ㄴ데"等。<br>* "이, 그, 저"中的"저"只在口语里使用。<br>* 根据听者使用不同的敬语。 | * 不能省略助词。<br>* 不能使用只用于口语中的助词和词尾。("와/과"是书面语。)"-(으)므로, -기 때문에, -(으)며"等只用于书面语。<br>* 不使用指示代词"저"。<br>* 使用"-ㄴ/는다"等，一般不使用抬高听者敬语。 |
| 词语 | * 常常用"여러분"等称呼语。<br>* 常常用"아-, 저-, 음-"等表示感叹或犹豫的话语标记。<br>* 如"그건, 뭘"可缩略语句。<br>* 多用程度副词"너무"。<br>* 可以使用重复表达方法。<br>* 少用汉字词。 | * 通常不用称呼语。<br>* 不使用表示感叹或犹豫等的话语标记。<br>* 不能缩略语句。如："그것은, 무엇을"。<br>* 比起"너무"多用程度副词"아주, 매우"。<br>* 避开重复表达。<br>* 多用汉字词。 |
| 句子 | * 所有的句子成分可以省略。<br>* 可按思维的顺序排列语句。 | * 不能随意省略句子成分，但主语是写文章的人时可以省略。<br>* 句子成分排序要符合基本语序。 |

## <附录 2> 接续副词与接续词尾

| | 병렬 | 선택 | 대조 | 지속 | 까닭 | 조건 | 시간 | 양보 | 목적 | 결과 | 전환 |
|---|---|---|---|---|---|---|---|---|---|---|---|
| 부사 | 그리고 | 또는 | 그러나, 그렇지만 | 그래서, 그리하여 | 그러니까, 그러므로, 그래서, 그러느라고, 그러기에, 그러길래 | 그러면, 그러거든, 그래야 | 전에, 뒤에, 앞에, 다음에, 때에, 적에, 동안에 | 그래도, 그렇더라도, 그럴지언정, 그럴망정 | 그러려고, 그러고자 | 그러하도록, 그렇게 | 그러다가, 그런데 |
| 어미 | 고, 며, 면서 | 거나, 든지 | 나, 지만 | 어서 | 니까, 니, 므로, 느라고, 거든, 으매, 니지라, ㄴ즉, 때문에, 까닭에 | 면, 는다면, 라면, 던들, 거든, 아야 | 자, 자마자, 고서, 더니, 기까지 | 어도, ㄹ지라도, ㄹ망정, ㄹ지언정, ㄴ들, 기로서니 았/었자 | 러, 려고, 고자 | 도록, 게, 게끔 | 다가, 나, 지만 |

## <附录 3> 季节与象征

| 季节 | 象 征 |
|---|---|
| 春 | 새 생명의 계절, 약동의 계절, 움틈의 계절, 환희의 계절, 꽃의 계절, 신록의 계절, 여자의 계절, 싱그러운 봄, 따스한 봄, 새싹이 움트는 계절, 아지랑이, 새희망, 꽃놀이, 개나리, 진달래, 나비 등 |
| 夏 | 녹음방초, 태양의 계절, 열정의 계절, 더위의 계절, 녹음의 계절, 휴가 시즌, 여름방학 시즌, 장미 시즌, 바캉스, 바다, 산, 매미, 잠자리 등 |
| 秋 | 풍요의 계절, 수확의 계절, 결실의 계절, 영금의 계절, 낙엽의 계절, 당풍의 계절, 천고마비의 계절, 추억의 계절, 사색의 계절, 가을추수, 황금들판, 독서의 계절, 남자의 계절, 서늘함 등 |
| 冬 | 흰 눈의 계절, 인고의 계절, 혹한의 계절, 얼음의 계절, 겨울방학, 연말 연시, 동면(겨울잠), 추움(한기), 한파, 동절기, 눈사람, 눈꽃 등 |

## <附录 4> 表示思考与情感的词汇

| | | | |
|---|---|---|---|
| 가슴앓이（名） | 胸痛 | 갈등（名） | 纠葛，纠纷；葛藤 |
| 감성（名） | 感性 | 감수성（名） | 敏感度 |
| 강박관념（名） | 强迫观念 | 객관성（名） | 客观性 |
| 걱정거리（名） | 担心事，熬头 | 경각심（名） | 警觉心，警惕心 |
| 고뇌（名） | 苦恼，烦恼 | 고정관념（名） | 固定观念 |
| 공감（名） | 同感，共鸣 | 공포（名） | 恐怖，恐慌，恐惧 |
| 궁금증（名） | 疑心，悬念 | 권태（名） | 倦怠，厌倦 |
| 그리움（名） | 怀念，思念 | 긍지（名） | 骄傲，荣誉感 |
| 꾀（名） | 心计，智谋，圈套 | 꿍꿍이（名） | 心计，鬼心眼儿 |
| 낭만（名） | 浪漫 | 넋（名） | 魂，神儿 |
| 노심초사（名） | 操心，劳心，焦虑 | 노여움（名） | 愤怒，怒气，火气 |
| 느낌（名） | 感觉，感受，情感 | 독선（名） | 独善其身，自以为是 |
| 다짐（名） | 决心；保证 | 독단（名） | 独断，武断，包办 |
| 면목（名） | 面子，体面，脸面 | 무심결（名） | 无意间 |
| 무의식（名） | 无意识，无心之间 | 무표정（名） | 毫无表情，呆 |
| 미련（名） | 留恋，迷恋，贪恋 | 미움（名） | 憎恶，嫌恶，嫌 |
| 믿음（名） | 信任，信念 | 반가움（名） | 高兴，喜悦 |
| 반색（名） | 高兴，欢喜 | 배신（名） | 背信弃义，背叛 |
| 변심（名） | 变心 | 복수심（名） | 复仇心 |
| 부끄러움（名） | 羞耻，辱没，腼腆 | 부아（名） | 肝火，火头，可气 |
| 분（名） | 愤怒，气愤，火气 | 분노（名） | 愤怒，气愤，恼气 |
| 분별력（名） | 分辨力 | 불만（名） | 不满，意见 |
| 불안（名） | 不安，紧张 | 불평（名） | 不平，怨言，埋怨 |
| 불행（名） | 不幸，不测 | 비애（名） | 悲哀 |
| 비판력（名） | 批判力 | 비합리（名） | 不合理 |
| 사고력（名） | 心劲儿，思考能力 | 상상력（名） | 想象力 |
| 샘（名） | 嫉妒，妒忌，猜忌 | 서글픔（名） | 悲伤，凄凉 |
| 서러움（名） | 伤感 | 설움（名） | 委屈，悲伤 |
| 세계관（名） | 世界观 | 소감（名） | 感想 |
| 심술（名） | 心术，坏心眼儿 | 심정（名） | 心情，意思，心思 |
| 심통（名） | 坏心眼儿 | 아쉬움（名） | 遗憾，恋恋不舍之情 |
| 안타까움（名） | 惋惜 | 악감정（名） | 恶意 |
| 애정（名） | 爱情，感情，情意 | 애증（名） | 爱憎 |
| 양심（名） | 良心，人心 | 얼（名） | 魂 |
| 얼떨결（名） | 也不怎么，随口 | 역정（名） | 脾气，腻烦 |
| 연상（名） | 联想 | 열광（名） | 狂热，热烈 |
| 열등감（名） | 自卑感 | 열정（名） | 热情，激情，热忱 |

| | | | |
|---|---|---|---|
| 염치(명) | 廉耻 | 오기(명) | 傲气，骄气，好胜 |
| 욕구(명) | 欲求，欲望，需要 | 욕심(명) | 贪欲，欲望，贪心 |
| 우울증(명) | 忧郁症，抑郁症 | 울화(명) | 心火，窝囊气 |
| 원망(명) | 怨恨，抱怨 | 유추(명) | 类比，类推 |
| 의구심(명) | 疑惧 | 의문(명) | 疑问，问号 |
| 의심(명) | 怀疑，嫌疑，疑心 | 의욕(명) | 兴趣，热情，劲头 |
| 이성(명) | 理性，理智 | 일체감(명) | 一体感 |
| 일편단심(명) | 一寸丹心，赤胆忠心 | 자격지심(명) | 自愧之心，内疚 |
| 자긍심(명) | 自豪感，骄傲 | 자만심(명) | 自满心 |
| 자부심(명) | 自负心 | 자신감(명) | 自信感 |
| 자존심(명) | 自尊心，一口气儿 | 재미(명) | 乐趣，意思，味道 |
| 절망(명) | 绝望，心死，寒灰 | 절망감(명) | 绝望感 |
| 정(명) | 情，情意，心情 | 정감(명) | 情感，感 |
| 정서(명) | 情绪，情操，情调 | 정신력(명) | 精神力 |
| 정의감(명) | 正义感，血性，心肝 | 조바심(명) | 急躁，焦灼 |
| 죄책감(명) | 负罪感 | 주관성(명) | 主观性 |
| 즐거움(명) | 乐趣，乐事儿 | 증오(명) | 憎恶，仇恨，怨恨 |
| 지능지수(명) | 智商 | 지혜(명) | 智慧 |
| 진심(명) | 真心，真情，诚心 | 질겁(명) | 惊恐，吃惊 |
| 질투심(명) | 妒嫉心，妒意 | 짐작(명) | 猜想，意料，估计 |
| 집중력(명) | 集中力 | 짜증(명) | 肝火，肝气 |
| 짝사랑(명) | 单相思，单恋，单思 | 창의력(명) | 创造精神 |
| 책임감(명) | 责任感 | 체념(명) | 断念，死心，看破 |
| 추리(명) | 推理 | 추억(명) | 回忆，追想，追忆 |
| 추측(명) | 推测，推想，猜测 | 쾌감(명) | 快感，美感 |
| 판단력(명) | 判断力 | 편견(명) | 偏见，偏心，成见 |
| 한(명) | 怨恨，遗憾 | 합리적(명) | 合理(的) |
| 허영심(명) | 虚荣心 | 혐오감(명) | 嫌恶，厌恶，恶心 |
| 호기심(명) | 好奇心 | 화(명) | 火头，怒气，肝火 |
| 환상(명) | 幻想，空幻 | 후회막급(명) | 追悔莫及 |
| 흥(명) | 兴头，劲头儿 | 흥미(명) | 兴味，兴趣，意思 |
| 희로애락(명) | 喜怒哀乐 | 희망(명) | 希望，盼望，指望 |
| 가다듬다(동) | 贯注，振作，集中 | 각성하다(동) | 觉悟，觉醒，省悟 |
| 각오하다(동) | 决心，做思想准备 | 간주하다(동) | 看做，当做 |
| 갈망하다(동) | 渴望，渴求，渴盼 | 감격하다(동) | 感激，激动，兴奋 |
| 감동하다(동) | 感动，激动 | 감사하다(동) | 感谢，感激 |
| 감질나다(동) | 让人着急，令人焦急 | 걱정하다(동) | 担心，操心，担忧 |

| | | | |
|---|---|---|---|
| 겁나다 ( 동 ) | 害怕，心怯 | 결심하다 ( 동 ) | 决心，决议 |
| 결정하다 ( 동 ) | 决定，打主意 | 경계하다 ( 동 ) | 警惕，警戒，提防 |
| 고민하다 ( 동 ) | 苦恼，发愁，烦闷 | 공경하다 ( 동 ) | 恭敬，敬仰，敬重 |
| 괴로워하다 ( 동 ) | 难过，折腾，麻烦 | 구별하다 ( 동 ) | 分辨，划分，分别 |
| 구상하다 ( 동 ) | 构思，立意，设想 | 궁리하다 ( 동 ) | 琢磨，思索，研究 |
| 그리워하다 ( 동 ) | 怀念，想念，向往 | 근심하다 ( 동 ) | 担忧，忧心，发愁 |
| 기대하다 ( 동 ) | 期望，期待，指望 | 긴장하다 ( 동 ) | 紧张 |
| 까먹다 ( 동 ) | 忘掉 | 깨닫다 ( 동 ) | 领悟，领会，觉察 |
| 꺼리다 ( 동 ) | 忌讳，顾忌，忌惮 | 납득하다 ( 동 ) | 想通，领会，理解 |
| 내키다 ( 동 ) | 漫然，愿意，乐意 | 넌더리나다 ( 동 ) | 厌烦，厌腻 |
| 노여워하다 ( 동 ) | 生气，恼怒，气脑 | 노하다 ( 동 ) | 发怒 |
| 뉘우치다 ( 동 ) | 懊悔，悔悟，回头 | 느끼다 ( 동 ) | 感觉，觉察，理会 |
| 다짐하다 ( 동 ) | 决心；保证 | 단념하다 ( 동 ) | 死心，想开，断念 |
| 단정하다 ( 동 ) | 断定，判定，肯定 | 동정하다 ( 동 ) | 同情，可怜，怜悯 |
| 동하다 ( 동 ) | 动心，起意 | 두근거리다 ( 동 ) | 跳动，怦怦跳，悸动 |
| 두근대다 ( 동 ) | 心跳，忐忑 | 두려워하다 ( 동 ) | 畏惧，惧怕 |
| 떨리다 ( 동 ) | 战抖，紧张，心动 | 마음 졸이다 ( 동 ) | 焦心，费心 |
| 망각하다 ( 동 ) | 忘却，忘记 | 맹세하다 ( 동 ) | 起誓，发誓，誓约 |
| 몰두하다 ( 동 ) | 埋头，专心，热中 | 무서워하다 ( 동 ) | 害怕，畏怯，畏缩 |
| 무시하다 ( 동 ) | 无视，不理不睬 | 묵념하다 ( 동 ) | 默念，默祷 |
| 미워하다 ( 동 ) | 讨厌，嫌恶，憎恶 | 믿다 ( 동 ) | 信，相信 |
| 바라다 ( 동 ) | 盼望，希望 | 반기다 ( 동 ) | 高兴地迎接（欢迎） |
| 반성하다 ( 동 ) | 反省，反思，检讨 | 반하다 ( 동 ) | 看上，迷 |
| 벼르다 ( 동 ) | 打算，准备；处心积虑 | 분간하다 ( 동 ) | 辨别，辨认，看出 |
| 분노하다 ( 동 ) | 愤怒，气愤，闹气 | 분별하다 ( 동 ) | 分辨，辨别，辨认 |
| 분석하다 ( 동 ) | 分析 | 비관하다 ( 동 ) | 悲观 |
| 비웃다 ( 동 ) | 嘲笑，讥讽，讥笑 | 비판하다 ( 동 ) | 批判，批评 |
| 비평하다 ( 동 ) | 批评，评析，评论 | 빌다 ( 동 ) | 祝，祈祷；乞，乞讨 |
| 삐치다 ( 동 ) | 发火，发脾气 | 사고하다 ( 동 ) | 思考 |
| 사리 분별하다 ( 동 ) | 分辨事理 | 사리 판단하다 ( 동 ) | 判断事理 |
| 사모하다 ( 동 ) | 思念，爱慕，仰慕 | 사무치다 ( 동 ) | 铭刻，渗透，牢记 |
| 사색하다 ( 동 ) | 思索，思考 | 상상하다 ( 동 ) | 想象，设想 |
| 샘내다 ( 동 ) | 嫉妒，眼红，嫉恨 | 설레다 ( 동 ) | 激动，心情振奋 |
| 성나다 ( 동 ) | 生气，发怒 | 소름끼치다 ( 동 ) | 毛骨悚然，起鸡皮疙瘩 |
| 속다 ( 동 ) | 上当，挨骗 | 속상하다 ( 동 ) | 可气，糟心 |
| 슬퍼하다 ( 동 ) | 悲痛，悲伤，伤心 | 습득하다 ( 동 ) | 学会，学到 |
| 시기하다 ( 동 ) | 猜忌，嫉妒 | 신경쓰다 ( 동 ) | 往心里去，讲究 |

| | | | |
|---|---|---|---|
| 신나다 ( 동 ) | 开心，兴高采烈 | 실감나다 ( 동 ) | 有声有色 |
| 실망하다 ( 동 ) | 失望，心灰意懒 | 싫어하다 ( 동 ) | 讨厌，不乐于，嫌弃 |
| 싫증나다 ( 동 ) | 生厌，烟卷，絮烦 | 아끼다 ( 동 ) | 节省，爱惜，珍惜 |
| 심사숙고하다 ( 동 ) | 深思熟虑 | 안타깝다 ( 동 ) | 焦急，着急，惋惜 |
| 암기하다 ( 동 ) | 背，熟记，默记 | 애지중지하다 ( 동 ) | 疼爱，珍爱，心爱 |
| 애타다 ( 동 ) | 心急，煎熬，焦急 | 약오르다 ( 동 ) | 上火，冒火 |
| 어림짐작하다 ( 동 ) | 推测，猜测 | 억제하다 ( 동 ) | 克制，抑制，压住 |
| 업신여기다 ( 동 ) | 欺侮，侮慢，轻侮 | 여기다 ( 동 ) | 以为，当作，感到 |
| 연상하다 ( 동 ) | 联想，闻声相思 | 열받다 ( 동 ) | 气得发昏，够刺激 |
| 염려하다 ( 동 ) | 惦念，惦挂，牵挂 | 예견하다 ( 동 ) | 预见，先见 |
| 예측하다 ( 동 ) | 预测，预料，意料 | 오판하다 ( 동 ) | 误判，错判，判断失误 |
| 오해하다 ( 동 ) | 误解，曲解 | 외우다 ( 동 ) | 背，背诵 |
| 오열하다 ( 동 ) | 哽咽，鸣咽 | 용서하다 ( 동 ) | 饶恕，原谅 |
| 우러르다 ( 동 ) | 敬仰，仰慕，景仰 | 원망하다 ( 동 ) | 怨恨，埋怨，抱怨 |
| 원하다 ( 동 ) | 希望 | 유추하다 ( 동 ) | 类推，类比 |
| 의심하다 ( 동 ) | 怀疑，猜疑 | 이해하다 ( 동 ) | 理解，体会 |
| 인식하다 ( 동 ) | 认识 | 인지하다 ( 동 ) | 认知，认识 |
| 작정하다 ( 동 ) | 准备，决定，发狠 | 정들다 ( 동 ) | 产生感情，发生爱情 |
| 정떨어지다 ( 동 ) | 讨厌，厌烦，嫌恶 | 정하다 ( 동 ) | 决定，决心，打定 |
| 존경하다 ( 동 ) | 尊敬，敬重 | 좋아하다 ( 동 ) | 喜欢，喜好，喜爱 |
| 즐기다 ( 동 ) | 喜爱，享受，作乐 | 증오하다 ( 동 ) | 憎恨，憎恶 |
| 지각하다 ( 동 ) | 知觉，懂事 | 진땀나다 ( 동 ) | 出黏汗，出躁汗 |
| 진절머리나다 ( 동 ) | 发腻，讨厌，厌倦 | 진정하다 ( 동 ) | 镇静，镇定，稳住 |
| 질리다 ( 동 ) | 腻烦 | 질투하다 ( 동 ) | 妒嫉，吃醋，眼红 |
| 짐작하다 ( 동 ) | 猜想，斟酌，估摸 | 집중하다 ( 동 ) | 集中，专注，关注 |
| 짜증나다 ( 동 ) | 心烦，烦心，糟心 | 착각하다 ( 동 ) | 错认，错觉 |
| 참회하다 ( 동 ) | 忏悔，悔悟，悔罪 | 철들다 ( 동 ) | 懂事，省事 |
| 추론하다 ( 동 ) | 推论，推想，推测 | 추리하다 ( 동 ) | 推理，推论 |
| 추측하다 ( 동 ) | 推测，猜测，揣想 | 탐나다 ( 동 ) | 让人眼红 |
| 탐내다 ( 동 ) | 贪求，贪图 | 판단하다 ( 동 ) | 判断，裁 |
| 판별하다 ( 동 ) | 辨别，识别 | 편애하다 ( 동 ) | 偏爱，偏宠，偏心 |
| 평가하다 ( 동 ) | 评价，评审 | 학수고대하다 ( 동 ) | 渴望，翘首以盼 |
| 헤아리다 ( 동 ) | 斟酌，忖度，推测 | 협심하다 ( 동 ) | 万众一心 |
| 혼동하다 ( 동 ) | 混淆，混同 | 화나다 ( 동 ) | 发火，发脾气，生气 |
| 화내다 ( 동 ) | 生气，发脾气，发火 | 환호하다 ( 동 ) | 欢呼 |
| 회상하다 ( 동 ) | 回想，回忆，回味 | 후회하다 ( 동 ) | 后悔，懊悔 |
| 흐느끼다 ( 동 ) | 鸣咽，哭泣，哽咽 | 흥분하다 ( 동 ) | 兴奋，激动，冲动 |

|  |  |  |  |
|---|---|---|---|
| 가련하다（형） | 可怜 | 가증스럽다（형） | 可憎，可恶，可恨 |
| 감동적이다（형） | 感人，动听，动人 | 갑갑하다（형） | 闷，闷沉沉，发紧 |
| 거북하다（형） | 尴尬，难为情 | 겸연쩍다（형） | 羞怯，难为情 |
| 경이롭다（형） | 惊异，诧异 | 고깝다（형） | 不高兴，不顺心 |
| 곤란하다（형） | 尴尬，为难，困难 | 골치아프다（형） | 头痛，犯愁 |
| 괘씸하다（형） | 可恶，可恨，下不去 | 괴롭다（형） | 痛苦，难过，不好受 |
| 궁금하다（형） | 惦念，惦记，想知道 | 귀찮다（형） | 讨厌，不耐烦，费事 |
| 그립다（형） | 思念，想念，思慕 | 꺼림칙하다（형） | 担心，歉疚 |
| 끔찍하다（형） | 可怕；惨不忍睹；真挚 | 난감하다（형） | 难堪，尴尬，难为情 |
| 난처하다（형） | 难堪，难为情，尴尬 | 낯설다（형） | 陌生，生疏，眼生 |
| 냉정하다（형） | 冷静，镇定 | 냉철하다（형） | 冷静，理性 |
| 노엽다（형） | 生气，气恼 | 놀랍다（형） | 惊人，出乎意料，吓人 |
| 답답하다（형） | 堵，憋气，闷，憋 | 담담하다（형） | 淡定，平静 |
| 당연하다（형） | 当然，自然，应当 | 당황하다（형） | 惊惶，心慌 |
| 대견스럽다（형） | 惬意，惬怀 | 두렵다（형） | 可怕，恐惧，可怖 |
| 둔하다（형） | 粗笨，笨拙，迟钝 | 뒤숭숭하다（형） | 心烦意乱，心乱 |
| 따분하다（형） | 无聊，闷倦，为难 | 딱하다（형） | 可怜；为难，难堪 |
| 뜨끔하다（형） | 火辣辣 | 막막하다（형） | 茫然，孤寂；迷茫 |
| 막연하다（형） | 茫然，渺茫，含糊 | 만만하다（형） | 好对付，可欺；容易 |
| 만족스럽다（형） | 满足，满意 | 몰상식하다（형） | 毫无常识 |
| 몰지각하다（형） | 无知觉 | 못마땅하다（형） | 不满意，不顺心 |
| 무디다（형） | 迟钝，木僵僵的，麻痹 | 무식하다（형） | 无知，没文化 |
| 무안하다（형） | 羞愧，磨不开 | 미덥다（형） | 可靠，可信 |
| 미련하다（형） | 愚蠢，糊涂，愚笨 | 밉다（형） | 讨厌，可恨，可增 |
| 민망하다（형） | 心里难受，过意不去 | 박식하다（형） | 博学多识 |
| 반갑다（형） | 高兴，喜悦，可喜 | 부끄럽다（형） | 愧心，内疚，羞耻 |
| 부럽다（형） | 羡慕 | 분하다（형） | 窝囊，窝心，可惜 |
| 불쌍하다（형） | 可怜 | 불안하다（형） | 不安，紧张， |
| 불쾌하다（형） | 不愉快 | 불행하다（형） | 不幸 |
| 비참하다（형） | 悲惨，凄惨 | 비통하다（형） | 悲痛，沉痛，哀痛 |
| 뿌듯하다（형） | 充满，洋溢，满足 | 사랑스럽다（형） | 可爱，有趣，喜欢 |
| 사려깊다（형） | 多思多虑 | 서글프다（형） | 凄凉，悲伤，惆怅 |
| 상쾌하다（형） | 爽快，舒畅 | 서럽다（형） | 冤枉，委屈，悲伤 |
| 서먹서먹하다（형） | 生疏，见外 | 서운하다（형） | 遗憾，舍不得，惆怅 |
| 섭섭하다（형） | 遗憾，不满，难过 | 성가시다（형） | 麻烦，不耐烦，烦人 |
| 송구스럽다（형） | 惭愧 | 수줍다（형） | 含羞 |
| 수치스럽다（형） | 可耻，辱没 | 슬기롭다（형） | 机智，聪慧 |

| | | | |
|---|---|---|---|
| 슬프다 ( 형 ) | 可悲，心酸，难过 | 시원섭섭하다 ( 형 ) | 爽快而恋恋不舍 |
| 시큰둥하다 ( 형 ) | 酸痛，酸溜溜 | 심란하다 ( 형 ) | 心乱 |
| 심심하다 ( 형 ) | 无聊，没意思 | 쑥스럽다 ( 형 ) | 不好意思，难为情 |
| 쓸쓸하다 ( 형 ) | 凄凉，寂寞，冷落 | 아니꼽다 ( 형 ) | 讨厌 |
| 아쉽다 ( 형 ) | 惋惜，舍不得，可惜 | 아찔하다 ( 형 ) | 眩晕 |
| 안타깝다 ( 형 ) | 焦急，惋惜，难受 | 애달프다 ( 형 ) | 悲痛，悲凉，悲愁 |
| 애석하다 ( 형 ) | 惋惜，心疼，可惜 | 애절하다 ( 형 ) | 悲切，凄怆悲伤 |
| 애처롭다 ( 형 ) | 凄惨 | 애통하다 ( 형 ) | 哀痛，悲痛，悲哀 |
| 어리둥절하다 ( 형 ) | 发呆，愣，糊涂 | 어색하다 ( 형 ) | 不自然，别扭 |
| 억울하다 ( 형 ) | 冤枉 | 언짢다 ( 형 ) | 不舒服 |
| 얼떨떨하다 ( 형 ) | 晕场，晕头晕脑，糊涂 | 오만하다 ( 형 ) | 傲慢，自傲 |
| 외롭다 ( 형 ) | 孤单，孤独 | 우울하다 ( 형 ) | 忧愁，忧郁 |
| 울적하다 ( 형 ) | 憋闷，忧郁 | 원통하다 ( 형 ) | 冤屈，冤气，冤枉 |
| 유식하다 ( 형 ) | 有学问 | 유쾌하다 ( 형 ) | 愉快，痛快，快乐 |
| 인상깊다 ( 형 ) | 印象很深 | 인상적이다 ( 형 ) | 印象深刻的 |
| 재미없다 ( 형 ) | 没意思，干燥 | 재미있다 ( 형 ) | 有意思，有趣 |
| 적적하다 ( 형 ) | 寂寞，孤孤单单 | 정겹다 ( 형 ) | 多情，深情 |
| 죄송하다 ( 형 ) | 抱歉，对不起，劳驾 | 즐겁다 ( 형 ) | 快乐，痛快，开心 |
| 지겹다 ( 형 ) | 厌腻，厌烦 | 지긋지긋하다 ( 형 ) | 腻烦，腻味，厌倦 |
| 지혜롭다 ( 형 ) | 聪明，聪慧 | 지루하다 ( 형 ) | 无聊，漫长，冗长 |
| 처량하다 ( 형 ) | 凄凉，凄楚，凄惨 | 창피하다 ( 형 ) | 不好意思，丢脸 |
| 초조하다 ( 형 ) | 急躁，焦急，烦躁 | 처절하다 ( 형 ) | 凄切，惨烈 |
| 측은하다 ( 형 ) | 可怜的 | 침울하다 ( 형 ) | 沉闷 |
| 편안하다 ( 형 ) | 舒服，舒坦，宽松 | 편하다 ( 형 ) | 舒坦，好过，舒服 |
| 평온하다 ( 형 ) | 平静，安然 | 해박하다 ( 형 ) | 渊博，广博 |
| 허무하다 ( 형 ) | 虚无，空虚 | 허전하다 ( 형 ) | 空虚，空荡荡，空落落 |
| 허탈하다 ( 형 ) | 空虚，虚脱 | 혐오스럽다 ( 형 ) | 讨厌，厌恶，嫌恶 |
| 홀가분하다 ( 형 ) | 轻松，清爽 | 화목하다 ( 형 ) | 和睦，和谐 |
| 황당하다 ( 형 ) | 荒唐，荒诞 | 후련하다 ( 형 ) | 畅快，爽快 |
| 흐뭇하다 ( 형 ) | 惬意，欣慰 | 흡족하다 ( 형 ) | 满足，满意，足够 |
| 흥겹다 ( 형 ) | 高兴，愉快 | 흥미롭다 ( 형 ) | 吸引人，有趣 |

## <附录 5> 表示性格和态度的词汇

| | | | |
|---|---|---|---|
| 개성 ( 명 ) | 个性 | 고집불통 ( 명 ) | 顽固，硬脖子 |
| 고집통이 ( 명 ) | 死脑筋，倔驴 | 교양 ( 명 ) | 教养，修养，涵养 |
| 근면성 ( 명 ) | 勤勉性 | 깍쟁이 ( 명 ) | 吝啬鬼，小气鬼 |

| | | | |
|---|---|---|---|
| 끈기(명) | 耐性，耐心，毅力 | 눈치(명) | 眼力见儿，感觉 |
| 노력형(명) | 努力型 | 덕망(명) | 德望 |
| 리더십(명) | 统率力，领导才能 | 매력(명) | 魅力，吸引力 |
| 마음씨(명) | 心性，心地，心肠 | 마음씀씀이(명) | 关怀，照料，照顾 |
| 마음가짐(명) | 情绪，人品 | 만용(명) | 蛮勇，无谋之勇 |
| 몸가짐(명) | 品行，操行，操守 | 면목(명) | 面子，体面 |
| 미덕(명) | 美德，芳德 | 배짱(명) | 胆量，担子，底气 |
| 버릇(명) | 习惯，癖好，教养 | 본성(명) | 本性，本质 |
| 붙임성(명) | 人缘儿，交际，交往 | 사교성(명) | 社交性 |
| 사회성(명) | 社会性 | 새침데기(명) | 装蒜，装正经的人 |
| 성격(명) | 性格，人性，气质 | 성깔(명) | 脾气，火气，秉性 |
| 성의(명) | 诚意，诚心，诚挚 | 성미(명) | 性情，气质，脾气 |
| 성품(명) | 性情，品格，性格 | 성질(명) | 性情，性子，脾气 |
| 소질(명) | 素质，天分，禀赋 | 솜씨(명) | 本事，手艺，能耐 |
| 슬기(명) | 智慧，智能，主意 | 습관(명) | 习惯，习性 |
| 심보(명) | 用心，居心，心眼儿 | 심술(명) | 心术，坏心眼儿 |
| 아량(명) | 雅量；眼皮 | 얌체(명) | 不要脸的人 |
| 예의범절(명) | 教养，礼仪 | 외유내강(명) | 外圆内方，外柔内刚 |
| 용기(명) | 勇气，胆子，胆力 | 융통성(명) | 灵活，圆滑 |
| 응용력(명) | 应用性，实践力 | 의지력(명) | 意志力 |
| 이해력(명) | 理解力 | 인간미(명) | 人情味儿，人性 |
| 인간성(명) | 人性，为人 | 인격(명) | 人格，人品 |
| 인내력(명) | 耐力 | 인내심(명) | 耐心，耐性 |
| 인사성(명) | 礼貌 | 인생관(명) | 人生观 |
| 인생길(명) | 人生旅途 | 인심(명) | 人性，人情，心地 |
| 인정(명) | 人情，情分，人心 | 인품(명) | 人品，人格，品质 |
| 일편단심(명) | 赤胆忠心，一片丹心 | 임기응변(명) | 随机应变，因机应变 |
| 자격지심(명) | 自愧之心，内疚 | 자긍심(명) | 自豪感，骄傲 |
| 자만심(명) | 自高自大，傲慢 | 자부심(명) | 自负心，自尊心 |
| 자세(명) | 姿态，腰杆子 | 자신감(명) | 自信感，信心 |
| 자존심(명) | 自尊心 | 적성(명) | 适应性 |
| 정성(명) | 诚心，真诚，精诚 | 정의감(명) | 正义感，血性，心肝 |
| 조심성(명) | 小心，谨慎，谦恭 | 재주(명) | 本事，才能，才情 |
| 재치(명) | 灵机，机巧，机智 | 지구력(명) | 耐力 |
| 지도력(명) | 领导力 | 진실성(명) | 真实性 |
| 집중력(명) | 集中力 | 참을성(명) | 耐性，耐心，长性 |
| 창의력(명) | 创造精神 | 책임감(명) | 责任感，肩膀 |

| | | | |
|---|---|---|---|
| 천성(명) | 天性，秉性 | 처신(명) | 操行 |
| 추진력(명) | 推进力，推动力 | 침착성(명) | 沉着，稳重，镇静 |
| 통찰력(명) | 洞察力 | 판단력(명) | 判断力，心眼儿 |
| 품성(명) | 品质，品性，人格 | 포용력(명) | 气量，器量，雅量 |
| 품위(명) | 品位，品格，风度 | 행동거지(명) | 一举一动，举措 |
| 행동력(명) | 实践能力 | 거스르다(동) | 逆，违抗，抗拒 |
| 거드름피우다(동) | 说大话，装腔作势 | 경멸하다(동) | 侮蔑，轻视，蔑视 |
| 경거망동하다(동) | 轻举妄动 | 공경하다(동) | 恭敬，敬仰，尊敬 |
| 고집부리다(동) | 犯牛劲儿，固执己见 | 기만하다(동) | 蒙蔽，蒙哄，诱骗 |
| 경시하다(동) | 忽视，鄙视 | 깔보다(동) | 轻视，藐视，瞧不起 |
| 까불다(동) | 淘气，调皮，戏谑 | 놀리다(동) | 作弄，戏弄，捉弄 |
| 꺼리다(동) | 顾忌，计较，避讳 | 대들다(동) | 顶，顶碰，反嘴 |
| 냉대하다(동) | 冷落，待理不理 | 덤벙거리다(동) | 慌忙，慌慌张张 |
| 날뛰다(동) | 猖獗，疯狂，嚣张 | 망설이다(동) | 犹豫，踌躇，徘徊 |
| 대접하다(동) | 接待，招待，应酬 | 모욕하다(동) | 侮辱，诬蔑，羞辱 |
| 들뜨다(동) | 轻浮，虚飘飘 | 반항하다(동) | 反抗，抗拒，违抗 |
| 멸시하다(동) | 轻蔑，轻视，鄙视 | 배반하다(동) | 背叛，辜负，违背 |
| 무시하다(동) | 无视，不顾，忽视 | 비난하다(동) | 指责，责难，谴责 |
| 배려하다(동) | 关怀，照顾，照料 | 속이다(동) | 哄骗，隐瞒，捉弄 |
| 배신하다(동) | 背信弃义 | 아부하다(동) | 谄媚，巴结，献殷勤 |
| 비방하다(동) | 诽谤 | 얕보다(동) | 小看，轻视，瞧不起 |
| 심술부리다(동) | 刁难，捉弄 | 안심하다(동) | 放心，宽心 |
| 앙탈부리다(동) | 耍赖，抵赖 | 억지부리다(동) | 不讲理，固执 |
| 어리석다(동) | 愚蠢，愚笨，糊涂 | 엉거주춤하다(동) | 踌躇，犹疑，犹豫 |
| 업신여기다(동) | 欺侮，轻侮，小瞧 | 우기다(동) | 硬说，固执，犯强 |
| 욕하다(동) | 责骂 | 자랑하다(동) | 骄傲，夸耀，自夸 |
| 우쭐대다(동) | 神气，骄傲，逞威风 | 접대하다(동) | 招待，接待，应酬 |
| 절약하다(동) | 节省，节俭 | 존중하다(동) | 尊重 |
| 존경하다(동) | 尊敬，敬重 | 쩔쩔매다(동) | 不知所措 |
| 주눅들다(동) | 畏缩，灰溜溜，胆怯 | 칭찬하다(동) | 赞许，夸奖 |
| 트집잡다(동) | 找茬儿，挑剔 | 티내다(동) | 装相儿 |
| 푸대접하다(동) | 冷待，亏待，薄待 | 학대하다(동) | 虐待，摧残，作践 |
| 편애하다(동) | 偏爱，偏袒，偏向 | 흉보다(동) | 说人坏话，造谣中伤 |
| 헐뜯다(동) | 中伤，挖苦，诽谤 | 희롱하다(동) | 戏弄，玩弄，挑逗 |
| 흠잡다(동) | 挑毛病，吹毛求疵 | 가혹하다(형) | 残酷 |
| 가식적이다(형) | 装假，做作，好修饰 | 간사하다(형) | 奸诈，奸佞 |
| 간곡하다(형) | 诚恳，殷切，恳切 | 거칠다(형) | 粗拙，鲁莽，粗鲁 |

| | | | |
|---|---|---|---|
| 거만하다 (형) | 骄傲，高傲 | 게으르다 (형) | 懒惰，懈怠 |
| 건방지다 (형) | 高傲 | 경솔하다 (형) | 轻薄，草率，冒失 |
| 겸손하다 (형) | 谦逊，卑谦，客气 | 고루하다 (형) | 孤陋 |
| 고루하다 (형) | 固陋，陈旧，古板 | 고집세다 (형) | 死顽固，硬脖子 |
| 고분고분하다 (형) | 老实，顺从，恭顺 | 곧다 (형) | 正直，直肠子 |
| 고집스럽다 (형) | 固执，顽固 | 공명정대하다 (형) | 光明磊落 |
| 공손하다 (형) | 谦恭，恭顺，恭敬 | 공평하다 (형) | 公平，不偏不袒 |
| 공정하다 (형) | 公正，不偏不倚 | 관대하다 (형) | 宽宏大量 |
| 과묵하다 (형) | 沉默寡言，少言寡语 | 괴팍하다 (형) | 怪癖 |
| 괘씸하다 (형) | 可恶，可恨 | 교활하다 (형) | 狡猾，狡黠，刁滑 |
| 교만하다 (형) | 骄傲 | 굳세다 (형) | 刚强，坚强 |
| 구차하다 (형) | 穷苦，寒酸 | 극성맞다 (형) | 强势，发威 |
| 굼뜨다 (형) | 慢吞吞，粗手笨脚 | 근면하다 (형) | 勤勉，勤劳，辛勤 |
| 극진하다 (형) | 真挚，真诚，至诚 | 긍정적이다 (형) | 肯定的，正面的 |
| 급하다 (형) | 急，急躁 | 기죽다 (형) | 垂头丧气 |
| 기세등등하다 (형) | 风风火火，气势磅礴 | 깍듯하다 (형) | 谦恭，毕恭毕敬 |
| 까다롭다 (형) | 挑剔，棘手 | 꼼꼼하다 (형) | 仔细，细致，周到 |
| 깐깐하다 (형) | 缜密，执拗 | 끈질기다 (형) | 顽强，固执，坚韧 |
| 꿋꿋하다 (형) | 坚定，坚强，坚实 | 나약하다 (형) | 懦弱，软弱，娇气 |
| 나쁘다 (형) | 不良，恶劣 | 나태하다 (형) | 懒惰 |
| 낙관적이다 (형) | 乐观，开朗 | 난폭하다 (형) | 粗暴，粗鲁 |
| 낙천적이다 (형) | 乐观 | 날렵하다 (형) | 飞快，敏捷 |
| 날카롭다 (형) | 敏锐，尖锐，尖利 | 남자답다 (형) | 男人气 |
| 내성적이다 (형) | 内向 | 냉담하다 (형) | 冷漠，冷淡 |
| 냉정하다 (형) | 冷淡，冷静，镇定 | 냉혹하다 (형) | 冷酷 |
| 너그럽다 (형) | 宽厚，厚道，宽容 | 넉살좋다 (형) | 脸皮厚 |
| 눈치빠르다 (형) | 有眼力见儿，机灵 | 눈치없다 (형) | 感觉迟钝，悟性慢，没眼力见儿 |
| 느긋하다 (형) | 不慌不忙 | 늠름하다 (형) | 堂堂正正，神采奕奕 |
| 능력있다 (형) | 有能力，有才干 | 다정하다 (형) | 亲切，热情 |
| 단호하다 (형) | 断然，坚决 | 담담하다 (형) | 淡漠，平静，恬静 |
| 담백하다 (형) | 坦白，坦率 | 당당하다 (형) | 堂堂正正，硬气 |
| 대담하다 (형) | 大胆，敢于，放手 | 대범하다 (형) | 洒脱，大大方方 |
| 덕망높다 (형) | 德高望重 | 도리있다 (형) | 头头是道，很有道理 |
| 도도하다 (형) | 傲慢，高傲 | 독하다 (형) | 狠毒，狠心 |
| 드세다 (형) | 强有力，倔强 | 따뜻하다 (형) | 温和，和蔼，热情 |
| 떳떳하다 (형) | 不含糊，体面 | 똑똑하다 (형) | 聪明，聪敏 |
| 똘똘하다 (형) | 机灵，聪敏 | 맹하다 (형) | 傻头傻脑，傻乎乎 |

| | | | |
|---|---|---|---|
| 멋쩍다 ( 형 ) | 搭讪，磨不开 | 멍청하다 ( 형 ) | 糊涂，呆，傻乎乎 |
| 명랑하다 ( 형 ) | 开朗，明朗，爽朗 | 명쾌하다 ( 형 ) | 明快，干脆 |
| 모나다 ( 형 ) | 带刺 | 모순되다 ( 형 ) | 矛盾 |
| 모질다 ( 형 ) | 严，狠，凶；顽强 | 못되다 ( 형 ) | 坏，恶，恶劣 |
| 못쓰다 ( 형 ) | 不行，不好 | 무던하다 ( 형 ) | 憨实，憨乎乎，厚道 |
| 무디다 ( 형 ) | 迟钝，麻痹 | 무뚝뚝하다 ( 형 ) | 木讷 |
| 무례하다 ( 형 ) | 无礼，非礼，不逊 | 무모하다 ( 형 ) | 盲目，鲁莽，愣乎乎 |
| 미련하다 ( 형 ) | 愚笨，糊涂 | 밉살맞다 ( 형 ) | 讨厌，可恨，可憎 |
| 바르다 ( 형 ) | 正直，公道 | 박하다 ( 형 ) | 薄情，刻薄，苛刻 |
| 발랄하다 ( 형 ) | 泼辣，活泼 | 밝다 ( 형 ) | 明朗，开朗；懂得 |
| 방정맞다 ( 형 ) | 轻浮，轻佻；倒霉 | 방정하다 ( 형 ) | 方正，端正 |
| 버릇없다 ( 형 ) | 无礼，皮，刁横 | 변덕스럽다 ( 형 ) | 飘忽不定，反复无常 |
| 변함없다 ( 형 ) | 始终如一 | 별나다 ( 형 ) | 特别，不同寻常 |
| 부당하다 ( 형 ) | 不当，无畏，不合 | 부드럽다 ( 형 ) | 和蔼，温和，文静 |
| 부정적이다 ( 형 ) | 消极，否定的 | 부지런하다 ( 형 ) | 辛勤，勤快，勤劳 |
| 불공평하다 ( 형 ) | 不公正，不公道 | 불손하다 ( 형 ) | 不逊，放肆 |
| 불친절하다 ( 형 ) | 不热情，冷淡 | 비겁하다 ( 형 ) | 胆怯，怯懦，胆小 |
| 비관적이다 ( 형 ) | 悲观 | 비굴하다 ( 형 ) | 卑躬屈膝 |
| 비열하다 ( 형 ) | 卑鄙，低劣，下流 | 비판적이다 ( 형 ) | 批判的 |
| 뽐내다 ( 형 ) | 卖弄，骄傲，逞能 | 사납다 ( 형 ) | 凶猛，威猛 |
| 상냥하다 ( 형 ) | 和气，和蔼，随和 | 새침하다 ( 형 ) | 装蒜，装模作样 |
| 선하다 ( 형 ) | 鲜明，清清楚楚 | 섬세하다 ( 형 ) | 细致，细腻，周到 |
| 성실하다 ( 형 ) | 诚实，老实，诚恳 | 소극적이다 ( 형 ) | 消极，被动 |
| 소심하다 ( 형 ) | 小心谨慎，胆小 | 소탈하다 ( 형 ) | 洒脱，潇洒 |
| 소홀하다 ( 형 ) | 疏忽，大意，马虎 | 솔직하다 ( 형 ) | 率直，率真，坦率 |
| 순박하다 ( 형 ) | 淳朴，朴实 | 순수하다 ( 형 ) | 纯粹，纯净，透明 |
| 순진하다 ( 형 ) | 纯真，天真，烂漫 | 순하다 ( 형 ) | 温顺，老实 |
| 슬기롭다 ( 형 ) | 机智，聪慧，智慧 | 시건방지다 ( 형 ) | 妄自尊大，狂妄 |
| 시무룩하다 ( 형 ) | 不高兴，绷着脸 | 신경질적이다 ( 형 ) | 神经质 |
| 신중하다 ( 형 ) | 慎重，谨慎，沉稳 | 싱겁다 ( 형 ) | 清淡，没意思 |
| 쌀쌀맞다 ( 형 ) | 冷淡，淡然 | 씩씩하다 ( 형 ) | 强壮，凛然，雄赳赳 |
| 악독하다 ( 형 ) | 恶毒，凶巴巴 | 악하다 ( 형 ) | 恶毒，凶狠，凶恶 |
| 앙큼하다 ( 형 ) | 别有用心，心怀叵测 | 알뜰하다 ( 형 ) | 体贴入微，无微不至 |
| 얌전하다 ( 형 ) | 文静，老实，仁义 | 야무지다 ( 형 ) | 精悍，精干，严实 |
| 어질다 ( 형 ) | 善良，仁爱 | 양순하다 ( 형 ) | 温顺 |
| 엄하다 ( 형 ) | 严格，严厉 | 억세다 ( 형 ) | 坚强，顽强 |
| 여자답다 ( 형 ) | 有女人味，温柔 | 엉큼하다 ( 형 ) | 别有用心，阴险 |

| | | | |
|---|---|---|---|
| 예민하다 (형) | 敏锐, 灵敏 | 염치없다 (형) | 厚脸皮, 寡廉鲜耻 |
| 온순하다 (형) | 温顺, 驯顺 | 오만하다 (형) | 傲慢, 高傲 |
| 온화하다 (형) | 温和 | 온유하다 (형) | 温柔, 温软, 柔顺 |
| 완강하다 (형) | 顽强, 倔强 | 올바르다 (형) | 正派, 正经 |
| 외향적이다 (형) | 外向的, 积极的 | 완고하다 (형) | 顽固, 固执 |
| 용감하다 (형) | 勇敢, 猛 | 요사스럽다 (형) | 妖里妖气 |
| 음탕하다 (형) | 淫荡, 淫乱, 淫秽 | 우유부단하다 (형) | 优柔寡断, 缩手缩脚 |
| 음흉하다 (형) | 阴险, 险恶, 心黑 | 음란하다 (형) | 淫乱, 淫荡 |
| 의젓하다 (형) | 威严 | 의기양양하다 (형) | 意气扬扬 |
| 인색하다 (형) | 吝啬, 小气, 抠门儿 | 인간적이다 (형) | 有人情味的, 人性的 |
| 점잖다 (형) | 稳重, 文雅, 斯文 | 적극적이다 (형) | 积极的 |
| 정답다 (형) | 和睦, 亲密, 和谐 | 정겹다 (형) | 多情, 深情 |
| 정의롭다 (형) | 正直, 正义 | 정열적이다 (형) | 热情, 热忱 |
| 조급하다 (형) | 急躁 | 정직하다 (형) | 正直, 率真, 老实 |
| 지독하다 (형) | 狠, 凶, 狠毒 | 주책없다 (형) | 没谱儿 |
| 진솔하다 (형) | 坦率 | 지혜롭다 (형) | 聪明, 有心眼儿 |
| 진지하다 (형) | 认真, 一本正经 | 진실하다 (형) | 真诚, 老实 |
| 쩨쩨하다 (형) | 小气 | 차갑다 (형) | 冷淡, 冷酷, 不热情 |
| 차분하다 (형) | 文静, 沉着 | 착실하다 (형) | 踏实, 认真, 老实 |
| 착하다 (형) | 善良, 乖, 好脾气 | 참하다 (형) | 老实, 文静, 秀气 |
| 철없다 (형) | 不懂事 | 철저하다 (형) | 彻底, 深入, 详尽 |
| 청렴결백하다 (형) | 清廉, 廉洁 | 청승맞다 (형) | 凄切, 凄惨, 悲苦 |
| 충실하다 (형) | 忠实, 忠诚, 笃实 | 치밀하다 (형) | 细致, 严密, 心细 |
| 친절하다 (형) | 亲切, 热情 | 침착하다 (형) | 沉着, 从容 |
| 콧대높다 (형) | 旁若无人, 妄自尊大 | 쾌활하다 (형) | 快活, 爽朗, 明朗 |
| 태만하다 (형) | 懒散, 懈怠 | 파렴치하다 (형) | 没有廉耻 |
| 퉁명스럽다 (형) | 倔, 生硬 | 편협하다 (형) | 怪癖, 偏狭, 狭隘 |
| 포악하다 (형) | 凶, 霸道 | 해이하다 (형) | 松懈, 松弛, 弛缓 |
| 한결같다 (형) | 一个劲儿, 始终如一 | 화끈하다 (형) | 大方, 火辣辣 |
| 헤프다 (형) | 大手大脚; 嘴松 | 활달하다 (형) | 豁达, 大方, 爽朗 |
| 확고하다 (형) | 坚定, 稳固 | 후덕하다 (형) | 厚道 |
| 활발하다 (형) | 活泼 | | |

## <附录 6> 人生名言 40 句

1. 행복의 원칙은 '첫째 어떤 일을 할 것, 둘째 어떤 사람을 사랑할 것, 셋째 어떤 일에 희망을 가질 것'이다. (칸트)

2. 삶이란 우리의 인생 앞에 어떤 일이 생기느냐에 따라 결정되는 것이 아니라 우리가 어떤 태도를 취하느냐에 따라 결정되는 것이다. ( 존 호머 밀스 )

3. 참을 성이 적은 사람은 그만큼 약한 사람이다. 한 줄기의 샘이 굳은 땅틈을 헤치고 솟아나오듯, 참고 견디는 힘이 광명을 얻기 마련이다. 오늘 하나의 어려운 일을 참고 극복했다면, 그 순간부터 그 사람은 강한 힘의 소유자인 것이다. ( 버트런드 러셀 )

4. 사람과 사람 사이는 마치 거울과 같다. 내가 거울을 대하고 웃으면 그 속의 사람도 웃는다. 남을 책망 말고, 내가 올바른가 늘 반성하라. 원인은 모두 내게 있을 것이니. ( 맹자 )

5. 생각이 바뀌면 운명이 바뀐다. 생각을 심으십시오, 그러면 행동을 거둘 것입니다. 행동을 심으십시오, 그러면 습관을 거둘 것입니다. 습관을 심으십시오, 그러면 성격을 거둘 것입니다. 성격을 심으십시오, 그러면 인격을 거둘 것입니다. 인격을 심으십시오, 그러면 운명을 거둘 것입니다. 땀을 흘리지 않는 사람에게는 진정한 성공과 행복은 없습니다. ( 새뮤얼 스마일즈 )

6. 나에게 있어 최대의 영광은 한 번도 실패하지 않은 것이 아니라 넘어질 때마다 일어나는 것이다. ( 골드스미스 )

7. 누구라도 기회가 없는 사람은 없다. 단지 그것을 붙잡지 못했을 뿐이다. ( 앤드루 카네기 )

8. 포기하지 말라, 뽐내지 말라, 배반하지 말라, 편애하지 말라, 화내지 말라. ( 고시케키 )

9. 목표는, 설령 그것이 달성되든 안 되든 생활을 위대하게 한다. 셰익스피어가 말하길 "되도록 노력하라, 그 나머진 운명에 맡기고……" (R. 브라우닝 )

10. 성공을 위해 필요한 것은 단 하나뿐이다. 그것은 바로 확신이다. 확고한 목표와 끝까지 밀어붙이는 끈기 그것이 성공의 비결이다.

11. 슬픔을 나누면 반으로 줄지만, 기쁨을 나누면 그 배로 는다. ( 존 레이 )

12. 남에게 상처를 줄 수 있는 말을 내뱉는 것은 단 몇 초도 안 걸리지만, 그런 상처를 치유하는 데는 오랜 시간이 걸린다. 말하기 전에 잠시 생각하고 신중하면 남과의 관계는 더 좋아질 수 있는 것이다.

13. 인간의 가장 심각한 약점 중의 하나는 남에게 타당한 감사 표시를 하지 못하고 있다는 사실이다.

14. 세상을 보는 데는 두 가지 방법이 있다. 한 가지는 모든 만남을 우연으로 보는 것이고 한 가지는 모든 만남을 기적으로 보는 것이다. ( 아인슈타인 )

15. 다른 사람에게 손가락질을 할 때 나머지 손가락 세 개는 자신을 가르치고 있다는 사실을 명심해야 한다. ( 루이스 니저 )

16. 행운은 눈 먼 장님이 아니다. 대개는 부지런한 사람을 찾아다닌다. 앉아서 기다리는 자에게는 영원히 찾아오지 않을 것이다. 걷는 자만이 앞으로 갈 수 있다. ( 클레망소 )

17. 인간은 오로지 스스로의 노력에 의해서만 보답을 받을 수 있는 것이다. 노력은

인간을 참된 세계로 이끈다. (코란)

18. 세상에서 가장 현명한 사람은 모든 사람한테서 배우는 사람이다. 세상에서 가장 강한 사람은 자기 자신과의 싸움에서 이기는 사람이다. 세상에서 가장 부유한 사람은 자기가 가진 것으로 만족하는 사람이다.

19. 확실한 벗은 불확실한 처지에 있을 때 알려진다. (키케로)

20. 자기 자신을 싸구려 취급하는 사람은 타인에게도 역시 싸구려 취급을 받을 것이다. (윌리엄 헤즐릿)

21. 행복은 불행과 쌍둥이로 태어난다. (바이런)

22. 사랑을 받고 싶다면 당신 자신이 사랑스럽게 변해야 한다. 그리고 다른 사람을 사랑해야 한다.

23. 남녀 관계란 정원과 같다. 무성하게 잘 가꾸려면 꼬박 꼬박 물을 주어야 하고, 계절은 물론 예측할 수 없는 날씨까지 참작해서 각별한 정성으로 보살펴야 한다. 새로 씨앗을 뿌리고 잡초도 뽑아주어야 할 것이다. (존 그레이)

24. 사랑은 그 사랑의 보상이다. (존 드라이든)

25. 너무 불행해지지 않는 확실한 방법은 너무 행복해지기를 바라지 않는 것이다. (아서 쇼펜하우어)

26. 인간은 자기가 남에게 행복을 준 만큼 자기의 행복을 증대시킨다. (벤덤)

27. 세상에서 가장 아름답고 소중한 것은 보이거나 만져지지 않는다. 가슴으로만 느낄 수 있다. (헬렌 켈러)

28. 크고 아름다운 마음을 지닌 사람들은 항상 만족하며 평화롭다. 좁은 마음을 가진 사람은 항상 불만과 비탄에 잠겨 있다.

29. 인간의 첫째 의무는 자기의 심신을 강건하게 하는 것이다. (간디)

30. 언제까지 계속되는 불행이란 없다. (로맹로랑)

31. 인간은 항상 시간이 모자란다고 불평을 하면서 마치 시간이 무한정 있는 것처럼 행동한다. (세네카)

32. 사람은 나이를 먹는 것이 아니라 좋은 와인처럼 숙성되는 것이다. (필립스)

33. 근심하지 말라, 근심은 인생을 그늘지게 한다. (페스탈로찌)

34. 행운은 마음의 준비가 있는 사람에게만 미소를 짓는다. (파스퇴르)

35. 지나치게 숙고하는 인간은 큰 일을 성사시키지 못한다. (실러)

36. 인생이란 느끼는 자에겐 비극, 생각하는 자에겐 희극이다. (라 부뤼에르)

37. 불행의 원인은 늘 자신이다. 몸이 굽으니 그림자도 굽다. 어찌 그림자가 굽은 것을 한탄하는가! 나 이외에 누구나 나의 불행을 치료해 줄 사람이 없다. 늘 마음을 평화롭게 가져라. 그러면 불행은 사라질 것이다. (파스칼)

38. 처음엔 사람이 일을 끌고 가지만 나중엔 일이 사람을 끌고 간다. (나폴레옹)

39. 나의 사전에는 불가능이란 단어가 없다. (나폴레옹)

40. 1%의 가능성, 그것이 나의 길이다. (나폴레옹)

# 练习题参考答案

练习 (一)
1. (생략)
2. (생략)
3. (1) 정원 (2) 통역 (3) 보통 (4) 인기 절정의 (5) 시야
4. (1) 가꾸다 (2) 가리다 (3) 게임 (4) 가다 (5) 추락하다
5. (1) 취업율→취업률 (2) 네째→넷째 (3) 않된다→안된다 (4) 거칠은→거친
   (5) 서슴치→서슴지
6. (1) 먹을 게요→먹을게요 (2) 쉴새 없이→쉴새없이 (3) 오른 쪽에→오른쪽에
   (4) 올듯도→올 듯도 (5) 열흘내지→열흘 내지

练习 (二)
1. 그리고 (○)   행렬 (○)   백분율 (○)   교통량 (○)
   파일량 (○)   일찍이 (○)   갑자기 (○)   시냇가 (○)
   투고란 (○)   기댓값 (○)   개수 (○)    산뜻이 (○)
   버젓이 (○)   낱낱이 (○)   간편히 (○)   조용히 (○)
   미장이 (○)   월급쟁이 (○) 멋쟁이 (○)   유리장이 (○)
2. 밥을 먹어라 (○)   선을 그어서 (○)   허리가 굽었다 (○)
   학교에 이르렀다 (○) 만드는 방법 (○)  들은 노래 (○)
   사는 집 (○)       돈을 벌려면 (○)   옷을 맞추다 (○)
   설레는 가슴 (○)   시간이 있다 (○)   생각다 못해 (○)
3. (1) 요약하십시요→요약하십시오 (2) 꺼라고→거라고 (3) 되야→되어야 / 돼야
   (4) 아는 개→아는 게 (5) 바램→바람 (6) 봄절→봄철 (7) 금처→근처
   (8) 몇일→며칠 (9) 전률→전율 (10) 깍뚜기→깍두기
4. 디지털 (○), 리포트 (○), 로봇 (○), 마사지 (○), 월드컵 (○)
   블루 칼라 (○), 네트워크 (○), 테러 (○), 아파트 (○), 슬리퍼 (○)
5. (1) 보너스 - 상여금 (2) 디자인 - 도안 (3) 레스토랑 - 서양식당
   (4) 로브스터 - 바닷가재 (5) 매너 - 예절
6. (1) Jang Cheolsu  (2) Apgujeong  (3) haedoji  (4) gachi  (5) Jeog Un-o
   (6) Busan  (7) gukga  (8) gungmin  (9) Silla  (10) jota

7. (1) 김철수, (2) 최국 박사, (3) 만성위염 / 만성 위염, (4) 삼인,
   (5) 서울대학교부속중학교 / 서울 대학교 부속 중학교, (6) 자나깨나, (7) 세 사람,
   (8) 제 3 과, (9) 12 억 3456 만 4973, (10) 큰아버지, (11) 첫사랑, (12) 오리구이

8. (1) 대학원생이라서, (2) 수밖에, (3) 새 학기, (4) 지시대로, (5) 더운 만큼, (6) 사람만큼,
   (7) 하는 데, (8) 울 뿐이다, (9) 들은 대로, (10) 가는 데가, (11) 했을 리가, (12) 작성할 줄,
   (13) 오십 장, (14) 떨어집니다, (15) 피로해집니다, (16) 이번, (17) 교수가 아닙니다,
   (18) 달디 단, (19) 열흘 내지, (20) 국장 겸 과장

练习（三）

1. (1) 서점, 서적 (2) 언어, 사고 (3) 전원, 사망 (4) 대단히, 난해 (5) 전체, 준수

2. (1) 에 (2) 에 (3) 에 (4) 에 (5) 에서 (6) 에서 (7) 을 (8) 을 (9) 에게 / 한테 (10) 에게
   (11) 께 (12) 께 (13) 에게서 (14) 한테서 (15) 보고 (16) 더러 (17) 로 (18) 으로
   (19) 으로서 (20) 으로써 (21) 으로 (22) 에 (23) 조차 (24) 마저 (25) 까지 (26) 도
   (27) 도 (28) 이나마 (29) 이라도 (30) 이나

3. (1) 것은→것이 (2) 오늘이→오늘은 (3) 식구는→식구가 (4) 쉬운 일은→쉬운 일이
   (5) 글자는→글자가 (6) 나는→내가 (7) 우리는→우리가 (8) 친구는→친구가
   (9) 집에서→집에 (10) 꽃가게에→꽃가게에서 (11) 회사에서→회사에 (12) 발이→발에
   (13) 교실에서→교실에 (14) 10 분만→10 분밖에 (15) 친구에→친구에게
   (16) 할아버지한테→할아버지께 (17) 가수로써→가수로서 (18) 도움으로서→도움으로써
   (19) 술조차→술이나 (20) 우산마저→우산이나마 (21) 문제나→문제라도
   (22) 친구조차→친구마저 (23) 숙제마저→숙제조차 (24) 선생님조차→선생님도
   (25) 이것조차→이것까지

4. (1) 정류장 - 정류장 - 정거장
   (2) 성함 - 성함 - 이름 - 이름 - 이름
   (3) 참가 - 참가 - 참석 - 참여 - 참여
   (4) 참다 - 참다 - 견디다 - 견디다 - 참다 / 견디다
   (5) 아프다 - 아프다 - 아프다 - 편찮다 - 편찮다
   (6) 또 - 또 - 또 - 다시 - 다시 - 다시 - 다시

5. | 주야 / 昼夜 | 접수 / 接收 | 천지 / 天地 | 황무지 / 荒地 |
   | 군신 / 君臣 | 하천 / 河川 | 선적 / 装船 | 대통령 / 总统 |
   | 소박 / 朴素 | 노쇠 / 衰老 | 위안 / 安慰 | 부전승 / 不战而胜 |
   | 사돈 / 亲家 | 간판 / 招牌 | 무료 / 免费 | 명배우 / 名演员 |
   | 전답 / 水旱田 | 복지 / 福利 | 식욕 / 食欲 | 시부모 / 公婆 |
   | 견본 / 样品 | 회사 / 公司 | 인상 / 提高 | 거시적 / 宏观的 |
   | 본격 / 正式 | 약속 / 约定 | 축구 / 足球 | 기관지염 / 支气管炎 |
   | 서류 / 文件 | 조립 / 组装 | 신열 / 发烧 | 가가호호 / 家家户户 |
   | 상벌 / 赏罚 | 소매 / 零售 | 편지 / 书信 | 전전긍긍 / 战战兢兢 |

6. | 단어 | 한국어의 의미 | 중국어의 의미 |
   |---|---|---|
   | (1) 약속 (約束) | 约定 | 限制 |

219

(2) 병고(病故)　　病，生病　　　　　　　死亡，病逝
(3) 도구(道具)　　工具　　　　　　　　　演出器具
(4) 조심(操心)　　小心　　　　　　　　　操心
(5) 기차(汽車)　　火车　　　　　　　　　汽车
(6) 서류(書類)　　文件　　　　　　　　　书籍类
(7) 선배(先輩)　　学问、经验、品行、年龄　祖先或尊为祖先的人
　　　　　　　　　高于自己，或进入单位及
　　　　　　　　　学校早于自己的人
(8) 내외(內外)　　内外；夫妇　　　　　　内外
(9) 지갑(紙匣)　　钱包　　　　　　　　　纸匣
(10) 목석(木石)　冷酷无情的人　　　　　　木石；无情的人

7. (1) 通力合作 (2) 无地自容 (3) 广交八方 (4) 垂头丧气 (5) 耳聪目明
　　(6) 哑口无言 (7) 刚愎自用 (8) 依仗权势 (9) 任重道远 (10) 胆小如鼠
8. (1) 廖廖无几 (2) 哑巴吃黄连——有苦说不出 (3) 一语值千金 (4) 被熟人坑 (5) 瓮中之鳖
　　(6) 狗食里的橡子 (7) 只知其一，不知其二 (8) 名落孙山 (9) 奋不顾身 (10) 如虎添翼
9. (1) 天壤之别，(2) 滔滔不绝，(3) 糟糠之妻，(4) 贼喊捉贼，(5) 自始至终，
　　(6) 甜言密语，(7) 千钧一发，(8) 百折不挠，(9) 倾家荡产，(10) 日新月异

## 练习（四）

1. (1) 되는 것이다 (2) 손자를 좋아한다 (3) 운동도 (4) 오니까요 (5) 할아버지께
　　(6) 창제했다 (7) 돌아오셨습니까? (8) 앉아 있다 (9) 강의하실 거예요 (10) 업신여긴 것이다.
2. (1) 명사절 내포문 (2) 명사절 내포문 (3) 명사절 내포문 (4) 부사절 내포문
　　(5) 부사절 내포문 (6) 관형절 내포문 (7) 관형절 내포문 (8) 관형절 내포문
　　(9) 서술절 내포문 (10) 인용절 내포문
3. (1) 지난 달에 시작한 <u>그 공사가 완성되었는지를</u> 모른다.
　　(2) 나는 <u>그가 뛰어난 과학자임을</u> 이제서야 알았다.
　　(3) <u>내가 늘 오기는</u> 어렵다.
　　(4) 왕화는 <u>머리가 똑똑한</u> 학생이다.
　　(5) 나는 어제 <u>밤 깊도록</u> 공부했다.
　　(6) 학생은 교실에 <u>소리 없이</u> 들어왔다.
　　(7) 형은 <u>누나와 달리</u> 잘 공부한다.
　　(8) 중국은 다른 나라보다 <u>인구가 많다</u>.
　　(9) 철수는 <u>영희가 어제 북경에 갔다고</u> 말했다.
　　(10) 그녀는 <u>허리가 끊어지도록</u> 웃었다.
4. (1) B　(2) B　(3) B　(4) C　(5) D　(6) B　(7) A　(8) D
5. (1) 오는다는데→온다는데 (2) 있느라고→있어서 (3) 않다가는→으면 (4) 났어서→나서
　　(5) 오거든→오면 (6) 보더니→봤더니 (7) 사다가→사느라고 (8) 식사해서→식사하고
　　(9) 일어나고→일어나서 (10) 가고→가서 (11) 달고→달디 (12) 면서→고

6. (1) 그녀는 나이도 나보다 네 살이 손위이다. 그녀의 직업도 흔히들 세상 사람들이 말하는 좋은 직업은 아니다. 그래서 후에 이를 알아버린 식구와 친구들의 원성도 들었지만 나는 진정 그녀를 좋아했다.

(2) 그의 아버지는 사람을 즐겨 대했다. 그리고 어려서 공부를 열심히 한 덕으로 남부럽지 않은 직위에 올랐다. 경제적으로 매우 풍족하다고는 할 수 없으나 쪼들리지 않는 생활을 하는 사람이었다. 직장 생활에도 충실하며 쉬는 날에는 시간을 충분히 활용하여 여행, 낚시, 골프 등의 여가를 즐긴다. 또한 식도락가이기도 하다.

练习（五）
1. (1) B (2) A (3) C (4) A (5) A (6) A (7) A (8) A
2. (1) 그래도 (2) 그래서 (3) 그러니까 (4) 그렇지만 (5) 그럼 (6) 그런데 (7) 그리고 (8) 그러나
3. (1) 시간적 순서  (2) 공간적 순서  (3) 공간적 순서
4. (1) 미괄식

한국인들은 휴일에 푸른 들판에서 골프를 즐기는 사람도 있고 땀 흘리며 테니스를 치는 이들도 없지 않다. 특히 주부들은 각종 사회 교육 기관이나 평생 교육 기관에 나가 취미 생활을 익히고 새로운 지식과 기술을 배우기도 한다. 그러나 어떤 사람들은 시간만 있으면 고스톱(纸牌)을 친다. 일요일에는 아무것도 하지 않고 온종일 텔레비전만 본다. "텔레비전에 중독되어 있다"는 것이 여가 문화의 실상이다. "이제는 돈을 좀 덜 받아도 여가를 즐기고 싶다" 던 사람들이 막상 여가 시간에는 텔레비전만 보고 있는 것이다. 그러다 기회가 생기기라도 하면 간다는 것이 술집 아니면 노래방이다. 이처럼 한국인들의 대부분은 여가를 선용하지 못하고 있는듯하다.

(2) 쌍괄식

한국인의 대부분은 여가를 선용하지 못하고 있는 듯하다. 물론 휴일에 푸른 들판에서 골프를 즐기는 사람도 있고 땀 흘리며 테니스를 치는 이들도 없지 않다. 특히 주부들은 각종 사회 교육 기관이나 평생 교육 기관에 나가 취미 생활을 익히고 새로운 지식과 기술을 배우기도 한다. 그러나 어떤 사람들은 시간만 있으면 고스톱(纸牌)을 친다. 일요일에는 아무것도 하지 않고 온종일 텔레비전만 본다. "텔레비전에 중독되어 있다" 는 것이 여가 문화의 실상이다.

"이제는 돈을 좀 덜 받아도 여가를 즐기고 싶다" 던 사람들이 막상 여가 시간에는 텔레비전만 보고 있는 것이다. 그러다 기회가 생기기라도 하면 간다는 것이 술집 아니면 노래방이다. 이처럼 확실히 한국인들의 대부분은 여가를 선용하지 못하고 있는 듯하다.

(3) 중괄식

한국인들은 휴일에 푸른 들판에서 골프를 즐기는 사람도 있고 땀 흘리며 테니스를 치는 이들도 없지 않다. 특히 주부들은 각종 사회 교육 기관이나 평생 교육 기관에 나가 취미 생활을 익히고 새로운 지식과 기술을 배우기도 한다. 하지만 아직 한국인들의 대부분은 여가를 선용하지 못하고 있는 듯하다. 어떤 사람들은 시간만 있으면 고스톱(纸牌)을 친다. 일요일에는 아무것도 하지 않고 온종일 텔레비전만 본다. "텔레비전에 중독되어 있다" 는 것이 여가 문화의 실상이다. "이제는 돈을 좀 덜 받아도 여가를 즐기고 싶다" 던 사람들이 막상 여가 시간에는 텔레비전만 보고 있는 것이다. 그러다 기회가 생기기라도 하면 간다는 것이 술집 아니면 노래방이다.

5. 열거식 전개 방식

6. ① 자유와 평등은 자유 민주주의의 기본적인 가치이자 원리이다.

② 자유는 본질적으로 개인이 사회 및 타인의 정치적 경제적 간섭으로부터 독립적으로 존재하면서 자신의 의지에 따라 선택할 수 있는 가능성을 의미하며 평등은 삶의 기회가 출신배경에 의해서가 아니라 개인의 능력에 의해서 분배되는 상황을 의미한다. 그러나 많은 경우 이두 가치는 서로 충돌하거나 대립하기도 한다.

③ 따라서 자유와 평등을 서로 조화시키고 함께 신장시키는 것은 현대 민주주의의 가장 중요한 과제라고 할 수 있다.

(以下省略)

# 主要参考文献

간복균·최병준 (1996), 『최신 문장 작법』, 도서출판 한글.
권영민 (2003), 『고등학교 작문』, 지학사.
김동범 (2008), 『편지·이메일·DM·문자메시지』, 중앙경제평론사.
김영진·김학현·유승호 (2006), 『자기표현과 글쓰기』, 한올출판사.
김형동·이강현 (1996), 『문장 작법』, 학지사.
남영신 (2002), 『나의 한국어 바로 쓰기 노트』, 까치글방.
맹주억 (2002), 『중국어 편지쓰기』, 도서출판 문예림.
문화관광부 (2004), 『국어어문규정집』, 대한교과서주식회사.
박승준 (2002), 『우리 문장 바로 쓰기』, 학지사.
안재찬 (2001), 『편지? 이렇게 쓴다!』, 일신서적출판사.
오상현 (2001), 『즉석에서 쓸 수 있는 E펜팔 일본어』, 학일출판사.
육재용 (2002), 『실용문 작법』, 학문사.
이무진 (2002), 『비즈니스와 개인 통신을 위한 e-메일 중국어』, 학일출판사.
이병모 (2002), 『글짓기, 어떻게 할 것인가』, 도서출판 박이정.
이정희 등 (2007), 『유학생을 위한 한국어 글쓰기의 기초』, 도서출판 하우.
이정희 등 (2007), 『유학생을 위한 한국어 글쓰기의 실제』, 도서출판 하우.
임성규 (1998), 『글쓰기 전략과 실제』, 도서출판 박이정.
임용웅 (2004), 『계단식 중학 열린 글짓기』(1단계, 2단계), 예문당.
지창해 (1991), 『일본어 편지문장 백과』, 진명출판사.
최숙인 (2003), 『대학생을 위한 실용글 쓰기와 예절』, 용인송담대학출판부.
최윤곤 (2007), 『외국인 유학생을 위한 한국어 독해』, 한국문화사.
최정선 (1990), 『즉석에서 쓸 수 있는 중국어 편지』, 학일출판사.
캐슬린 E. 설리번 (2002), 『작문, 문단쓰기로 익히기』(최현섭·위호정옮김), 삼영사.
편기범 (2007), 『식사·축사·주례사 참고서』, 도서출판 석필.
한주원 (2008), 『실무사례 스피드 문서작성』, 도서출판 현우사.
郝维 (2005),《应用文写作教程》, 商务印书馆。
蒋鲁生、李庆祥 (2007),《应用文》, 外语教学与研究出版社。
全龙华 (2004),《韩国语应用文写作》, 延边大学出版社。
李浩 (2009),《商务韩国语写作》, 上海交通大学出版社。

李绍林 (2006),《汉语写作实用修辞》,语文出版社。
李汛 (2009),《汉语综合写作教程》,北京大学出版社。
梁晶子等 (2007),《日语 E-mail 书写法》(黄琦、杜勤译),上海译文出版社。
林从纲、金龙 (2007),《韩国语写作》,北京大学出版社。
目黑真实 (2005),《日本留学写作全攻略》,外语教学与研究出版社。
任文贵等 (2004),《应用文写作词典》,人民日报出版社。
延世大学韩国语学堂 (2007),《中级韩国语写作》,世界图书出版公司。
于国军 (2008),《日语实用写作大观》,世界图书出版社。